도서출판 대장간은
쇠를 달구어 연장을 만들듯이
생각을 다듬어 기독교 가치관을
바르게 세우는 곳입니다.

대장간이란 이름에는
사라져가는 복음의 능력을 되살리고,
낡은 것을 새롭게 풀무질하며, 잘못된 것을
바로 세우겠다는 의지가 담겨져 있습니다.

www.daejanggan.org

"이 책의 제목 The Naked Anabaptist은 분명히 재치 있는 대답이다. 이 책의 내용도 재치 있다. 저자는 방대하면서 뛰어난 역사적 기록과 연구 내용을 포스트-크리스텐덤 시대를 사는 수많은 아나뱁티즘 연구자에게 제공한다. 이 책은 요람에서 아나뱁티스트가 된 자들이나 아나뱁티스트로 개종한 자들, 또는 여전히 아나뱁티스트가 될지 말지를 고민하는 자들 모두가 꼭 읽어야 할 필독서이다."

제임스 크레이빌_James R. Krabill, Mennonite Mission Network

한국에서 많은 그리스도인들이 아나뱁티스트의 믿음과 실천을 발견하고 관심을 가지는 것에 감격하는데, 이는 오늘날 한국 교회에 너무 팽배해 있는 크리스텐덤Christendom/기독교국가체제에 대한 의미있는 대안이라고 믿습니다. 스튜어트 머레이는 이 책에서 예수를 따르는 자들의 급진적 신앙을 탁월하게 요약하고 있습니다. 저는 이 책이 충성스러운 제자가 되려는 한국의 구도자들과 신자들에게 산 위의 빛이 될 것을 소망합니다.

어브 윈즈_Erwin Wiens 목사, 한국아나뱁티스트센터 자문

오늘날 사회로부터 지탄받는 한국교회가 누군가로부터 배워야 한다면, 오랜 세월동안 역사적으로 검증되었으며 현존하는 교회 중 가장 적합한 모범으로 아나뱁티스트를 제시하는 데 나는 주저하지 않는다.…이 책은 모두를 아나뱁티스트로 초청하는 것이 아니다. 아나뱁티스트는 지나간 역사 속에서도 결코 그렇게 하지 않았다. 다만, 각자가 있는 곳에서 그들과 더불어 우리의 중심이신 주 예수 그리스도를 함께 바라보고 믿고 따르자는 것뿐이다.

최봉기_목사, 전 침례신학대학교 교수

세상이 교회를 향해 "너희는 누구냐?"며 질책한다. 지금 한국교회가 아나뱁티즘의 소리에 귀를 기울여야 한다는 이유가 이것이다. 그들은 오백 년 전 너무 이른 시기에 크리스텐덤Christendom, 기독교국가체제을 통한 기독교 신앙의 변질을 보고 초기 예수 운동의 회복을 꿈꿨다. 이들의 반反크리스텐덤적 전통과 실천은 마치 교회사 속에 존재하지 않았던 것처럼 한국교회에 숨겨졌었다. 이들이 오늘 크리스텐덤의 긴 그림자 아래서 고통받는 한국교회에 들려주는 이야기에 귀를 기울여 보자는 것이다.

허 현_목사, LA 이음교회

"우리는 하나님나라의 순례자로 크리스텐덤이라는 애굽에서 나와, 광야를 거쳐 포스트-크리스텐덤으로 출애굽하는 시기에 있다. 이 책은 거의 500여 년 동안 같은 여정을 거쳐 온 믿음의 선진들과 그들과 같은 고민을 하는 독자 사이에 대화의 장을 열어준다. 이 같은 여정을 지나가고 있는 우리 모두에게 이 책이 큰 도움이 되리라 확신한다."

그레고리 보이드_Gregory A. Boyd, *The Myth of a Christian Nation*과 *The Myth of a Christian Religion*의 저자

"벌거벗듯이 솔직해 지는 것은 좋은 일이다. 이것은 또한 전통적인 메노나이트에게도 의미심장한 일이다. 이 책을 읽는 당신이 태어나면서부터 아나뱁티즘에 대해서 몰두했었든지 아니면 단지 특별한 기독교 세계관에 대해 더 알고 싶은 마음이 있다면, 이 책에서 많은 것을 배우게 될 것이다."

제임스 토우즈_James Toews, Neighbourhood Church의 담임 목사(Nanaimo,B.C.)이며 Mennonite Brethren Herald 칼럼니스트

"이 책은 메노나이트의 교단적 전통이라는 인종적, 문화적 양식에 가려져 있던 급진적인 아나뱁티즘의 핵심 논제가 무엇인지를 단순하고 명료하게 단점까지도 숨김없이 드러냈다. 아나뱁티스트 전통을 타문화 속에 어떻게 접목시킬 수 있을까를 고민하는 사람들에게 중요한 책이다."

존 로스_John D. Roth, Goshen College 교수

"스튜어트 머레이는 아나뱁티즘의 핵심에 대한 흥미로운 탐험을 제안한다. 전통적인 아나뱁티스트에게 이 책은 성령에 의해 주도되었던 역동적인 운동을 상기시키는 중요한 책이다. 또한 아나뱁티스트에게 배우고 따르고자 하는 현대인에게는 그들과 같은 고민을 하는 사람들이 많다는 사실을 통해 격려를 주는 책이다. 이 책을 읽는 모든 사람은 세상을 변화시키고, 교회를 새롭게 하는 능력 있는 비전을 만나게 될 것이다."

마크 반 스틴 윅_Mark Van Steenwyk, The Missio Dei community 설립자

"우리 부부는 진심으로 이 책을 추천한다. 아나뱁디스트가 되기로 결단한 이 책의 저자가 다수의 복음주의 진영 사람을 위해 아나뱁티스트적 성서해석의 장점에 대해 열정적으로 글을 썼다는 것은 고무적이었다. 이 새로운 책에서, 저자는 과거 아나뱁티스트의 불완전함을 간과하지 않으면서도, 아나뱁티스트 믿음의 풍성함을 분명하게 강조한다."

루스 & 론 페너_Ruth & Ron Penner, Evangelical Mennonite Conference 목사 부부

Copyright ⓒ 2011 Stuart Murray

Original published in English under the title ;
　　The naked Anabaptist - The Bare Essentials of a Radical Faith
　　　　by Stuart Murray
published by Paternoster, a division of Authentic Media Limited.
　　Tavistock House South, Tavistock Square, London, WC1H 9LH, U.K.

Used and translated by the permission of Paternoster
Korean Copyright ⓒ 2011 Daejanggan & Eldoron Publisher. in Daejeon, South Korea.

아나뱁티스트 시리즈 ❶
이것이 아나뱁티스트다

지은이	스튜어트 머레이 Stuart Murray
옮긴이	강현아
초판발행	2011년 11월 3일
초판2쇄	2014년 4월 18일
펴낸이	배용하
책임편집	박민서
감수	허 현
책임교정	이승은 서동욱
등록	제364-2008-000013호
펴낸곳	도서출판 대장간
	www.daejanggan.org
등록한곳	대전광역시 동구 삼성동 285-16
편집부	전화 (042) 673-7424
영업부	전화 (042) 673-7424 전송 (042) 623-1424
ISBN	978-89-7071-228-4

이 책은 저작권법에 의해 보호를 받는 출판물입니다.
이 책은 아직 출간되지 않은 영국판 "The naked Anabaptist"의 오리지널 원고를 독점 계약 번역한 것입니다.
기록된 형태의 허락 없이는 무단 전재와 복제를 금합니다.

 값 11,000원

이것이 **아나뱁티스트다**

기독교 신앙의 본질을 말하다

스튜어트 머레이 지음

강 현 아 옮김

아나뱁티스트와의 진솔한 대화

THE NAKED ANABAPTIST

The Bare Essentials of a Radical Faith

Stuart Murray

차 례

감사의 글 ∞ 11

추천의 글 ∞ 어브 윈즈 Erwin Wiens ∞ 12

∞ 최봉기 ∞ 13

한국어 서문 ∞ 허현 ∞ 18

서문 ∞ 그레고리 보이드 Gregory A. Boyd ∞ 27

'The Naked Anabaptist' 란? ∞ 31

1장 아나뱁티스트, 툭 터놓고 말하기 ∞ 39

2장 아나뱁티즘의 본질 ∞ 65

3장 예수 따름 ∞ 77

4장 크리스텐덤 Christendom 기독교국가체제 이후 ∞ 105

5장 공동체와 제자도 ∞ 134

6장 정의와 평화 ∞ 166

7장 1세대 아나뱁티스트 ∞ 192

8장 오늘날의 아나뱁티즘 ∞ 229

이 책을 이용한 소그룹 공부 가이드 ∞ 247

후주 ∞ 254

부록 : 아나뱁티즘에 대한 자료들—국내외 서적 및 웹사이트 ∞ 265

이책의 표기에 대한 이해를 돕는 글

- **Christendom_크리스텐덤** : Christendom을 기독교국가(체제)로 옮겼을때 세계관과 문화, 경제 등 사회전반을 포괄하는 원어의 의미가 충분히 전달되지 않는 면이 있다. 기독교국가는 기독교가 국교인 것을 우선 떠올리지만, 미국이나 한국처럼 국교가 아님에도 기독교적 교육과 문화가 지배적이어서 종교적 갈등을 가져오는 것 등은 크리스텐덤의 범주에 속하기 때문이다. 따라서 이 책에서는 크리스텐덤이라고 발음 그대로 옮겼다. 이 용어의 상세한 의미는 책의 본문에서 설명될 것이다.

- **Baptism_뱁티즘, 침례, Anabaptist_아나뱁티스트** : 이 책에서 Baptism(헬라어 밥티조)의 우리말 표기가 세례냐 침례냐를 논하려는 의도는 없다. 이 예전을 뜻하는 원어는 하나이고 그 뜻이 "물에 잠기다"라는 것에는 이의가 없지만, 두 단어를 혼용하는 것은 다분히 한국적인 특수성 때문에 생긴 현상이기 때문이다. 영어권의 모든 교회에서는 물을 사용하는 방식이 어떠하든 Baptism이라는 하나의 용어를 사용한다. 아나뱁티스트를 다루는 이 책에서 Baptism/Baptist와 Anabaptist를 각각 '뱁티즘/침례'와 '재침례파'로 표기하였다. 이는 역사적 아나뱁티스트들이 강조한 그리스도인의 중생과 신실한 제자도를 표현하는 점에서 '침례'의 의미가 더 적절하기 때문이다. 단 Infant Baptism은 일부 개혁교회와 가톨릭 전통을 존중하여 '유아세례'로 표기하였다.

감사의 글

스튜어트 머레이Stuart Murray

    이 책의 저술 과정에 참여했던 아나뱁티스트 네트워크Anabaptist Network 모임의 여러 회원에게 감사를 전한다. 그들의 생각과 질문은 이 책의 처음 두 장에 걸쳐서 다뤄졌다. 또한 이 책의 부분 또는 전체를 읽고 예리한 조언을 해 준 이들에게도 감사한다.

    나의 아내 시안Sian도 전문을 읽고서 나에게 그림과 이야기 몇가지를 더 추가해 보도록 조언해 주었으며, 이는 실제로 이 책을 더 돋보이게 만들어 주었다. 나의 아내에게 감사의 마음을 전한다.

    더그 하인드Doug Hynd와 팀 냅지거Tim Nafziger도 각각 호주와 미국에서 여러 조언들을 보내주었다. 그리고 특히 알렌 크라이더Alan Kreider에게 감사드린다. 전문을 읽고 그가 해 준 조언 덕분에 오류들을 수정할 수 있었다. 이 책을 위해 멋진 제목을 지어준 노엘 물즈Noel Moules에게 감사를 전한다.

> 추천의 글

"급진적 제자도에 대한 탁월한 요약"

어브 윈즈 Erwin Wiens

목사, 한국아나뱁티스트센터 자문

　여러 세대에 걸쳐 아나뱁티스트 가족과 교회에서 나고 성장한 저로서는, 전세계에 걸쳐 아나뱁티스트의 교육과 실천에 관심이 많아지는 것이 정말 반가운 일입니다.

　특히, 저는 한국에서 많은 그리스도인들이 아나뱁티스트의 믿음과 실천을 발견하고 관심을 가지는 것에 감격하는데, 이는 오늘날 한국 교회에 너무 팽배해 있는 크리스텐덤Christendom/기독교국가체제에 대한 의미있는 대안이라고 믿습니다.

　스튜어트 머레이는 이 책에서 예수를 따르는 자들의 급진적 신앙을 탁월하게 요약하고 있습니다. 저는 이 책이 신실한 제자가 되려는 한국의 구도자들과 신자들에게 산 위의 빛이 될 것을 소망합니다.

추천의 글

"여기 한국 교회가 따를만한 모범이 있다"

최 봉 기

전 침례신학대학교 교수 / 전 미 버지니아 평화교회 담임목사

한국 교회의 미래를 염려하는 목소리들이 고조되고 있다. 이구동성으로 변화의 필요성을 역설한다. 변화의 방향과 내용에 대해서는 여전히 의견이 분분하다. 선교 신학자 한 분은 변화의 요구 상황을 다루는 개념 선택에서 개혁이냐 대안이냐를 놓고 고심한다고 토로했다. 하지만, 개혁은 이미 개신교의 역사적 출발점이었던 만큼 다시 그 개혁이라는 말을 사용하기가 부담스럽단다. 또한, 이처럼 절박한 상황에서 개혁은 너무 많은 시간이 걸릴 뿐만 아니라 그 결과에 대해서도 다시금 자신이 없다고도 했다. 그렇다면, 대안이어야 할 텐데 문제는 용어가 적합하더라도 역사적으로 검증된 모범 즉 실재하는 본보기가 없으면 신뢰도 설득력도 없어서 무의미하다는 의견을 같이 나누었다. 나는 그때 얼른 아나뱁티스트를 떠올렸다.

내가 아나뱁티스트를 체험한 지 거의 30년이 다 되어 간다. 미국에서 윤리학으로 박사과정을 공부하고 있을 때에 지도교수가 평화에 대해 공부하려거든 그들을 찾아가 함께 신앙생활을 하며 맛을 보아야 할 것이라고

추천했다. 그때 나는 인근에 있는 메노나이트 교회를 찾아가 아나뱁티스트들과 함께 신앙과 삶을 나누었으며, 그 뒤에도 독일 스위스 등 그들의 역사적 발자취를 추적하면서 연구를 쉬지 않았고, 교수 안식년을 맞이해서는 미국 동부에 있는 이스턴 메노나이트 신학대학원에서 일 년 동안 상주하며 대화와 연구할 기회를 얻었다. 미국으로 이주해 온 지금 나는 침례교 목사인 동시에 메노나이트 대학교에서 평화에 관한 학문을 공부하고 아나뱁티스트 교회의 안수를 받은 사역자가 되었다. 그리고 거기서, 당시 미흡했던 종교개혁의 대안으로 출발했던 지난 500여 년 동안의 아나뱁티스트들의 발자취가 무엇인지를 알았다. 또한, 그토록 참혹했던 박해의 과정에서 그들의 신앙이 어떻게 다져져 오늘날까지 유지되어 현대에 이르렀고, 그들이 지키고 살아온 평화교회 전통의 영향력과 동시에 고민이 무엇인지를 단순한 외부자의 관찰이나 학습이 아니라 내부자가 되어 함께 나눌 수 있었다. 그러면서 나는 이처럼 역사적으로 검증된 아나뱁티스트의 실천적 신앙 내용이야말로 현재 우리 한국 교회가 직면한 변화의 요청에 부응할 수 있는 대안으로서의 가능성으로 보았던 것이다.

아나뱁티스트들은 종교개혁 당시나 지금이나 한결같이 성서의 사람들이요 선교의 사람들, 성서를 직접 해석하고 실천한 사람들, 그중에 예수 그리스도를 모든 일의 중심에 두고 그분의 말씀을 즉각적으로 따름으로 급진적인 제자도를 실천한 사람들, 산상수훈을 있는 그대로 살아보려고 노력했던 사람들, 형제애와 상호부조를 통하여 나눔의 공동체를 구현한 사람들, 그래서 평화를 사랑하고, 박해자를 포함하여 그 누구에게도 비폭력적이고 무저항을 실천한 사람들, 그리고 오늘날까지도 소박하고 단순한 삶을 통하여 이 시대의 순교자, 곧 백색 순교를 실천하는 사람들이었다. 오늘날 사회에서 지탄받는 한국교회가 누군가에게 배워야 한다면, 오랜 세월동안 역사적으로 검증되었으며 현존하는 교회 중 가장 적합한 모범으로 아나뱁티스트를 제시하는 데 나는 주저하지 않는다.

스튜어트 머레이는 이 책을 통하여 그 아나뱁티스트를 순진하게 해부하였다. 이 책의 원 제목이 'The naked Anabaptist' 인 것은 그 때문인 것 같다. 그는 아나뱁티스트에 대해 말하면서 무엇을 감추거나 에둘러대지 않았다. 또한, 크게 자랑할 것도 부끄러워할 것도 없이 그냥 발가벗는 심정으로 정직하고 솔직하게 있는 그대로를 보여주었다. 아마도 그가 그렇게 할 수 있었던 것은 스스로 후터라이트, 아미시, 혹은 메노나이트 그 어느 곳 소속도 아니며 앞으로도 소속되지 않을 것이라고 했기 때문일지 모른다. 그는 그냥 실천이 동반된 신앙의 풍요한 전통을 소유하고 500여 년을 지나면서 오늘날까지도 기독교 신앙의 본보기가 되는, 역사적 평화교회라 불리는 아나뱁티스트인 것만으로 감사하고 만족했을 뿐이다. 그래서 그는 역사적으로 아나뱁티스트의 발자취를 거슬러 올라가 거기서 그들의 정체성을 알고 그 기나긴 여정 속에 자신을 합류시키고자 했다. 그는 이렇게 아나뱁티스트를 깊이 알았기에 동시에 그들의 단점도 발견할 수 있었다.

저자는 아나뱁티스트를 역사적으로 추적하면서 이제 더는 이들을 과거의 어두운 그늘 속에 묻혀 있거나 혹은 주류로부터 분리되어 이탈했거나 아니면 여전히 의심쩍게 홀대받는 대상으로 보지 않았다. 오히려 아나뱁티스트는 오랜 역사와 전통을 지니면서도 지금 이 시대의 요구에 부응하는 하나의 이머징emerging 교회라고 하는데 주저하지 않는다. 그는 아나뱁티스트와 대조되는 기독교를 크리스텐덤Christendom으로 부각시켰다. 물론 이것은 그만의 독특한 개념이 아니다. 크리스텐덤이란 기독교를 국교화한 콘스탄틴 황제 이후 가톨릭, 그리고 가톨릭에서부터 개혁을 시도했던 루터, 칼빈, 쯔빙글리, 영국 국교회 등 미흡한 개혁을 그대로 정당화시키면서 교회의 영역을 제국주의적으로 확장하고 또한 같은 방식으로 유지하는 개신교 등 기독교의 부정적인 일반 현상을 두고 일컫는 말이다. 오늘날 기독교에 대해서 여전히 개혁의 대상이라든지 대안의 필요성을 제기하는 이유는 바로 과거나 지금이나 최소한의 형식적 그리스도인을 자처하면서 기독교의 기득권을 누리고 유지 시키려는 타락상 때문이다.

머레이는 아나뱁티스트의 장점에 대해서 너스레를 떨고 약점을 에둘러 대는 비겁한 저자가 아니었다. 그는 아나뱁티스트의 단점과 그 한계를 알고 있으며 그것들을 감추기보다는 들어 내놓고 솔직하고 거리낌 없는 대화를 원한다. 그는 아나뱁티스트의 너무 실천적 행동을 강조하는 율법주의적 성향을 지적한다. 예수 중심에 둠으로 신약을 강조하다 보니 구약을 홀대한다는 비판을 받는 등 그들의 선택적 성향을 지적한다. 매우 역설적으로 보이나 그들의 예외적인 지성주의와 반지성주의의 극단적 성향을 지적하기도 한다. 성경해석의 다양성과 파문의 실천으로 말미암은 분열과 분파, 분리주의적 성향도 지적한다. 부조리한 현실에 대한 침묵과 은둔적 성향도 지적한다. 그리고 모든 운동이 다 그러하듯 적당한 시기에 제도화되는 순응과 타성적 성향도 지적한다. 아마도 이러한 예리하고 날카로운 지적이 아니었다면 이 책은 돋보이지 않을 것이다. 나도 이런 지적사항을 이 책에서 보지 못했다면 독자들에게 추천하고자 하지 않았을 것이다. 무엇이든 진실이 아니면 누구에게도 감동을 줄 수 없음을 알고 있으며, 종교, 정치, 경제, 사회든 이제 우리는 모두 면에서 진실에 합류할 때가 되었다고 보기 때문이다.

단점의 벽을 넘은 다음에도 저자는 여전히 아나뱁티스트를 지지한다고 선언한다. 내가 이 책을 여러분 모두에게 추천하는 또 하나의 이유이다. 어느 무엇 혹은 누구의 장점에 대해서 무심코 장단을 치며 따르거나 있을 법한 흠에 대하여서 흠만 보고 배척하는 삶은 어쩌면 오늘날 우리가 가장 경계해야 할 이 시대의 질병인지도 모른다. 우리는 지금 "개독교" "도가니" 이후의 시대를 살고 있다. 이제는 교회가 사회를 염려하는 것이 아니라 사회가 교회를 우려하고 있다. 대안을 찾고 있으나 따를만한 모범을 발견하지 못해서 당혹스러워하고 있다. 그래서 나는 이 책이 이 땅의 목회자, 신학도들을 포함한 모든 신자가 한번 읽어보았으면 한다. 이는 모두를 아나뱁티스트로 초청하는 것이 아니다. 아나뱁티스트는 지나간 역사 속에서도 결코 그렇게 하지 않았다. 다만, 각자가 있는 곳에서 그들과 더불어 우리의 중심이신 주 예수 그리스도를 함께 바라보고 믿고 따르자는 것뿐이다.

이 책을 번역한 강현아님은 과학자로서 누릴 수 있는 특권들을 내려놓고 메노나이트 신학교에 들어가 그들의 신학과 신앙을 함께 나누었기에 이 책의 번역자로 적합하다고 본다. 이 책을 출판한 대장간은 지금까지도 그러했거니와 앞으로도 이 땅의 기독교 신앙이 바르게 되는 것을 사명으로 알고 어려운 형편에서도 굽히지 않기에 더욱 신뢰가 가고 기대가 된다. 좋은 책이란 아마도 그렇게 해서 나오는가 보다.

| 한국어판 서문 |

"한국교회, 잔치는 끝났다.
변방에서 시작하는 예수 운동을 만나라."

허 현

목사, LA 이음교회

'한국적인 아나뱁티스트는 어떤 모습일까, 가능하긴 한 걸까?' 아나뱁티스트라고 고백하고 나서 20년 동안 나 자신에게 수없이 던져온 이 질문들은 어느새 마음 깊은 곳에 자리 잡았다. 책을 통해 16세기 아나뱁티스트들을 만났고, 그들의 신앙과 실천에 동지의식을 갖게 되었지만, 나로서는 함께하는 공동체가 없으니 그 신앙을 살아내는 것이 불가능해 보였다. 그렇게 여러 해가 지난 다음에야 한국에 나보다 더 오랜 시간을 이 질문을 품고 고민해 온 사람들이 있었다는 것을 알게 되었다.

사실 이 서문은 그들이 써야 하는 것이 마땅하다. 그럼에도, 비교적 어리고 늦게 입문한 내게 이런 기회를 양보했다는 것은 그들이 어떻게 예수를 따르고 있는지 시사하는 바가 크다. 나는 이 책을 소개하게 되어 무척이나 기쁘고 행복하다. 오랜 고민의 중요한 실마리 중 하나가 바로 이 책이기 때문이다. 이참에 내가 하고 싶었던 이야기 몇 가지를 책과 연관하여 말하고자 한다.

발가벗기

예수는 십자가에서 아예 발가벗으셨다. 하나님의 완전한 계시로서 자신을 드러내셨다. 본래 약함은 강함과 뒤엉켜 믿음을 이루고, 고난은 영광과 짝을 이루며, 사랑은 위기를 짊어진다. 예수의 발가벗음에는 이 모든 것이 함축되어 나타난다.

이 책의 원제목은 *"The naked Anabaptist"*이다. 저자는 아나뱁티스트로서 발가벗기를 원한다. 그리고 예수를 따르는 길 위에서 전통의 벽을 넘어 예수와 함께 발가벗자고 우리를 초청하고 있다. 그러면 어느 순간 우리가 참 길 되신 예수를 함께 따르고 있음을 알게 될 것이라고 그는 믿는다. 나는 그의 자신감에 압도된다.

뜬금없는 이야기 같지만, 아나뱁티즘은 한국교회가 찾는 답이 아니다. 어느 것도 모든 것의 답이 될 수는 없다. 상황context을 제거한 거대 담론 grand narrative이 한낱 꿈이라는 것을 모더니즘 시대를 지나면서 경험하지 않았던가. 여러 이유로 아나뱁티스트는 역사 속에서 정치·사회·문화와 적극적으로 씨름하지 않았으며, 실천을 강조한 나머지 율법주의legalism로 흐르는 경향도 있었다. 예전liturgy에 있어서도 세계 교회에 크게 이바지를 하지 못했다. 머레이는 아나뱁티스트 역사와 신학 및 실천 속에 있는 이러한 약함을 숨김없이 과감하게 드러낸다. 발가벗는 수치심이 그에겐 없다.

정통 교리 또한 우리를 구원할 길이 아니다. 오랜 세월 수많은 '정통' 그리스도인들을 만났다. 하지만, 그 중 많은 이들의 삶은 맘몬과 권력이 예수보다 위에 있다고 외치고 있었다. 우리에게 정통 교리를 입으로 읊조리는 것과 정통 교단의 테두리 안에 있다는 것이 무슨 의미가 있을까. 자신을 스스로 '정통 혹은 주류 기독교인'이라고 생각하는 사람들에게 머레이는 벌거벗은 자만이 보일 수 있는 강함으로 그들 신앙의 세속화와 이중성에 도전한다.

그렇다고 머레이나 나나 답이 없다고 생각하지는 않는다. 예수가 답이다. 그가 길이고, 진리고, 생명이다. '그' 길이신 예수를 따르다 보면, 아버지 앞에 서게 된다. 이것이 포스트모던을 사는 우리의 반문화적counter-cultural 거대담론이다. 진정한 정통은 예수가 하나님이요 왕이라는 고백과 그에 따르는 실천이 아니겠는가. 예수가 맘몬과 국가, 그리고 '나' 자신보다 위에 계신 하나님이시기에 그분께 충성하는 삶을 살아내는 것이 성서적 신앙이 아니겠는가. 발가벗고 예수를 따르는 자들에게는 이러한 반문화적 고백과 실천에 따라오는 고통을 담보한 위기가 반드시 찾아온다.

이 책이 불편하게 느껴진다는 메노나이트들을 여럿 만났다. 메노나이트에 대해 왜곡된 부분이 있다는 것이다. 마찬가지로, 다른 전통에 있는 사람들이 이 책을 읽으면 비슷한 불편함을 느낄지도 모르겠다. 그들의 불편함은 정당하다. 하지만, 그런 불편함이 분명히 발가벗는 불편함 혹은 발가벗은 자 앞에 서 있는 불편함과 무관하진 않을 것이다.

다시 보기

'발가벗기'란 말은 상황화 혹은 토착화의 측면에서도 이해해야 한다. 여기서 '발가벗은'이라는 말은 문화와 상황이 변해도 놓을 수 없는 핵심을 말한다. 머레이는 16세기 상황 속에서 반문화적 고백과 실천을 했던 아나뱁티스트 운동과의 대화를 시도한다.

그는 아나뱁티스트가 아닌 사람들이 던질만한 질문들을 다섯 가지로 정리해 답하면서, 다른 한편으로는 16세기 아나뱁티스트들이 믿고 실천했던 핵심가치들을 설명한다. 그리고는 오늘날 영국과 이일랜드라는 상황 속에 적용해 본 후 자신과 동료가 동의하게 된 신흥 아나뱁티스트들의 일곱 가지 핵심 신념이 무엇인지를 제시하고 설명한다.

한국적 아나뱁티스트가 어떤 모습인지를 질문해 왔던 나에겐 그와 그의 동료가 앞서 행한 시도가 더없이 큰 도움이 된다. 16세기 아나뱁티스트들에게 새로운 운동을 꿈꾸게 한 것은 단순히 유아세례에 대한 반대가 아니었다. 역사의식과 힘에 대한 이해가 그들의 심장을 충동질 한 범인이었다. 그들은 자신들의 시대의 기독교가 성서와 전통을 통해 알게 된 초기의 예수 운동과 다르다는 것을 깨달았다.

주 후 4세기 로마제국의 콘스탄틴 황제가 기독교를 공인하고서, 그리 오래지 않아 기독교가 로마제국의 국가종교가 되었다. 이러한 국가와 교회의 결혼을 크리스텐덤Christendom/기독교국가체제 라고 한다. 이때 일어난 교회의 변질은 혹자들의 '그럼 그 시대에는 좋은 점이 없었냐? 라는 질문으로 상쇄될 만큼 가벼운 것이 아니었다. 옥스퍼드의 역사학자였던 알렌 크라이더는 기독교 역사를 기독교국가체제를 기점으로 이전Pre-Christendom과 이후Post-Christendom로 나눌 만큼 이러한 변질을 심각하게 다룬다.

이 변질의 핵심은 교회가 권력을 갖게 되었다는 것이다. 초기의 예수 운동은 사회의 주변에서 일어난 제국의 안정에 '위협'으로 간주되는 운동이었으나, 이제는 오히려 기득권의 현상 유지를 옹호하는 제도가 되었다. 핍박받는 자들이었던 그리스도인들은 이제 핍박하는 자들의 대명사가 되었다.

또한, 기독교국가체제는 '명목상의 그리스도인' nominal Christian을 대량으로 양산해 냈다. 국가 안에 있는 모든 국민을 기독교인으로 간주하는 사회에서는 예수를 따르는 제자가 되기보다는 문화적으로 동화된 명목상의 그리스도인, 혹은 그들로 말미암아 형성된 교회의 문화가 기독교 신앙을 변질시키기 마련이다. 핍박받는 교회는 진정한 신앙을 가진 자들로 채워진다. 하지만, 교회가 권력을 갖게 되면서 이제는 교회에서 이루어지는 사교socializing를 통해 자기이득을 취하려는 신앙과 관계없는 이들이 교회에 출석하게 되고 교권을 갖게 된다. 여기서 '타자他者를 위한 예수 제자들' 의 운동이라는 순수성도, 자기 정체성도, 위로부터 부여받은 미션도 잃게 되는 것이다.

일 세대 아나뱁티스트들은 이러한 교회 역사의 단절을 견디기가 어려웠다. 관료적 종교개혁자들magisterial Reformers의 개혁도 정치권력을 의지한 개혁이었기 때문에 여전히 기독교국가체제를 벗어나지 못했다고 생각했다. 그들은 더 완전한 개혁, 곧 교회가 국가보다 위에 계신 예수께 충성하려면 정치적 권력과 그에 따르는 폭력성을 버리고 평화의 왕이신 예수의 길을 따라야 한다고 믿었다.

어떤 사람들은 그들이 너무 급진적이었던 것이 문제라고 한다. 맞다. 공권력의 허락을 받을 때까지 잠자코 앉아 기다릴 만큼 그들은 현명하고 균형잡힌 제자도를 가지지 못했었다. 예수와 바울처럼 급진적인 길을 택하지 않고 사백 년 조금 넘는 세월만 참고 기다렸으면 분명히 그런 핍박은 없었을 것이다. 사백 년만 기다렸으면….

열린 대화

　선교학자들은 명목상의 그리스도인으로 말미암은 부정적 교회 현상이 비서구권의 교회들에서도 나타난다고 연구결과를 발표한다. 그렇게 된 이유는 서구교회가 여전히 붙잡는 기독교국가체제의 교회관이 근대선교운동을 통해 비서구권에 심기어졌기 때문이다. 한국도 예외가 아니다. 한국교회는 미국과 유사한 '기능적 기독교국가' functional Christendom의 양상을 보이고 있다.

　기능적 기독교국가란 법적인 기독교국가가 아닐지라도 기독교가 정치·문화적 권력을 행사하는 나라를 의미한다. 한국은 법적으로는 기독교국가가 아닌 다종교 국가이지만, 한국교회의 정치적인 영향력과 권력행사는 미국에 버금간다. 예수의 십자가와는 관계없는 권력과 맘몬의 힘을 좇는 명목상의 그리스도인들로 채워진 교회는 자신의 정체성과 세상을 향한 미션이 무엇인지 갈피를 잡지 못한다. 오히려 세상이 교회를 향해 '너희는 누구냐?' 질책하며 선지자 역할을 한다.

　지금 한국교회가 아나뱁티즘의 소리에 귀를 기울여야 한다는 이유가 이것이다. 그들은 오백 년 전 너무 이른 시기에 기독교국가체제를 통한 기독교 신앙의 변질을 보고 초기 예수 운동의 회복을 꿈꿨다. 이들의 반反기독교국가체제Christendom적 전통과 실천은 마치 교회사 속에 존재하지 않았던 것처럼 한국교회에 숨겨졌었다. 이들이 오늘 기독교국가체제의 긴 그림자 아래서 고통받는 한국교회에 들려주는 이야기에 귀를 기울여 보자는 것이다.

　나는 이 시대의 '직통 계시'는 서로 다른 이들 사이의 열린 대화를 통해 온다고 믿는다. 어려서부터 노란 렌즈를 껴 온 사람은 세상을 온통 노란 눈으로 보고 있지만, 실상 자신은 그 사실을 모른다. 렌즈를 잘 닦는다고 사물을 정확히 볼 수 있는 것이 아니다. 닦을 만큼 닦았다. 이제는 옆에 있는 다른 색의 렌즈를 낀 사람들과의 대화를 통해 사물의 본질에 더 근접할 수 있을 것이다. 그때에야, 우리 눈을 덮은 비늘 같은 것이 벗겨져 새로운 세계를 보게 될지도 모른다.

다시 한국교회로 돌아오자. 나는 한국교회의 잔치가 끝났다고 생각한다. 심폐소생술로 간간이 목숨을 연명해 가는 한국교회를 위해 고민하고 눈물로 기도하는 나의 형제·자매들의 한숨 소리가 들린다. 참다못해 목회자들이 혹은 장로들이 바뀌어야 한다고 비판하면서 목사편 혹은 장로편이 되어 싸우다 상처 입어 아파하는 지체들의 아픔이 느껴진다. 더는 한국교회에는 기대할 것이 없다며 교회를 떠나 '가나안 교회'에 다니는 기독지성인들 가운데 나의 사랑하는 동생들을 발견하고는 갑갑한 가슴을 치게 된다. 열심히 공부하면 훗날 교회개혁의 일꾼이 될 것이라며 도서관에서 책을 파던 목회 후배들의 좌절에 고개가 절로 내려간다. 열심히 목회하면 '언젠간 좋은 날이 오겠지' 하고 새벽부터 밤늦게까지 승합차를 운행하면서 자기 수명을 줄이고 있는 동역자들 옆에 서면 눈물이 난다. 그리스도의 몸된 교회가 여기저기서 동네북처럼 모욕당하는 것을 보면서 분노할 힘도 잃는다. 흥을 돋우던 포도주가 동이 났다. 잔치는 끝났다.

물로 새로운 포도주를 만드셨듯이 전혀 뜻하지 않은 곳에서 예수의 새로운 운동이 머지않은 미래에 일어날 것이다. 그것은 아나뱁티스트도 아니고, 기존 교회의 갱신운동도 아닐 것이다. 침례자 요한이 예수의 길을 예비하듯 우리가 함께 대화를 나누는 가운데 우리의 경험과 지식을 초월한 새로운 예수 운동이 일어나는 것을 볼 것이다. 아니, 어쩌면 저 수평선 너머 변방에서 비구름처럼 이미 일어나고 있을지도 모를 일이다.

젊은 나의 동역자들이여 꿈을 꾸자. 그 꿈은 중원을 바라보지 않는다. 새로운 예수의 운동은 변방에서 일어난다고 역사는 우리에게 외치고 있다. 현실적이 되라는 충고에 속지 마라. 그것은 노인들의 몫이니 그분들에게 맡겨두라. 다만, 꿈을 꾸자. 날개를 펴고 접지 마라. 새로운 예수 운동은 그런 자들의 것이다. 예수와 그를 따르는 자들이 보였던 급진성, 그것은 기득권 세력이나 경험 많은 지혜자들이 도저히 넘볼 수 없는 당신들만이 할 수 있다. 거기서 다시 시작하라. 그리고 다른 전통에서 나오는 사람들의 말에 마음을 열고 귀를 기울여라. 제2의 한국교회는 그런 당신과 함께 시작될 것이다. 그렇지 않으면, 어느 날 포도주가 떨어져 흥이 깨진 잔치에서 포도 주스로 연명하는 자신을 발견하게 될지도 모른다.

예수께서는 발가벗은 상태에서 아버지께 자신을 의탁하셨다. 오늘 나도 발가벗은 아나뱁티스트로서 여러분에게 이 책을 소개한다. 우리는 예수를 따르는 행렬 속에 함께 길을 가고 있다. 이제 이 책을 통해 함께 발가벗고 허심탄회하게 대화의 잔치를 열어보자. 발가벗고 하는 열린 대화는 우리의 약점을 드러내고, 또한 우리를 위기 속으로 집어넣겠지만, 결국 하나님의 강함이, 그분의 사랑이 이길 것이다.

서 문

그레고리 보이드Gregory A. Boyd

*The Myth of a Christian Nation*과 *The Myth of a Christian Religion*의 저자

서구의 문명 사회가 이미 후기기독교post-Christian 시대에 들어갔다는 것은 부인할 수 없는 사실이다. 한때 그리스도인들은 이 세계가 결국에는 크리스텐덤Christendom 기독교국가체제의 확장된 세력 속으로 수용될 것이라고 믿었으나, 지금 생각해 보면 그런 일은 결코 일어나지 않을 것이 분명하다. 수세기에 걸쳐서 크리스텐덤은 오히려 서양 문화 안에서 그 영향력을 점차 잃어가고 있다. 심지어 크리스텐덤의 마지막 남은 요새라고 불리는 미국에서도, "전투적인 교회church militant; 신학용어로 현세의 악과 싸우는 지상의 교회를 뜻함—옮긴이주 와 승리한 교회church triumphant; 현세의 싸움에서 이겨 승전가를 부르는 천국교회를 뜻함. 이런 이분법적 사고에서는 이 세상에 존재하는 모든 지상 교회가 사실 싸움이 끝나지 않은 전투적인 교회이다—옮긴이주와 같은 정복자적 사고가 쇠퇴하고 있다. 한때 막강했던 기독교 국가의 문화적 잔재들이 유럽과 미국에서 한동안은 분명히 지속되겠지만, 이는 다만 하나의 시민 종교로서의 기독교a Christian civic religion라는 영향력 없는 형태가 될 것이다. 사실상, "전투적인 교회와 승리한 교회"는 역사의 유물이 되어 가고 있다.

이러한 손실(?)에 대하여 많은 서구 그리스도인들이 슬퍼하며 고민하고 있다. 반면에, 예수를 진지하게 따르고자 하는 자들은 오히려 이를 반기며 고무되어 있고, 이들의 새로운 목소리는 점점 커지고 있다. 이 책의 저

자인 스튜어트 머레이처럼 나도 이 새로운 무리에 속해 있다.

이것은 서구 사회에 속에서 크리스텐덤 통치를 대체해 왔던 도덕적으로 붕괴된 형태의 세속주의에 만족한다는 것이 아니다. 오히려 우리는 하나님께서 예수의 삶, 죽음, 그리고 부활을 통해서 드러내시고자 하셨던 원래 교회의 모습을 "전투적인 교회와 승리한 교회"가 전혀 보여주지 못했다고 주장한다. 크리스텐덤이라는 애굽을 떠나온 우리는 이제 광야의 길고 힘든 여행을 준비해야만 한다.

그리스도인들 사이에 점차 확장되어 가는 신념은, 우리가 속한 하나님 나라가 모든 면에서 세상의 나라와 파격적으로 다르다는 것이다. 세상 나라는 전제군주가 사람들을 다스리고 적들을 무력으로 정복하는 과정 중에 보여준 성향들이 모두 나타난다. 반면에 하나님의 나라는 항상 예수의 성품을 드러낸다. 십자가의 능력은 사람을 섬기고 적을 사랑하는 것을 의미한다. 예수께서 시작하신 이 새로운 운동은 모든 면에서 세상의 문화에 반대 되며 세상 나라의 법칙에도 반대 된다. 예수를 따르는 자들은 점점 더 많이 두 나라의 차이를 이해하고 있다. 나아가 우리는 하나님나라를 향한 충성의 의무가 어떤 다른 세상의 관계보다 우선해야 한다는 것을 깨닫고 있다.

대부분의 교회가 세상의 조류인 개인주의, 소비주의, 물질주의를 심각한 정도로 무의식중에 교회 내에 허용하고 있지만, 서구에서 포스트-크리스텐덤을 살아가는 예수의 제자들은 이러한 세상의 가치들이 예수의 본보기와는 전혀 다르다는 것을 점점 많이 깨닫고 있다. 제자들은 우리 그리스도인들이 공동체를 이루며 단순한 삶을 지향하고, 겸손하고 정의롭게 그리고 우리의 삶과 자원을 서로서로 나누며 살아가도록 부르심을 받았다는 것을 실감한다.

그러나 포스트-크리스텐덤이라는 광야의 여정을 걸어가고 있는 많은 사람이 아직도 깨닫지 못한 것이 있다면, 바로 하나님나라가 크리스텐덤과 타협을 거부하며 세상 풍조와 다르다는 깨달음이 갑자기 새로 나타난 것이 아니라는 점이다. 사실, 이러한 하나님나라의 비전은 3세기까지 초대교회들에게는 일반적인 이해였다. 그러나 4세기에 들어서 로마 콘스탄틴 황제가 교회에 정치적 힘을 부여하고 교회가 이 권력을 무비판적으로 받아들였을 때, 하나님나라의 비전이 "전투하는 교회와 승전가를 부르는 교회"의 모델로 대체되는 비극이 생겨났다. 기독교 역사를 보면 제도화된 교회로부터의 핍박에도 하나님나라의 비전을 고수하면서 예수를 믿고 따랐던 무리가 존재했었는데, 이 같은 비전이 지금 포스트-크리스텐덤을 살아가는 그리스도인들에게 새로운 도전을 주고 있다.

크리스텐덤에 반대하며 예수 중심의 하나님나라를 추구했던 역사적인 움직임 가운데 가장 크고 중요한 운동은, 바로 종교개혁 시대에 아나뱁티스트Anabaptist라고 불린 급진적 개혁자들에 의해서 시작되었다. 때때로 자신들의 생명을 대가로 치러야 하는 아픔이 있었지만, 그들은 하나님나라의 가치를 지키려고 자신들을 기꺼이 다른 종교개혁 운동들로부터 구별시켰다.

이 아나뱁티스트는 하나님나라가 세상의 나라와는 근본적으로 다르며 이 둘은 항상 구별되어야 한다고 열정적으로 주장하였다. 아나뱁티스트에게 예수를 따른다는 것은, 적들까지도 사랑하고 무력을 사용하지 않고 살아가는 것이었다. 아나뱁티스트는 예수를 따르는 모든 사람은 헌신된 공동체에서 함께 살아가도록 부르심 받았다고 믿었다. 이런 삶은 우리에게 단순하고 겸손하며 관용을 베풀며 정의로움을 추구하는 삶의 모델이 된다. 또한 아나뱁티스트는 구원이 예수를 믿고 죽어서 천국에 가는 것에만 국한되는 것이 아니라, 우리의 삶과 사회와 창조세계의 전 영역에 걸쳐서 하나님의 변화시키는 능력을 경험하는 것이라고 확신했다.

크리스텐덤의 지도자들은 아나뱁티스트 운동을 하는 대부분의 지도자들을 고문하거나 처형했지만, 하나님의 은혜로 이 운동은 지난 오백 년 동안 하나님의 유일하며 아름다운 하나님나라의 증인으로 자리를 지켜왔다.

크리스텐덤을 벗어나 광야를 통과해서 출애굽의 여정을 가고 있는 하나님나라 순례자인 우리들에게, 머레이는 우리와 같은 여정을 거의 오백 년 동안이나 계속해 온 한 그룹의 사람들과 그들의 전통을 소개한다. 이 책을 통해서 당신은 아나뱁티스트의 믿음과 그 믿음의 표현방식을 간결하면서도 분명하게 배울 수 있을 것이다. 아나뱁티스트가 자신의 믿음을 진솔하게 표현했던 것처럼, 머레이는 아나뱁티즘 전통의 장점 뿐 아니라 단점까지도 솔직하게 다룬다.

만약에 당신이 흠 없고 이상적인 하나님나라의 본보기를 찾고 있다면, 이 책뿐만 아니라 그 어디에서도 찾을 수 없을 것이다. 머레이는 사람들이 메노나이트나 아나뱁티스트로 개종하도록 하려고 이 책을 쓴 것이 아니라, 아나뱁티스트와 하나님나라를 찾는 새로운 무리가 서로서로 배우며 유익을 주고받게 되기를 원했다. 실제로 하나님나라 관점에서 보면, 우리가 서로 도움을 주고 배우는 것은 하나의 엄숙한 명령이다.

나는 이 책이 크리스텐덤이라는 애굽을 떠나서 포스트-크리스텐덤이라는 광야를 통과하고 있는 모든 사람에게 대단히 중요하다고 확신한다. 그리고 하나님께서 이 책을 읽는 이들이 아름다운 섬김의 모범을 보여주는 예수님 중심의 하나님나라를 세상 속에서 이루어 가시길 간절히 기도한다.

그레고리 보이드의 저서 중 한국에 소개된 책은 『십자가와 칼』, 『하나님 탓인가?』, 『너는 왜 하나님을 믿느냐』, 『어느 무신론자의 편지』(공저)가 있다.

"The Naked Anabaptist"란?

2008년 봄에 영국 메노나이트 교회 리더들과 같이 미국 펜실베니아를 여행할 때, 내 친구 노엘 물즈Noel Moules는 영국과 아일랜드에서 점점 아나뱁티즘에 관심을 갖는 이들이 늘어가는 이유에 대해 질문 받았다. 이들 미국 메노나이트들 중의 일부는 이전에 영국에 몇 주간 머무는 동안에, 아나뱁티스트의 가치와 통찰력에 깊은 관심을 보이는 다양한 기독교 전통에 속한 사람들을 만났었다. 미국 메노나이트의 눈에는 그런 사람들이 흥미로웠다. '왜 영국과 아일랜드 그리스도인이 아나뱁티즘에 관심을 갖는 것일까?'

미국에 있는 메노나이트와 다른 아나뱁티스트 공동체의 기원이 되는 16세기 아나뱁티스트 운동이 스위스, 오스트리아, 독일, 네덜란드, 그리고 체코 등 유럽 여러 곳에 영향을 끼쳤지만, 영국과는 무관하였다. 1575년에 박해를 피해 영국 런던으로 망명길에 올랐던 이들은 영국 정부에 의해 체포되어 감옥에 수감되거나 처형 혹은 추방당했다. 영국에서 아나뱁티스트라는 명칭은 때때로 학대의 의미로 사용되기도 했었지만, 실제로 그 후 4세기 동안 영국에는 아나뱁티스트가 없었다.

그래서 노엘이 그런 질문들을 받은 것이다. 왜 영국과 아일랜드에서 아나뱁티스트 운동에 관한 관심이 점점 싹트고 있는가? 영국의 문화에 아무런 역사적 뿌리가 없는 아나뱁티스트 전통 속에서 무엇을 찾고자 하는가? 그리고 현시대의 영국과 아일랜드에서 아나뱁티스트가 된다는 것은 무엇을 의미하는가? 미국에 있는 메노나이트, 후터라이트, 또는 아미시 등과 같은 문화적 배경에 뿌리를 두지 않은 아나뱁티즘은 어떤 형태일까?

노엘은 되물었다. "당신들의 질문은 'the naked Anabaptist'에 관한 것이지요? 맞죠? 즉, 꾸미지 않은 본질이 드러내기까지 벌거벗겨진 아나뱁티즘…." 그래서 이 책은 이 질문에 답하고자 쓴 것이다.

노엘과 나는 영국과 아일랜드에 있는 아나뱁티스트 네트워크Anabaptist Network라는 모임의 설립자들이자 위원들이다. 1990년대 초부터 이 아나뱁티스트 네트워크는 아나뱁티스트 전통에 관심 있는 그리스도인들에게 유용한 자료를 제공했으며, 여러 연구 모임, 컨퍼런스, 논문, 시사 신문, 신학 학술회 및 웹사이트를 운영해 왔다.1) 몇 년 동안, 우리는 영국과 아일랜드의 그리스도인들이 아나뱁티즘에 쉽게 접근할 수 있도록 도울 수 있는 간단한 방법이 없다는 것을 고민해 왔다. 학술적 기조도 있었고 또 미국 시장을 겨냥한 출판물도 있었지만, 정작 우리들이 종종 부딪히는 다음과 같은 질문에 대한 답이 필요했다:

- 아나뱁티스트는 누구인가? 그리고 무엇을 주장하는가?
- 아나뱁티즘은 어디에서 시작되었는가?
- 아나뱁티스트는 무엇을 믿는가?
- 내가 아나뱁티스트가 될 수 있는가?
- 아나뱁티스트와 메노나이트의 차이점은 무엇인가?

만약 위의 질문들 중 어느 하나라도 궁금하다면, 이 책The Naked Anabaptist은 당신을 위한 책이다.

그래서 노엘과 나는 아나뱁티스트 네트워크에 있는 여러 동료들과 함께 그의 멋진 명언 "the naked Anabaptist"를 시작으로 해서 이 책을 쓰기로 했다. 아나뱁티즘에 대한 나의 직접적인 경험은 내가 쓴 다른 책에서도 이야기한 바 있다.[2] 1980년대 초반 이후로 나는 나 자신을 아나뱁티스트라고 생각했다. 이것은 내가 아나뱁티스트 교회에 속해서도 아니고 아나뱁티스트 가족에서 태어났기 때문도 아니다. 다만, 여러 기독교 전통 가운데 아나뱁티스트가 내게 신학적으로 그리고 영적으로 가장 일치한다고 여기기 때문이다. 따라서 이 책은 영국의 한 신학자가 자신의 아나뱁티스트 신념을 설명하기 위해 쓴 개인적인 증언서이기도 하다. 따라서 때때로 일인칭 주어를 사용할 것이다. 하지만, 이 책은 아나뱁티스트 네트워크에 속한 여러 사람들의 도움으로 완성되었기에, 아나뱁티스트 네트워크의 필요에 의해 만들어졌다고 할 수 있다. 그리고 아나뱁티스트 네트워크에서 발행되는 소식지를 보고, 이 책이 탄생되는 것을 지켜본 이들도 이 책에 기여했다. 그래서 나는 여러 곳에서 삼인칭 주어인 '우리' 라는 주어를 사용함으로 이 책이 한 공동체를 위해서 쓴 것임을 나타내고자 했다. '우리' 라는 말은 지난 20여 년 동안 연결되었던 사람들과, 또 나처럼 아나뱁티스트라고 여기는 사람들을 지칭한다. 또 가끔 '우리' 는, 영국과 아일랜드에서 스스로 아나뱁티스트라고 정의하지는 않지만, 아나뱁티스트 네트워크에 속해 있으면서 아나뱁티스트 전통에 대해 점점 알아가고 있는 광의의 기독교 공동체를 뜻하기도 한다. 내가 사용하는 주어의 정의가 불명확하다는 것을 알고 있지만, 바로 그것이 영국과 아일랜드에서 일고 있는 아나뱁티스트 운동의 특성이기도 하다.

바라기는 아나뱁티스트 네트워크의 일원이 자신의 친구에게 아나뱁티즘에 왜 이끌리게 되었는지 말해주고자 할 때, 이 책이 도움이 되길 소원한다. 또한 다른 기독교 전통에 뿌리를 둔 사람들, 그리고 아나뱁티스트 전통에 대해 부정적인 사람들에게도 유용한 책이 되길 기대한다. 나아가서 나의 친구 노엘이 펜실베니아에서 받았던 질문과 같은 의문을 가진 미국 아나뱁티스트도 이 책을 통해 그 해답을 찾길 바란다.

지난 15년 동안, 나는 미국을 여러 차례 방문하여 메노나이트 신학교에서 가르치기도 하고, 메노나이트 교회에서 설교도 하고, 메노나이트 선교기관과 동역하기도 하고, 또 아나뱁티스트의 후손들인 메노나이트, 메노나이트-형제회Mennonite-Brethern, 예수 형제회Brethern in Christ 및 여러 아나뱁티스트의 후손이 이룬 교단의 대표자 협의회에서 말씀을 전하기도 했다. 나 역시 노엘이 펜실베니아에서 받았던 흥미로운 질문에 관심을 가지게 되었다: '왜 영국과 아일랜드에 있는 그리스도인들이 메노나이트의 조상인 아나뱁티스트에 대해 점점 더 관심을 보이는 걸까?'

이 질문은 미국의 많은 메노나이트가 자신의 소중한 아나뱁티스트 전통에 대한 무관심을 날카롭게 지적하는 것이기도 하다. 나는 종종 메노나이트 학생들과 교회 지도자들에게 그들의 고유한, 원래의 유산을 회복함으로써 부흥과 영감을 얻으라고 촉구한다. 비록 20세기에 들어서 메노나이트 학자들이 아나뱁티즘의 회복을 추구하며 시도하였지만, 아직 그들의 열정과 통찰력에 상응하는 영향력을 끼치지 못하였다. 안타깝게도 대부분의 메노나이트들은 '목적이 이끄는 교회'나 '알파 코스' 같은 것에 더 관심이 있는 듯하다.

내가 보기에는, 메노나이트 문화와 전통이 아나뱁티스트의 유산을 억누르고 감추어 왔다. 몇 년 전에 어느 대규모 청년 사역 단체의 리더와 대화할 기회가 있었는데, 그 단체 지도자들의 모임에서 나온 예언자적 말씀을 듣게 되었다. 그것은 '네가 가진 전통을 버리고, 물려받은 유산에 천착하라' Let go of your traditions and hold on to your heritage였다. 그 지도자와 동료 사역자들은 이 도전적인 말씀을 어떻게 적용할 것인지 고민하고 있었다. 왜냐하면, 오랜 세월에 걸쳐 형성된 많은 전통이 한 때는 가치 있었지만, 지금은 오히려 처음 비전을 성취하는데 있어서 걸림돌이 되기 때문이다. 만약에 당신이 속한 미국 아나뱁티스트에 관련된 전통 속에서 이와 비슷한 고민을 하고 있다면, 이 책은 당신을 위한 책이다.

다양한 배경의 기독교 전통을 경험한 그리스도인이 아나뱁티스트 전통에 관심을 보이며 알고 싶어하는 현상은, 비단 영국과 아일랜드에서만 일어나는 것이 아니다. 한국, 일본, 그리고 남아프리카에 아나뱁티스트 센터가 있으며, 스칸디나비아에서도 새로운 아나뱁티스트 네트워크가 형성되고 있다. 이들 어느 나라도 역사적인 아나뱁티스트와 무관하다. 프랑스어를 사용하는 새로운 아나뱁티스트 센터가 캐나다 몬트리올에서 생겨났다. 기존의 메노나이트, 후터라이트, 아미시 등의 여러 아나뱁티스트 그룹이 존재하는 미국에서도, 다른 여러 교단의 그리스도인이 아나뱁티스트 전통에 대해서 새로이 관심을 갖고 배우고 있다. 이런 무리의 사람들 중 어떤 이들은 자신을 아나뱁티스트로 간주하고, 또 다른 이들은 기존의 메노나이트에게 그들의 유산을 더욱 가치있게 여기며 재해석하도록 촉구하며 나아가서 그 작업이 현시대의 그리스도인에게 중요함을 상기시켜 준다.3)

학술 영역에서도 아나뱁티즘은 수세기 동안 무시와 천대를 받았지만, 최근에는 메노나이트 공동체를 비롯한 아나뱁티즘 방식에 대한 관심이 점차 고조되고 있다. 나는 현재 아나뱁티즘에 대해 연구하는 두 명의 박사과정 학생을 지도하고 있다. 한 명은 한국 학생이며, 다른 한 명은 벨기에서 교회 개척을 했었다가 현재 르완다에서 가르치고 있는 프랑스계 캐나다인이다. 그리고 아나뱁티스트 네트워크의 웹사이트를 통해 아나뱁티즘에 대해 연구하거나 논문을 쓰는 학생들로부터 조언과 자료를 종종 부탁받는다.

이제 분명해진 것은, 영국과 아일랜드뿐만 아니라 여러 나라에 '신흥 아나뱁티스트 그룹' neo-Anabaptists과 '아나뱁티스트 관심 그룹' hyphenated Anabaptists이 있다는 사실이다. 신흥 아나뱁티스트는, 비록 역사적 문화적으로 아나뱁티스트 관련된 교단과는 아무런 연관성이 없지만 자신을 아나뱁티스트라고 소개하기를 원하고, 아나뱁티스트 전통 속에서 정체성을 발견한다. 반면에 아나뱁티스트 관심 그룹은 아나뱁티스트 전통 속에서 영감과 유익을 발견하지만, 자신을 아나뱁티스트로 간주하지 않으며, 자신의 고유 전통과 아나뱁티스트 전통을 병합하려는 성향을 지닌다. 예를 들어, 침례교인이지만 아나뱁티스트의 전통을 복합적으로 따르는 자들, 감리교-아나뱁티스트, 영국 국교도-아나뱁티스트, 오순절파-아나뱁티스트 등의 다양한 사람들이 있다. **만약에 당신이 위의 어느 한 명칭에 부합한다면, 이 책** The Naked Anabaptist**은 당신을 위한 책이다.**

1953년에 런던 메노나이트 센터London Mennonite Centre가 설립되었는데, 이는 종교개혁 이후 400여 년이 지난 후, 영국에 아나뱁티스트의 실재가 다시 소개된 것이었다.4) 이후 아나뱁티스트의 영향력은 점차 영국과 아일랜드계의 교회 사이에 퍼져 나갔으며, 뿐만 아니라 여러 배경을 가진 그리스도인에게 공동체, 평화, 정의, 그리고 제자도에 대해 진지하게 숙고하도록 도전하였다. 하지만, 1980년대에 와서야 아나뱁티즘Anabaptism이라는 용어가 널리 사용되기 시작했으며, 아나뱁티스트 운동Anabaptist movement이라는 말은 더욱 최근에 들어 가시화되기 시작했다.

2004년에 『크리스텐덤 이후』After Christendom 시리즈 중의 첫 번째 책을 Paternoster 출판사가 출간했다. 영국에서 출판된 이 시리즈는 아나뱁티스트 네트워크의 핵심 그룹 형성을 촉진하였다. 왜냐하면, 다양한 저자들이 서양 문화 속에서 크리스텐덤의 종말이 무엇을 의미하는지에 대해 연구하면서 아나뱁티스트적 관점에 귀착하게 되었던 것이다. 2009년까지 5권의 책이 출판되었으며, 그 이후의 책들은 현재 저술되고 있거나 출판될 예정이다. 2004년에 출판된 나의 책 『포스트-크리스텐덤』Post-Christendom, 후기 기독교국가체제 5)의 내용은, 제국적 기독교imperial Christianity 시대가 끝났음을 공표하고, 그리고 유럽 교회가 사회 속에서 쇠퇴한 것과 같은 기독교 내의 많은 문제점들을 재고해 볼 수 있는 새 시대가 온 것을 기뻐해야 한다는 내용이다. 또한 이 책에서 말하고자 하는 것은, 기독교 왕국과 연관된 주요 기독교 전통이 이 새 시대에 적응하기 위해 고심하고 있다면 어떤 해답이 아나뱁티즘과 같은 급진적인 개혁 전통 속에 있을지도 모른다는 것이다. 과연 어떤 이들이 주장하듯이 아나뱁티즘이 다가오는 세대를 위한 새로운 비전을 제시할 수 있을까? 이 아나뱁티즘 전통에 대해 소개하는 『크리스텐덤 이후』After Christendom 시리즈의 책들을 많은 이에이 읽었으며 매우 열광적으로 호응하고 있다.

즉, 영국과 아일랜드 그리고 여러 곳에 있는 그리스도인은 아나뱁티즘에 관심을 갖고 아나뱁티스트와 교류하고 있다. 하지만, 우리는 아나뱁티스트에 대해 물어볼 것이 많다. 이들은 누구인가? 이들은 무엇을 믿는가? 다른 전통의 그리스도인들과는 어떤 공통점이 있는가? 이들만의 두드러진 특징은 무엇인가? 서구사회에서 포스트-크리스텐덤이 왜 갑자기 관심을 받게 되었는가? 후터라이트처럼 공동 재정common purse을 실천하는 공동체 생활을 하지도 않고, 아미시처럼 마차를 타고 다니지도 않고, 또 메노나이트 교회에 속하여 4부 합창으로 찬송가를 부르지 않아도 진정한 아나뱁티스트가 될 수 있는가? 만약 당신이 이미 아나뱁티스트에 대해서 들었고 또 그들에 대해서 더 알기 원한다면, 이 책은 당신을 위한 책이다.

이 책을 손에 든 당신을 환영한다.

1. 아나뱁티스트, 툭 터놓고 말하기

Uncovering Anabaptists

널리 알려진 아나뱁티스트

몇 년 전에 한 미국 작가가 『아나뱁티스트가 돌아왔다!』The Anabaptist are back!라는 제목의 책을 출판하였다.6) 그는 미국 내에서 메노나이트, 후터라이트, 그리고 아미시 공동체들이 오랫동안 종교 영역의 한 부분으로 존재해 왔음에도 불구하고, 최근에 들어서야 아나뱁티스트 전통에 대해 관심을 보이는 이들이 많아지는 현상에 대해 호기심을 갖게 되었다. 기독교 내 여러 전통에 기반을 둔 그리스도인들이, 조용하고 종종 고립된 채로 존재해 온 공동체의 신념과 행동 양식에 대해 배우고 있으며, 그 속에서 현시대의 우리에게도 여전히 적합하며 가치 있는 것을 발견하고는 놀란다. 이런 유사한 현상이 영국과 아일랜드에서도 일어나고 있다. 미국과는 달리 최근까지만 해도 아나뱁티스트의 존재와 영향력이 미미했던 세계 곳곳에서 아나뱁티스트에 대한 관심이 점점 가시화되고 있는 것은 사실이다.

아나뱁티스트 네트워크는 1991년에 세워졌으며, 이는 영국과 아일랜드에서 아나뱁티즘에 대해 우연히 접하게 된 사람이나 아나뱁티즘에 대해 더 많은 자료를 찾는 이들을 돕고자 시작됐다. 지난 20여 년간 많은 사람이 이 모임에 참

아나뱁티스트 네트워크 로고

여하고 있으며, 어떤 이들은 우리에게 아래와 같은 조언과 질문을 남겼다:

- "내와 똑같은 믿음을 가지고 있는 사람을 만나게 되어서 마음에 큰 위로가 된다. 우리 교회 성도들에게 내 믿음에 대해 말하면 나를 이상하게 여긴다."
- "당신과 같은 아나뱁티스트들은 갑자기 도처에 나타난 것처럼 보인다."
- "아나뱁티스트가 무엇인가?"
- "아나뱁티스트는 (이런 저런 이슈에 대해) 어떻게 생각하는가?"
- "내가 있는 곳에서 가장 가까이 있는 아나뱁티스트 교회는 어디인가?"

이들의 관심과 질문에 대한 아나뱁티스트 네트워크 회원들의 답변과 이야기를 모아서 2000년에 『귀향: 영국과 아일랜드의 아나뱁티스트 이야기』 Coming Home: Stories of Anabaptists in Britain and Ireland라는 제목으로 책이 출판되었다.[7] 아나뱁티즘은 우리에게 들려줄 이야기가 가득한 전통이기에, 이 책이 아나뱁티스트 전통을 따르고자 하는 60명의 그리스도인의 이야기로 채워져 있는 것은 조금도 이상하지 않다. 그들은 자신이 어떻게 아나뱁티즘을 발견했고 어떤 점에 흥미를 느꼈는지 이야기해 준다.

'귀향' coming home이라는 주제가 대부분의 이야기의 공통점이었기에, 이 책의 제목으로 사용되었다. '귀향'이라는 말은 영국과 같이 지난 4세기 동안 아나뱁티스트가 존재하지 않던 지역에 갑자기 아나뱁티스트들이 등장했다는 것을 의미하는 것이 아니라, 아나뱁티즘에 푹 빠져든 사람이 자신의 아나뱁티즘을 발견하고 경험해가는 과정을 '귀향'의 느낌으로 이해하고 있다는 뜻이다. 이들이 바로 제자도, 공동체, 평화, 선교 같은 아나뱁티즘의 핵심적인 신념을 공유하고 있는 그리스도인이다.

과거 몇 년 동안 아나뱁티스트의 존재는 더욱 가시화되고 그들의 목소리도 점차 영향력이 늘어나고 있다. 아나뱁티스트 네트워크가 영국과 아일랜드의 다양한 분야에서 처음으로 학술회와 연구회를 조직하고 운영해 왔으나, 지금은 아나뱁티스트 영향을 받은 협회가 열두 개 이상 존재한다. 이 협회들은 교회 개척에서 훈련 프로그램까지, 갈등 전환에서 중재 역할까지, 회복적 정의와 평화활동에서 정치적 정책 연구소에 이르기까지 다양한 영역에서 활동하고 있다. 그리고 아나뱁티스트 네트워크는 다양한 분야의 주제에 대해서-교회와 국가, 그리스도의 구속 사역the atonement, 평신도 사역, 알파 코스, 이머징 교회-아나뱁티스트적 관점이 무엇인지에 대한 질문을 받고 해답을 고민하며 그 결론을 출판해 왔다.

편협적이라고 비난 받아왔던 아나뱁티스트 전통이었지만, 아나뱁티즘에 대한 관심은 놀랍게도 초교파적이며 분파적인 경계가 없다. 예를 들어, 아나뱁티스트 네트워크의 웹사이트는 다양한 교단적 배경을 가진 그리스도인이 아나뱁티즘에 매혹되고 있다는 것을 단적으로 보여준다. 비록 대부분이 복음주의적 전통에 연관된 이들이지만, 자유주의 진영, 은사운동, 개혁주의, 영국 가톨릭을 배경으로 하는 그리스도인도 있다. 많은 기독교 전통 속의 기독교 작가들이 아나뱁티즘을 우호적으로 평가하며, 어떤 이들은 심지어 아나뱁티즘이 앞으로 다가올 시대의 새로운 운동이 될 것이며 또한 포스트-크리스텐덤을 살아가는 그리스도인의 삶의 방식이라고 주장한다. 이러한 아나뱁티즘의 초교파주의적인 성향이 어떤 이들의 시각에는 우려가 되지만, 다른 이들에게는 상당히 매력적이다.

또한 주목할 만한 것은, 아나뱁티스트 네트워크의 학술회에 참석하는 많은 이들이 어떠한 교회에도 속하지 않았다는 점이다. 실제로 어떤 이들은 자신을 그리스도인이라고도 부르지 않는다. 나는 심지어 부성부주의사이면서 아나뱁티스트 전통에 깊은 관심을 갖고 있는 사람을 만나기도 했다. 또한 이전에는 무신론자이면서 불교 신자였던 사람이 아나뱁티즘을 통해서 진정한 기독교 믿음을 갖게 되었다고 고백한 이야기가 아나뱁티스트 네트워크 웹사이트에 올라와 있다.

따라서 우리는 어떤 이들이 아나뱁티스트가 '도처에 갑자기' 나타났다고 여기는 이유를 이해할 수 있다. 하지만, 영국과 아일랜드에서 아나뱁티스트 전통은 여전히 소수자의 목소리로만 존재한다. 어떤 이들은 아나뱁티스트로 기꺼이 알려지기를 원하지만, 또 다른 이들은 아나뱁티스트로 불리기보다는 다만 아나뱁티즘의 긍정적인 부분이 무엇이며, 그것이 자신의 기존 생각 및 행동 양식에 어떤 영향을 끼쳤는지에 대해서만 이야기하길 좋아한다. 지역 교회들도 마찬가지로 아나뱁티스트 교회로 불리길 원하는 교회는 소수에 불과하며, 어떤 교회들은 아나뱁티스트에 관한 자료를 교회에 소개하고 그 신념을 수용하는 것으로 만족해 한다.

만약에 어떤 사람이 아나뱁티스트가 '도처에' 퍼져있다고 주장한다면, 이는 영국과 아일랜드 전역에 걸쳐서 공감대가 아주 얇게나마 형성되기 시작했다는 의미일 것이다. 그것이 어떤 이들은 아나뱁티스트 네트워크가 존재한다는 사실에 반가움을 표시하고, 또 다른 사람들은 놀라움을 금치 못하는 이유일 것이다. 지금부터 아나뱁티스트가 누구인지, 무엇을 믿는지 더 파헤쳐갈 것이다. 이 책은 바로 이런 질문에 답하기 위한 시도이다.

아나뱁티스트를 알게 된 계기

만일 당신이 유럽에 있다면, 당신은 어디에서 아나뱁티스트의 매력에 빠지게 되었는가? 당신은 아나뱁티스트 네트워크가 20여 년 동안 정기적으로 주최했던 학술회에 한번 이상 참석했을 수도 있다. 이는 학술회 주최자가 아나뱁티스트라는 점에 이끌렸기 때문이라기보다는, 학술회에서 논의되었던 주제에 끌렸을 수도 있다. 그 학술회에서 지금까지 다루었던 주제들은 초대교회로부터 배우기, 크리스텐덤 종말의 의미, 성차별 문제, 예배와 선교, 영국의 급진주의English radicalism, 공동체 형성, 평화 교회 이루기, 신앙과 정치, 왜 사람들이 교회를 떠나는가?, 급진적인 제자도, 청소년 사역, 그리고 신 수도원 운동new monasticism등이 있다. 영국에 있는 노섬브리아Northumbria 공동체와 공동으로 주관했던 세 번의 학술회의에서는 아나뱁티스트와 켈틱Celtic 전통이 현시대의 제자도에 미치는 영향에 대해서 논의한 바 있다.

혹 당신이 『귀향』이라는 책이나 2004년부터 몇 년 동안만 발행되었던 「*Anabaptism Today*」라는 잡지를 읽었을 수도 있다. 당신의 관심을 끌었던 이야기의 주인공이 아나뱁티스트였다는 것을 미처 몰랐을 수도 있다.

앞서 서론에서 소개한 바 있는 『크리스텐덤 이후』 시리즈를 당신이 읽었을 수 있다.8) 어떤 독자들은 이 책에 대해 평가하면서 '전반적으로 아나뱁티스트 색채가 깔려있다'라고 말하기도 하지만, 당신은 이 책이 아나뱁티스트 관점에서 기술된 아나뱁티즘에 관한 내용이라고 미처 알아채지 못했을 수도 있다.

당신은 「*On the Road*」라는 호주와 뉴질랜드의 아나뱁티스트 협회에서 발행하는 잡지를 통해서 국제적 이슈에 대한 아나뱁티스트적 관점을 어깨 너머로 보았을 수도 있다.9)

또는 당신이 영국에 있는 유일한 두 개의 메노나이트 교회 중 한 교회에 와 본 적이 있을지도 모른다. 한 교회는 영국 북부지역에 있는 Wood Green Mennonite Church이며, 다른 교회는 이스트본Eastbourne에 있는 브라질 사람이 개척한 포르투갈 언어를 사용하는 메노나이트 교회이다. 이 두 교회 이외에 아나뱁티스트 영향을 받은 다른 교회-Peace Church버밍햄, E1 Community Church런던 동부, 또는 Wesleyan Reformed Church 맥스버러, 영국-에서 당신이 아나뱁티스트에 대해서 접했을 수 있다.

영국의 남동부에 있는 켄트Kent와 서섹스Sussex 지역에 있는, 공동으로 재정을 관리하는 두 곳의 브루더호프 공동체를 경험했을 수도 있다. 수세기 동안 아나뱁티스트 운동의 한 줄기로 존재해 오고 있는 후터라이트에서 영감을 받아 시작된 브루더호프 공동체는 독특하며 철저한 아나뱁티스트 신념과 행동 양식들을 보여준다.10)

2006년 10월에 펜실베니아의 니켈 마인즈Nickel Mines 지역에 있는 아미시 학교에서 있었던 비극적인 총기 사건에 대해 들었을지도 모르겠다. 이 아나뱁티스트 공동체가, 총을 발사한 범인과 그의 가족에게 보여준 용서와 연민의 반응은 놀랄만한 감동을 주었다. 또는 1985년에 나온 헤리슨 포드Harrison Ford와 켈리 맥길리스Kelly McGillis 주연의 영화 「증인」The Witness이 당신에게 아미시에 대해서 소개했을 수도 있다. 하지만, 이 영화 속에 나오는 마차와 모자 때문에 그 공동체가 아나뱁티즘과 연관된다는 것을 눈치채지 못했을 수도 있다.

혹은 당신이 '기독교 평화사역팀' Christian Peacemaker Team의 일원이었던 노먼 켐버Norman Kember과 그의 동료가 이라크에 인질로 잡혀 있었던 사건을 기억하고 있을 수도 있다. 이 단체는 아나뱁티스트의 평화주의pacifism 정신에서 영향을 받았으며 어떤 대가를 치루더라도 평화를 만들어 가고자 1984년에 형성되었다. "군인이 전쟁에 자신의 전부를 바치듯이, 만약 그리스도인이 그와 같은 희생정신과 노력으로 비폭력적인 방법을 사용해 평화를 만들려고 힘쓴다면 과연 어떤 일이 일어날까?"11)

당신은 아일랜드 북부 지역에 있는 많은 분쟁이 발생하는 지역사회 안에서 비폭력적 중재 사역을 위해 묵묵히 일하고 있는 메노나이트 자원봉사자에 대해 알고 있을 수도 있다. 이들은 그 지역사회의 갈등과 분쟁이 비폭력적으로 해결책을 찾아가도록 다른 사람들을 훈련시킨다.

'어번 익스프레션' Urban Expression이라는 단체에 대해 들어봤는지도 모르겠다. 1997년에 세워졌으며 영국 내의 여러 지역에서 그리고 지금은 네덜란드와 미국에서 활동하고 있다.12) 대도시 중심부의 저소득층 주거지역을 대상으로 교회 개척사역을 하고 있는 이 단체가 엄밀히 말해 아나뱁티스트 선교 기관은 아니지만, 그 중심 비전에는 아나뱁티스트의 가치가 스며들어 있다. 또한 이 단체는 '크루서블 교회개척 훈련코스'Crucible course의 중요 연계기관 중의 하나이다.[13]

어쩌면 당신은 런던 메노나이트 센터와 관련이 있는 Bridge Builder라는 기관에서 주최하는 갈등전환conflict transformation 훈련 프로그램에 참여해 본 적이 있을 수도 있다.[14] 이미 이 프로그램을 통해서 다양한 교단 출신의 수백 명의 교회 사역자들이 훈련을 받았다. 런던 메노나이트 센터의 또 다른 활동 영역인 Metanoia Book Service를 통해서 제자도, 평화 또는 공동체에 관한 책을 구입한 적이 있을지도 모른다.[15] 혹은 센터에서 진행하는 Cross Currents 세미나 또는 좌담회에 참석했을 수도 있고, 또는 그린벨트 축제 때에 센터를 소개하는 광고를 보았는지도 모른다.

영국의 여러 도시에서 약 25년간 계속되고 있는 '워크숍' Workshop이라는 기독교 훈련 프로그램에서 공부한 적이 있는가?[16] 그 프로그램의 감독을 맡고 있는 노엘 물즈의 강의를 들었다면 이미 알고 있겠지만, 그 프로그램은 교회, 선교, 성경, 제자도, 그리고 공동체에 대해서 독특한 접근을 소개해 준다. 프로그램의 모든 강의 수강을 거의 마칠 때쯤에서야 비로소 노엘 및 다른 많은 강사가 아나뱁티스트였다는 사실을 깨닫게 되었을 것이다.

당신은 에클레시아Ekklesia라는 기독교 정치 자문기구의 지도자인 조나단 바틀리Jonathan Bartley나 사이먼 배로우Simon Barrow의 진술에 대해 의아하게 생각했을지도 모른다.[17] 그들은 교회, 신학, 윤리, 정치, 경제, 문화, 교육 또는 국제적 이슈에 대한 기존의 기독교 사고방식과 편협적인 성향에 대해 종종 반대되는 견해를 주장한다. 이 두 사람은 또한 아나뱁티스트 전통에 대해 깊이 알고 실천하는 사람이다.

국제적 불평등 이슈에 대해서 기도하며 캠페인을 펼치는 젊은 학생과 청년의 네트워크인 '스피크'Speak라는 단체에 대해서 들어봤을 수도 있다.18) 몇 년 전에, 스피크의 회원과 아나뱁티스트 네트워크의 회원은 서로에게 공통된 관심사가 있다는 것을 발견하였다. 스피크의 리더 중 한 사람인 조 프류Jo Frew는 이렇게 말한다. "아나뱁티즘은 우리가 찾으려고 생각해 왔었던 바로 그것이다. 그것은 우리와 같은 방향에 있다!"

만약에 당신이 영국 국교회에 속해 있다면, 당신은 영국 성공회의 근간이 되는 문서 속에서 아나뱁티스트에 대한 부정적인 시각을 어떤 형태로든 발견하게 될 것이다. 비록 영국에서 아나뱁티스트가 실질적으로는 존재하지 않았지만, 이 유럽대륙에서 일어난 아나뱁티스트 운동에 대한 우려는 1571년에 반포된 영국 국교회의 39개 조항 속에 38번째 조항을 포함시키도록 촉발하였다.19)

만약에 당신이 침례교인이며, 2009년 7월에 있었던 침례교 운동 400주년 기념행사에 참석했었다면, 당신은 영국 침례교 난민이 암스테르담에 있는 아나뱁티스트가 운영하는 빵집에서 처음 만났었다는 사실과 초기 침례교 지도자들이 네덜란드 아나뱁티스트에게 깊은 영향을 받았었다는 사실을 들었을 것이다. 침례교 역사학자들은 아나뱁티즘을 침례교 운동에 영향을 준 중요한 시초로 받아들여야 할지 논쟁한다.

만약에 당신이 영국과 웨일스Wales에 있는 침례교 대학 중 어느 한 대학에서 지금 공부하고 있거나 몇 년 전에 공부했었던 학생이라면, 당신은 아나뱁티스트 네트워크에서 활동하는 교수를 적어도 한 사람은 만났을 것이다. 런던에 있는 스펄전 대학과 프라하Prague에 있는 국제침례신학대학원에서, 당신은 아나뱁티스트 연구에 대한 과목을 수강할 기회를 가졌을지도 모른다. 만약 당신이 브리스톨Bristol 대학에 2~3년 전에 있었다면, 영국 대학에서 처음으로 개설되었던 아나뱁티즘에 관한 첫 강좌를 들을 수 있는 기회를 가졌을 것이다.

만약에 당신이 '새로운 교회운동' New Churches; 기존의 가정 교회 운동 House Church movement에 관련되어 있다면, 당신은 영국 익투스Ichthus Christian Fellowship 단체의 설립자인 로저 포스터Roger Forster가 그의 교회사 강의 중에 아나뱁티스트를 현대 그리스도인에게 영감을 줄 수 있는 몇몇 급진적 운동 중의 하나로 소개하는 것을 들었을 것이다.

만약에 당신이 '이머징 교회'에 대한 토론에 관심있다면, 아마도 브라이언 맥클라렌Brian McLaren의 글에 대해 들어봤을 것이다. 그의 책 『기독교를 생각한다』A Generous Orthodoxy, 20)에서 그는 아나뱁티즘을 중요한 기독교 전통 가운데 하나로 소개하고 있다. 또 다른 글에서 그는 아나뱁티스트에 대해 이렇게 말한다. "포스트모던 시대를 향해 가고 있는 우리에게 필요한 것이 무엇인지를 아나뱁티스트는 알고 있다."21) 최근 인터뷰에서 그는 "아나뱁티스트 정신이 재발견되고 새롭게 대두되고 있다. 다른 개신교 교단 안에서 예수를 인도자와 선생으로 진지하게 택하고, 예수의 가르침과 산상수훈을 따르고, 그리고 예수의 비폭력 삶의 모범을 진지하게 따르는 사람을 발견하기란 쉬운 일이 아니다."22)

만약에 당신이 기독교 역사 중에서 특히 유럽에서 있었던 초기 16세기 종교 개혁에 대해 관심이 있다면, 아나뱁티스트를 가톨릭이나 개신교가 아닌 '제3의 길'로 분류하는 문헌을 접했을 것이다. 하지만, 그런 자료 속에서도 지나쳐버리기 쉬운 사소한 각주 속에 아나뱁티스트가 소개될 뿐이다. 또는 아나뱁티스트 중에서 변절자의 무리가 1530년대 중반에 독일 뮌스터Münster 도시에서 일으켰던 광적이고 폭력적이었던 사건에 대한 자료일 수도 있다. 지금은 대부분 교회사 교과서와 강의에서 아나뱁티스트 역사에 대해 보다 더 균형 잡힌 접근을 하고 있지만, 여전히 예상치 않게 여러 부문에서 아나뱁티스트에 대해 오해하고 부당한 평가를 그대로 적용한다.

　만약에 당신이 신학이나 윤리학에 관심이 있다면, 당신은 스탠리 하우어워스Stanley Hauerwas, 제임스 맥클랜던James McClendon, 존 하워드 요더John Howard Yoder의 책이나 논문을 읽어봤을 수도 있다. 하우어워스는 감리교 대학에서 가르치는 성공회 교인이고, 맥클랜던은 침례 교인이며, 그리고 요더는 메노나이트지만, 이 세 사람 모두 아나뱁티스트 전통에 대해서 깊이 심취해 있으며, 많은 책을 저술했다.23)

　만약 신학이나 윤리학 보다 요리와 봉사활동에 더 관심이 있다면, 당신은 메노나이트인 도리스 잰즌 롱에이커Doris Janzen Longacre가 쓴 요리책인 『적은 것으로 많이』More-with-Less를 아나뱁티스트와의 연관성을 미처 알지 못한 채 읽어 봤을 수도 있다.24) 『귀향』 시리즈의 책을 만들기 위해 아나뱁티스트 네트워크에서는 사람들을 초대해 그들이 어떻게 아나뱁티스트를 알게 되었는지, 그리고 혹시 어떤 책이 그들에게 아나뱁티즘을 소개해 주었는지 질문하였다. 그 중에서 가장 많이 언급된 두 개의 책은, 존 하워드 요더의 『예수의 정치학』The Politics of Jesus과 요리책 『적은 것으로 많이』였다.

　만약에 당신이 예술에 관심이 있다면, 렘브란트Rembrandt가 메노나이트 설교가인 코넬리스 클레즈 안슬로Cornelis Claesz Anslo와 그의 부인의 초상화를 그렸다는 사실과, 렘브란트 자신이 17세기 메노나이트와 관련이 있다는 것을 기억할 것이다. 비록 그가 아나뱁티스트 운동에 대해서 확실하게 공감하고 인정하였지만, 어떤 이들은 렘브란트가 아나뱁티스트였다는 것을 의심한다.

　만약에 형사법적 정의 체계criminal justice system에 관심이 있다면, 당신은 회복적 정의restorative justice를 기존에 실시되던 보복적 접근법retributive approach에 접목시키고자 하는 시도에 대해서 들었을 것이다. 그리고 아나뱁티스트가 대안적인 형사법적 정의 체계인 회복적 정의—특히, 희생자와 공격자 사이의 화해 프로그램victim-offender reconciliation program—의 선구자임을 알고 놀라게 될 것이다.[25]

유럽 여행 중에 여러 역사적 도시(뮌스터, 취리히, 스트라스부르크, 암스테르담 등)를 방문했다면, 당신은 아나뱁티스트 공동체와 초기 아나뱁티스트 역사에 관한 기록을 여행 가이드 책자 속에서 읽었을 것이다. 또는 당신이 아나뱁티스트 네트워크 웹사이트에 접속했었다면, 런던 중심부에 있는 아나뱁티즘과 여러 급진적 그룹에 관련된 지명을 발견할 수 있다.

당신은 이 책을 손에 들기 전에, 어디에서 아나뱁티스트에 대해 들어봤는가?

아나뱁티즘과의 조우

내가 이 책을 쓰기 시작할 때, 나는 몇 명의 아나뱁티스트 네트워크 회원에게 어떤 경로를 통해서 아나뱁티즘에 대해 알게 되었는지, 이 전통이 어떤 영향을 주었는지에 대해서 질문하였다. 여기에 그 대답 중의 일부를 소개한다.

"내가 아나뱁티즘을 만나게 된 때는, 신앙과 매우 다른 세상 속에 적응하며 살아가는 방식을 찾고자 애쓸 때였다. 나의 고민은, 카리스마 있는 영성이 부재한 세상, 극도로 지적인 세계관을 강조하는 신학, 그리고 내가 하루의 대부분의 시간을 보내는 일상적인 삶에서 해답을 찾을 수 없는 문제들이 반복된다는 것이었다. 아나뱁티즘은 이 이질적인 모든 것을 전체적인 방법으로 하나로 묶어 주었으며, 내가 하나님께 이르는 방식을 생각하고 느끼며 행동하도록 도와주었다." Tim Foley(포터다운, 아일랜드 북부)

"아나뱁티즘을 발견해 가는 것은 조각 그림 퍼즐의 가장자리 그림을 찾아가는 것과 같았다. 우리는 성경 말씀과 씨름하는 동시에 국제적 관심사에 주의를 기울이는 사려 깊은 생활 양식과 기독교 공동체에 대한 헌신이라는 퍼즐 조각을 이미 한 곳에 모아 놓았다. 그런 다음에, 우리와 같은 여정을 가고 있었던 사람들을 만났으며, 또한 그들과 함께 진솔함과 기쁨이 있는 교제를 맛보았다." Bill and Ali Phelps(리즈, 영국)

"나는 처음에 '새로운 교회 신학 포럼' New Churches' Theology Forum에서 만난 사람을 통해서 아나뱁티즘을 알게 되었다. 나는 곧 아나뱁티스트의 가르침과 행동양식이 교회가 교회로써 존재하게 하는 근본적인 방식과 일치한다는 것을 발견했다. 비록 현시대의 우리의 노력은 역사 속의 아나뱁티스트가 제자도를 실천하기 위해 지불했던 대가에 비하면 너무도 미약하지만 말이다." Linda Wilson(브리스톨, 영국)

"나는 항상 모든 형태의 '시민 종교' civic religion에 대해 불만이 있었다. 그리스도인들이 세상을 다스리는 것이 아니라, 새롭고 존중받는 한 가치가 중심이 되는 대안 사회를 추구해야 한다고 무의식적으로 믿고 있었다. 나는 그리스도인이 세상에 십계명과 같은 기독교 표준을 따르라고 주장하는 것에 대해서도 불만이 있었으며, 예수의 혁명이 이 세상에서 어떤 열매를 남겼는지 의문이 들었다. 예수의 제자들이라면 단순한 도덕주의자 이상의 삶을 살아야 한다고 생각했다. 나는 어느 누구도 그리스도인의 관점에서 전쟁을 옹호할 수 없다고 생각했다. 그리고 나는 교회 내에서 단순한 '사귐' fellowship 이상의 친밀한 공동체를 꿈꾸었다. 내가 아나뱁티즘을 발견했을 때에, 나 자신이 아나뱁티스트에 대한 사전지식 없이도 이미 아나뱁티스트가 되어 있다는 것을 발견했다. 나에게 있어서 교회는, 세상 속에 하나님나라를 건설하기 위한 접착제가 아니라 하나님

나라가 일으키는 급진적인 변화를 위한 전초기지이다." Veronical Zundel(런던, 영국)

"나의 가족적 배경은, 아나뱁티스트 운동에 연관이 있는 그리스도의 교회the Churches of Christ이다. 나는 교회가 자발적이며, 다양성을 수용할 줄 아는 침례세례 받은 신자의 공동체이어야 한다는 것에 동의한다. 아나뱁티즘을 따르게 했던 결정적인 요소는 평화를 추구하고, 목마름을 해소해 주고, 제자 삼고, 물질을 나누며, 위험을 감내하는 믿음을 소유한 예수의 삶의 방식과 말씀을 따르는 것을 강조하는 데 있다." Andrew Francis(스윈던, 영국)

"내가 1970년대 초반에 대학에 다닐 때에 조지 윌리엄스G. H. Williams의 『급진개혁』The Radical Reformation이라는 책을 발견했으며, 이 책은 나의 연구와 가르침에 대변혁을 가져왔다. 기독교 역사 가운데 있는 아나뱁티스트에 대한 불공평한 배척에 나도 화가 났다. 아나뱁티스트가 기존의 기독교 전통에 대해서 품은 진지하면서도 급진적인 의문과 행동양식은 나로 하여금 당연하게 받아들였던 교회 전통을 더 이상 수용하지 않도록 도전하는 용기를 주었다." Adrian Chatfield(캠브리지, 영국)

"나는 도시 선교 단체인 'Urban Expression'130쪽 참조을 통해 아나뱁티즘에 대해 알게 되었다. 아나뱁티즘은 내가 무의식적으로 느끼고 생각하고 있던 것과 같은 것이었다. 나와 비슷한 관심사를 갖고 고민하는 사람을 발견하고, 그들과 함께 더 깊이 사고하는 것은 무척 흥미로운 일이었다." Sarah Warburton(런던, 영국)

"각각 침례교와 형제회의 배경을 가진 우리 부부는 아나뱁티스트 전통에 대해 알아가는 과정 속에서 영적 공감대를 형성했다. 특별히 평화, 정의, 그리고 급진적인 제자도에 관심이 있으며, 우리가 속한 아나뱁티스트 네트워크 모임은 우리에게 공동체적 책임을 실천하는 곳이 되었다." Simon and Liz Woodman(브리스톨, 영국)

"나는 믿음과 정치적 보수주의 사이에서 얼룩진 복음주의evangelicalism에 대해 점차 환멸을 느끼고 있었다. 1980년대 초반에 런던 메노나이트 센터의 지도자와 단순한 삶, 공동체, 평화추구의 삶에 대해서 이야기를 나눴을 때, 내가 소속될 수 있고 나의 모든 고민이 통합될 수 있는 곳을 발견했던 그날의 감격은 잊을 수가 없다." Phil Wood(월링포드, 영국)

"박식한 사람들로 가득한 그런 교회가 주는 안락함만으로는 한 사람도 그리스도인으로 개종하도록 만들 수 없다. 과거의 죄를 직면하고 처리하면서, 동시에 미래를 향한 삶을 살아가는 것은 쉽지 않다. 아나뱁티스트의 진실함은 나로 하여금 예수의 말을 있는 그대로 아무 조건 없이 받아들이도록 도와주었으며, 다른 사람을 사랑하기에 앞서 나 자신을 먼저 용납하고 사랑하도록 도와주었다." Pete Jones(리버풀, 영국)

"아버지가 아나뱁티스트의 역사와 신학에 관심이 있었기에, 나는 어린 시절부터 아버지를 통해 아나뱁티스트에 대해 접했다. 어른이 된 후에 아나뱁티즘을 스스로 결정해서 선택하였는데, 그 이유는 나의 믿음에 위기가 왔을 때 도움이 되었기 때문이기도 하지만, 보다 큰 이유는 현대 신학과 교회성장 모델에 대한 불만 때문이었다." David Kirkman(아난, 스코틀랜드)

"아나뱁티스트가 강조하는 것-제자도, 혁명적이며 모범적인 공동체로서의 교회, 살아있는 말씀인 예수를 중심으로 해석하는 성경적 말씀, 그리고 복음의 필수적 요소로써의 중재 및 평화추구—이 회복될 때, 포스트-크리스텐덤을 사는 우리가 진정한 자유를 찾을 수 있다는 신선한 희망을 가졌다." Simon Barrow(엑서터, 영국)

"아나뱁티스트 전통과의 만남은 평화, 복음, 삶의 여정에 대한 나의 태도를 크게 바꾸어 놓았다. 그로 인해, 예수의 비폭력과 평화에 대한 부르심을 진정으로 추구하지 못하게 했던 나의 직장을 그만 두도록 용기를 주었으며, 대신에 교회에서 다른 사람과 더불어 평화에 대한 아나뱁티스트 가르침을 공유하는 방법을 찾기 시작했다. 또한 기독교 평화사역팀Christian Peacemaker Team과 함께 콜롬비아에 대표자로 파견되어, 폭력 아래에서 폭력에 위협받으면서 살아가는 사람이 어떻게 비폭력적으로 대처하는 방안을 찾아가는지를 직접 목격하게 되었다." Ros Parkes(브리스톨, 영국)

하지만, 아나뱁티스트는… 이런 사람이 아닌가?

책이나 사람을 통해 아나뱁티스트를 접하고서 아나뱁티스트가 되겠다고 하는 사람 중 어떤 이들은 이 새로운 전통에 대한 선입견이 없지만, 다른 이들에게는 아나뱁티즘의 긍정적인 부분과 이상하고 수용하기 힘든 요소가 다 보일 것이다. 이 책 제목에 포함된 'naked'라는 단어는 솔직함nakedness과 취약함vulnerability의 의미를 모두 내포한다. 따라서 이 책의 초반부에서 아나뱁티스트에 대해 의문이 드는 부분을 밝히는 것이 바람직할 것이다.

만약에 당신이 아나뱁티즘에 대해서 문외한이거나 이 전통에 대해서 전혀 걸림돌이 없다면, 지금부터 기술되는 내용을 읽지 않아도 좋다. 하지만, 어떤 부분에서 아나뱁티스트가 비난을 받고 부정적 인상을 주는지 알고자 한다면, 아래의 내용은 당신에게 도움이 될 것이다.

1. 아나뱁티스트는 교회사에 있어서 각주로 취급받을 정도에 불과하지 않나요? 16세기에 말썽을 일삼았던 사람들이 현시대 우리에게 어떤 적합한 해답을 줄 수 있나요?

최근까지도 교회사를 공부하던 학생들은 종교개혁 주류의 이야기가 담긴 교과서의 각주 속에서만 아나뱁티스트의 이름을 볼 수 있었다. 16세기 중반까지 가톨릭 교회와 개신교 종교개혁자들은 중심 무대를 차지한 채로 사람의 마음과 정치적 권력자의 지원을 얻기 위해 서로 경쟁하였다. 그 소용돌이가 마침내 가라앉았을 때에 서부 유럽은 가톨릭과 개신교 진영으로 양분화되었으며, 각 그룹에 속한 시민은 자신들의 정치적 통치자가 택한 종교를 따라야만 했다.

아나뱁티스트는 가톨릭과 개신교의 두 진영 속에서 심각한 어려움에 봉착하였다. 아나뱁티스트는 국가가 지지하는 교회의 요구에 순응하기를 거부하였고, 통치자의 믿음과 행동양식을 따르기를 거부하면서 많은 박해를 받았다. 그들은 실제로 골칫덩어리로 여겨졌는데, 그 이유는 다른 사람의 관점에서 볼 때 이단적인 교리를 가르치며, 독단적인 교회를 형성하고, 사람들에게 예수의 제자로서 다시 뱁티즘Baptism을 가르치고, 폭력과 부의 축적의 정당성에 대해서 의문을 제기하며, 사회 현상유지를 방해하는 자로 여겨졌기 때문이었다. 가톨릭이나 주류 개신교와는 달리, 아나뱁티스트는 그들만의 믿음을 방해받지 않고 실천할 수 있는 그들만의 지역적 영역이 없었다. 가끔 토지소유자나 군주가 호의적일 때 임시적인 피난처를 얻곤 하였지만, 곧 제국의 압력으로 인해 그들은 추방되거나 체포되었다.

아나뱁티스트가 살았던 시대의 사람들은 그들을 '소수의 말썽을 일삼는 자'로 치부하여 추방시켰고, 또는 '위험한 이단자'로 여겨 비정상적 행동을 비방하는 글을 썼다. 때로는 그들이 지닌 극단적인 요소-박해는 때때로 극단주의로 이끈다-가 그들에게 고통을 주었다. 가장 비극적 사건은 1534~35년에 독일 북부 뮌스터에서 일어난 것으로, 이 당시에 일부 아나뱁티스트가 이 지역에서 세력을 얻고 사람들에게 예수의 재림이 임박했다고 전파하며 사람을 회유하기 시작하자, 뮌스터에서 그들을 제거하고자 군주들의 공포 통치가 시작되었다. 가톨릭 군대에 의해 뮌스터가 포위되어 공격받자 아나뱁티스트들은 학살되었고, 남은 사람을 협박하고 경고하고자 반역한 지도자들의 시체를 새장에 넣어서 전시했다. 대부분의 아나뱁티스트는 이 비극적인 사건을 아나뱁티스트의 근본 원칙에서 일탈된 것으로 비난했으며, 유럽의 개신교와 가톨릭 지도자는 이 사건을 빌미로 모든 아나뱁티스트의 평화적 운동이 위험하다고 거짓 주장하게 되었다.

역사학자들은 아나뱁티즘을 각주용으로 여길 것인지 또는 뮌스터 사건을 아나뱁티즘 운동의 대표적인 사건으로 여길 것인지에 대해 갈등해 왔다. 또 다른 불미한 사건은 다가오는 심판에 대한 경고로써 암스테르담에서 행해졌던 나체행렬이었다.

가장 최근까지도 역사학자들은 일반적으로 아나뱁티스트를 반대했던 자들의 주장을 지지했었다. 즉, 아나뱁티스트를 주변에서 소외된 사람들로 여기거나 매우 부정적인 시각으로 평가하였다. 역사학자 중에 아나뱁티스트들이 무엇을 주장하고 어떤 기록을 남겼는지, 또 그들이 실제로 어떻게 살았는지에 대하여 연구한 사람은 거의 없다.

지난 반세기 동안에, 역사학자들은 아나뱁티즘을 현시대를 위한 중요한 메시지를 담고 있는 하나의 급진적인 갱신운동으로 진지하게 다루기 시작하였다. 가장 먼저, 메노나이트 역사학자들이 자신이 가진 역사의 가치를 재발견하고, 역사에서 배운 신실한 제자도 가르침을 현시대의 메노나이트들에게 적용하였다. 여러 다른 기독교 전통이나 믿지 않던 이들도 메노나이트 역사학자들의 움직임에 동참하였다. 메노나이트 역사학자들은 아나뱁티스트 책자와 논문을 번역하였고, 아나뱁티스트의 재판 기록을 수집하고, 아나뱁티스트 개인 및 공동체의 이야기를 알리며, 이 운동이 확산되었던 사회 지리적 경로를 조사하며, 그리고 뮌스터 사건 및 나체행렬 사건을 비정상적인 것으로 규명하였다. 이들의 아나뱁티즘에 대한 해석과 평가는 많은 이들에게 큰 영향을 주었다. 그리하여 더 이상 아나뱁티즘을 소외된 분파적 운동으로 치부하거나 부정적인 시각으로 판단하지 않게 되었다.

아나뱁티스트 전통에 대한 새로운 시각이 대두된 것도 이 학자들의 연구 덕분이다. 또한 아나뱁티즘의 재해석이 시기적으로 적절했다. 크리스텐덤의 종말이 다가오고, 16세기에 승리를 거둔 주류 가톨릭과 개신교 전통이 이제는 변화하는 문화—오랫동안 무시당했던 아나뱁티스트 전통에 대한 새로운 해석과 또 이 전통을 현시대의 필요에 적합한 것으로 여기는 인식의 변화—에 적응하기 위해 고민하고 있다. 과거에는 아나뱁티스트를 크리스텐덤의 문제점을 지적하고 그 체제에 속하기를 거부했던 사람들로 규정했지만, 현재는 우리가 꼭 청종해야만 하는 선지자적 운동을 펼쳤던 이들로 보게 되었다.

우리가 이 전통에 대해서 연구해 갈 때에 부딪히는 난제 중의 하나는, 바로 이 아나뱁티즘이 대부분 학문적인 영역에서 다루어진다는 사실이다. 이것은 아나뱁티즘의 재해석에 큰 공로를 끼친 학자들과 역사가들의 역할에 비추어 본다면 크게 놀랄 일이 아니다. 아나뱁티스트 네트워크 사람들의 대부분에게 아나뱁티스트를 소개해 준 런던 메노나이트 센터의 최근 지도자들 또한 학문 영역에서의 경력이 있다. 그리고 지난 20여 년 동안 영국과 아일랜드에서 아나뱁티즘에 관심을 보인 사람들도 대부분이 교회 지도자이거나 신학교 교수였다.

아나뱁티즘이 역사학자나 다른 학문 영역의 특별한 관심 그룹을 위한 것으로 간주될 가능성이 있다는 것은 위험한 것이다. 만약에 그렇게 된다면, 이것은 불미스러운 결과를 초래할 것이며, 다가오는 포스트-크리스텐덤이 필요로 하는 선교, 교회 생활, 제자도를 위한 실제적인 도움을 아나뱁티즘으로부터 받지 못할 것이다. 따라서 비학문적이며 교육받지 못한, 그러나 오직 믿음에 대해서 열정을 가진, 그래서 지속되는 핍박 앞에서도 주저앉지 않았던 그리스도인들이 이 아나뱁티스트 운동을 주도했음을 기억해야 한다. 이 책은 아나뱁티즘을 비교적 쉽게 이해할 수 있는 방식으로 소개하고자 한다.

2. 아나뱁티스트는 단지 하나의 교단 명칭이 아닌가요? 나는 장로교, 감리교, 침례교, 오순절교 또는 성결교에 이미 속하였는데, 왜 내가 다른 교단의 전통에 관심을 가져야 하나요?

아나뱁티스트 운동은 16세기의 이머징 교회 운동으로, 당시에 중부 유럽 내의 다양한 곳에서 형성되어진 여러 그룹이 느슨하게 연결된 형태로 시작되었다. 이 그룹들은 서로 다른 언어를 사용하고, 서로 다른 문화적·영적 영향력에 의해 형성되었으며, 믿음과 행동양식의 모든 면에서 의견이 항상 일치하지 않았다. 하지만, 이 그룹들 간에는 믿음과 행동양식에 관한 중심되는 공통된 핵심이 있었다. 이것은 다른 사람에게서 그들을 구분시켜 주었고 나중에는 하나의 형태로 그룹들을 묶어 주었다. 그러나 아나뱁티즘은 획일화된 운동이 아니었고, 하나의 단일 교단을 형성한 것도 아니었다. 게다가 박해로 인해 지하로 이동하거나 흩어졌기에, 초기에는 교단적 구조를 만드는 것이 실현 불가능했고 우선순위에 들지도 않았다. 그러던 중에 점차 규격화된 특징이 나타나기 시작했으며, 결국에는 여러 교단 또는 여러 특색 있는 그룹들로 이뤄진 연합된 구조로 발전되었다. 기독교의 다른 전통들이 가톨릭 교회에서 분리되어 나왔듯이, 아나뱁티스트 교단도 때때로 나누어지기도 하고 어떤 그룹들은 다시 결합하기도 했다.

아나뱁티즘을 역사적 기원으로 삼는 주요 교단 또는 공동체로는, 메노나이트the Mennonites, 메노나이트 형제회the Mennonite Brethren, 후터라이트the Hutterites, 아미시the Amish, 예수 형제회the Brethren in Christ, 형제회 교회the Church of Brethren가 있다. 침례교가 교단 형성 초기에 얼마만큼 아나뱁티스트의 영향을 받았는지에 대해서 아직도 논쟁이 있다. 아나뱁티스트와 침례교 사이에 많은 공통된 특성과 신념이 있기는 하지만, 이 둘 사이에 확연한 차이점도 있다. 만약 우리가 침례교를 아나뱁티스트의 직접적인 영향을 받지 않은 것으로 간주한다면, 영국과 아일랜드에서는 아나뱁티즘의 실질적인 교단적 영향력은 전혀 없게 된다. 1장에서 소개된 것과 같이, 아나뱁티즘에 대한 관심은 다른 많은 교단에게 영향을 주었지만, 이것이 새로운 교단의 형성을 의미하지는 않는다.

왜 영국 국교회, 장로교, 가톨릭, 퀘이커Quakers, 감리교, 침례교, 그리고 많은 사람이 아나뱁티스트 전통에 관심을 갖게 되었을까? 이들 대부분은 자신이 속한 기존의 교단을 버리고서 새로운 교단에 속하려고 물색하던 사람이 아니다. 이들은 자신의 삶과 지역 교회 그리고 교단에 풍요로움과 활력을 줄 수 있는 새로운 영감과 자원과 가치를 찾고 있었으며, 그러던 중에 아나뱁티스트 전통이 그들에게 줄 수 있는 무언가가 있다는 확신을 가졌다. 그 이유는 아나뱁티즘이 하나의 교단denomination이라기보다는 하나의 전통에 더 가깝기에, 이들은 자신이 이미 속해 있던 교단과 공동체에 뿌리를 내리고 있으면서도, 새로운 전통으로부터 배울 수 있는 기회를 가질 수 있기 때문이다.

영국에서 아나뱁티즘을 사람들에게 소개해 줄 수 있는 두 개의 기관인 아나뱁티스트 네트워크와 런던 메노나이트 센터는 아나뱁티스트 가치관을 사람들에게 전파하고자 교회를 설립하거나 새로운 교단을 형성하려고 시도한 적이 없다. 두 기관 모두, 다른 전통에서 온 사람들에게 아나뱁티즘을 소개하고 자료를 제공하지만, 결코 그들에게 현재 속한 교단이나 공동체를 떠나라고 조언하지 않는다. 이러한 정책이 이로운 면도 있지만, 또한 문제점도 있다. 한 예로, 아나뱁티스트 전통이 복잡한 실제 교회생활과 교단적 관계 속에서 검증되지 않은, 즉 이상적이거나 현실과 동떨어진 것이라는 부정적인 인상을 남길 수 있다. 이것은 진정으로 '솔직한 아나뱁티즘' naked Anabaptism에 관한 부분이 아니다. 하지만, 우리는 이런 경고를 기억하면서, 계속해서 다른 기독교 교단의 사람들이 자신에게 유익한 부분을 아나뱁티스트 전통으로부터 선택하여 취할 수 있도록 도와줄 것이다.

물론 현시대의 사람들이 새로운 영감과 통찰력을 오직 아나뱁티즘에서만 배울 수 있는 것은 아니다. 많은 사람이 켈틱Celtic 교회 전통 속에서 유익한 자원을 발견하기도 한다. 아나뱁티즘과 비교해 볼 때 켈틱 교회 전통에 대한 유용한 역사적 기록 문헌이 많지 않아서, 켈틱 전통에 대해 책을 통해 배우는 데에 많은 어려움이 있다. 하지만, 다른 기독교 전통에 속한 많은 사람이 자신의 기존 교회 및 교단에 속한 채로, 켈틱 특징과 실천방법을 수용하고 있다. 켈틱 전통이 아나뱁티즘보다도 더 쉽게 사람에게 접근할 수 있었던 이유는, 이 켈틱 전통이 학술적 형태가 아닌 시, 음악, 미술, 기도서 등의 방법으로 소개되었기 때문이다.

점차 '탈-교단 시대' post-denominational era로 변화하고 또 모든 정보를 손쉽게 접할 수 있는 현시대 속에서는, 어느 그리스도인도 오직 하나의 전통과 영성을 추구하는 한 가지 방식에만 집착하지 않는다. 하지만, 하나의 전통에 뿌리를 내리고 공동체 속에서 진정한 한몸 됨이 무엇인지 경험하지 못한 채로, 그저 여러 전통을 기웃거리면서 맛을 보는 것은 위험한 일이다. 그렇다고 할지라도, 한 전통에 대한 우리의 충성심이 다른 전통에 있는 좋은 것을 배우지 못하도록 막을 수는 없다. 이 책에서 나는 아나뱁티스트 전통이 우리가 배워야 할 유일한 것이라고 주장하지 않는다. 오히려 이 전통이 다른 많은 전통에 비해서 덜 알려진 것이며, 이 전통에서 배우는 것이 우리의 기존 전통에 대한 헌신을 위협하지 않는다고 말해 주고 싶다.

3. 하지만, 아나뱁티스트는 침례의 문제에 연결되어 있지 않나요?

아나뱁티스트라는 명칭은 다른 이에 의해서 붙여진 것으로, 아나뱁티스트 자신은 오히려 단순히 그리스도인 또는 형제자매라는 호칭을 사용하였다. 아나뱁티스트라는 이름은 그들의 핵심 신념이 아닌, 이 운동이 지닌 하나의 구별되는 특징을 표현해 준다. 그들이 유아세례 주기를 거부하고 또 유아세례를 이미 받았을지라도 예수를 믿는 고백에 따라 다시 침례를 주었던 것으로 인해서, 그들을 반대하던 자들이 '아나뱁티스트anabaptist 또는 재침례파rebaptizers' 라는 호칭을 붙여 주었다.

이 침례의 문제는 16세기 당시에 중요한 것이었으며 논쟁의 소지가 다분히 있었다. 유아가 세례를 받음으로써 기독교체제를 가진 사회에 합법적인 구성원으로 인정되었던 당시에, 성인이 된 그들이 침례를 다시 받는 것은 그들이 속해 있는 사회 구성원들이 진정한 그리스도인이 아니라는 것을 의미하였다. 이것이 정확하게 아나뱁티스트가 주장했던, 그리고 그 당시 사회에 엄청난 반향을 불러 일으켰던 부분이다. 아나뱁티스트들은 유아세례가 성경적으로 충분한 근거가 없으며, 더군다나 침례 의식의 참 의미인 제자도와 믿음의 진정성을 표현하지 않는다는 문제점을 제기하였다. 아나뱁티스트는 유아세례가 아무런 의미가 없다고 믿었기에, 성인이 된 그리스도인에게 '다시 침례를 베푸는 것' re-baptism이 아니라고 주장했다. 따라서 당대 사람들이 아나뱁티스트라는 명칭을 붙여준 것은, 아나뱁티스트가 침례에 대해 강경한 주장을 하는 것에 대한 도전이었으며, 나아가서 재침례를 실시할 때에 형벌을 가할 수 있는 고대법에 따라 그들을 고소한 것이었다.

아나뱁티스트의 침례에 대한 이해는 기존 사회질서에 이질적이며 파괴적인 것으로 여겨졌으며, 나아가서 더 깊은 문제점이 기독교 안에 있음을 드러냈다. 신자에게 침례를 주는 것과 이러한 재침례 의식을 통과한 다음에 교회의 일원이 되는 것은, 크리스텐덤에서 교회 구성원이 되는 기존 절차에 대해 도전하는 것이었다. 신자에게 침례를 주는 것은 진정한 교회란 지역 구분에 따라 세워지는 것이 아니라, 신자로 구성된 교회a believers church이어야 함을 의미한다. 나아가서 신자의 침례는 태어나면서부터 자동으로 받아 교회 구성원이 되는 통과의례가 아니라, 개인의 믿음의 선택에 따라야 한다. 신자의 침례는 단순한 교회 출석 이상의 적극적인 공동체 생활 참여를 요구한다. 또한 신자의 침례는 제자도가 성직자만을 위한 높은 부르심이 아니라 모든 신자에게 요구되는 것임을 의미한다. 이 모든 것은 성경 속의 전례가 교회 전통과 일치해야 한다는 판단에 근거한 것이다. 만약에 유아세례를 뒷받침하는 설득력 있는 성경적 근거가 없다면, 얼마나 오랜 기간 동안 가톨릭과 개신교 교회가 유아에게 세례를 주었느냐는 아무런 설득력을 가질 수 없게 되며 아나뱁티스트의 마음도 돌이킬 수 없을 것이다.

유아세례를 인정하지 않는 것이 16세기에는 혁명적인 발상이었지만, 오늘날에는 그렇게 여겨지지 않는다. 비록 모든 그리스도인은 아닐지라도 오늘날 많은 그리스도인이 성경적 근거가 불충분하면서도 오랜 기간 동안 교회사 내의 전통으로 내려온 것들에 대해 의문을 가진다. 국가교회state church 및 민중 교회people's church 모델과 함께, 신자의 교회believers church 모델은 잘 알려졌을 뿐만 아니라, 점차 대부분의 사회 속에서 규범으로 인식되어 갔다. 그리고 우리 중 어느 누구도 제자로의 부르심을 오직 영적인 정예 그룹만을 위한 것이라고 주장하지 않는다. 침례에 대한 질문에 여전히 논쟁이 있을 수 있지만, 아나뱁티스트들은 침례 의식 관문을 강화하여 실천해 왔다.

나아가서, 16세기 문화적 상황이 오늘날과는 다르다는 것도 고려해야 한다. 어떤 사람이 말하기를, 포스트-크리스텐덤에서 유아에게 세례를 주는 것이 16세기 아나뱁티스트가 유아에게 세례 주기를 거부했던 것만큼이나 영적으로 도전을 주는 일이라고 한다. 이 말은 현시대의 아나뱁티스트가 유아세례에 대한 주장을 변경했다는 말이 아니라, 모든 기독교 전통에 속한 현대의 그리스도인이 공동체 내에서 아이에게 믿음을 전수하고 양육하는 것에 대하여 주의 깊게 생각해봐야 할 필요가 심각하게 대두했음을 의미한다. 그리고 이것은 수세기 동안 주장되었던 것과는 다른 차원에서, 유아세례의 문화적 중요성이 제기될 수 있다는 것이다.

아마도 이런 이유 때문에 현대의 아나뱁티스트는 16세기에 그들이 침례에 대해서 엄격했던 것과 같은 방식을 따르지 않는다.26) 이것은 더 이상 침례가 중요하지 않기 때문이 아니라, 크리스템둠 시대의 침례 의식이 지녔던 무거운 짐이 현시대에는 사라졌기 때문이다. 그렇기에 유아세례를 옹호하고 실천하기 원하는 사람이라 할지라도 아나뱁티스트 모임에 자유로이 참여할 수 있으며, 침례 의식에 대한 논쟁 없이 아나뱁티스트 전통에 관심을 두고 배울 수 있다. 또한 450여 년 전에는 전혀 불가능했을지라도, 현시대에는 신자의 침례를 고집하는 이들도 유아세례를 실천하는 이들과 같이 예배를 드리며 어울릴 수 있다.

4. 하지만, 아나뱁티스트는 분리주의자가 아닌가요? 아나뱁티스트 공

동체는 세상으로부터 분리되어서 사회에 참여하기를 거부하지 않나요?

현재도 여전히 분리주의적인 성향을 지니고 사회로부터 단절되어 있는 여러 아나뱁티스트 공동체가 있다. 특히, 아미시와 후터라이트 공동체는 옷 입는 양식과 자신의 정체성 이해와 다른 이들에 대한 제한적 포용력에 있어서 특이한 그룹이다. 이런 공동체들은 그러한 분리주의적 성향을 신실한 제자도를 위한 필수적 요소로 본다. 그들이 다른 사람에게 관심을 가지지 않는다는 것이 아니다. 실제로 이 공동체에 속한 사람은, 사형제 철폐와 같은 사회정의 운동에 적극 참여한다. 하지만, 그들은 자신에게 주어진 최고의 부르심을, 다가오는 시대에 준비하는 마음으로 매일의 삶 속에서 복음을 실천하며 어느 누구에게든지 복음의 증인이 되는 것으로 이해한다.

아나뱁티스트의 후예나 또는 스스로 아나뱁티스트 전통과 일체감을 느끼는 현대의 그리스도인들은, 아미시나 후터라이트 공동체가 보여주는 선교에 대한 이해와 분리주의적 성향에 동의하지 않는다. 하지만, 명확하게 뒷받침하는 증거 없이, 아나뱁티스트 전통에 분리주의자라는 꼬리표가 늘 따라다녔다. 그러나 한편으로는 분명하게 분리주의적 성향을 지닌 주장에 의해 이 운동이 전개되었기에, 이 명칭이 이해가 된다. 하지만, 시대적 상황을 고려함 없이 아나뱁티스트를 분리주의자로 몰아세우는 것은 정당하지 못하다. 박해 아래 놓여있는 공동체라면, 살아남기 위해서라도 고립되고 분리되어지는 것 이외에는 방법이 없기 때문이다. 만약에 국가가 당신을 박멸하려고 하고, 만약에 다른 교회가 당신을 이단heretics으로 정죄하고, 이웃이 당신을 당신의 믿음에 관한 일로 권위자에게 고소하려고 한다면, 당신은 어떻게 대처했겠는가?

사실상, 초기 아나뱁티스트들은 사회정의, 경제 문제, 공동체 형성에 깊은 관심을 가졌다. 이 중 많은 이들은 1520년대 중반부터 농민 운동에 참여하여 외부 군사세력에 의해 진압될 때까지 이 운동을 도왔다. 이 경험을 바탕으로 당시 사회 분위기 속에서 참신한 도전을 줄 수 있는 방안을 찾은 것이, 바로 그들만의 기독교 신념을 실천할 수 있는 분리된 공동체를 형성하고, 선교를 통해 사회 속의 사람들과 접촉하는 것이었다. 이것이 전 유럽에 걸쳐서 교회 개척의 물결을 일으켰으며, 아나뱁티즘의 핵심인 선교 운동이 되었다.

하지만, 외부 권위자들은 이러한 아나뱁티스트의 독단적인 교회와 그들의 일탈한 듯이 보이는 신념, 그리고 열정적인 지지자들을 무시할 수 없을 정도로 위협적인 것으로 보았다. 수년간의 박해는 결국 아나뱁티스트를 잠잠해지도록 만들었는데, 그들은 박해를 피해 도망하거나 그들만의 공동체 속으로 잠적했다. 나아가서 그들의 믿음에 대해서 다른 사람에게 증거 하는 일을 중단하였다. 이 때문에 세상은 아나뱁티스트를 "땅의 침묵자"the quiet in the land라고 불렀다. 박해로 인한 여파는 아나뱁티스트 전통 속에 깊이 자리 잡았으며, 박해가 그친 이후에도 분리주의적 성향은 여전히 남아있었다. 아나뱁티스트들은 몇 세기 동안 외부에 맞서 대항하거나 타협하기보다는 피하여 물러나는 방법을 택했기에, 이 분리주의적 성향이 마치 그들의 원래 비전인 것으로 왜곡되었다.

위와 같은 분리주의에 대한 재해석처럼, 현대의 아나뱁티스트는 세상으로부터의 분리를 다른 방법으로 표현한다. 어떤 이들은 일반 대중 문화 속으로 동화되기를 택하면서도 국교를 신봉하지 않는 유산만은 유지하고자 한다. 또 다른 이들은 여러 다른 문화 속에 들어가서 자신들만의 독특함과 신념을 표현할 여러 창조적인 방법을 물색한다. 많은 사람이 사회, 경제, 정치 활동에 적극적으로 참여하기도 하고, 또는 복음 전도와 교회 개척을 위해서 활동한다. 따라서 분리주의라는 부정적인 명칭은 더 이상 아나뱁티스트들에게 적합하지 않다. 예를 들어, 아나뱁티스트 네트워크의 지도자들은 분리주의적 성향을 가지고 있지 않다. 이들 가운데는 도심 교회 개척자, 사회 사업가, 대학 교수, 기독교 구호 단체 활동가, 정신과 의사, 집단 폭력의 문제를 다루는 중재자, 국제적 환경 단체장 등이 있다.

몇 년 전에, 우리 중의 한 사람이 캠브리지에서 열린 신학자들의 모임에 연설자로 초청 받았다. 그의 발표가 있은 직후에 토론 시간이 있었으며, 그는 세상으로부터의 격리를 옹호하는 아나뱁티스트라는 비난을 받았다. 큰 사업체의 재정 담당자로 일하는 자신의 사무실에서 신학 연구 센터라는 고상한 분위기 속으로 들어온 그에게, 분리주의자라는 비난은 이상하면서도 재미있게 느껴졌다.

이 책을 통해 현시대의 아나뱁티스트가 어떻게 창조적이며 용감하게 사회 속에서 동참하고 생활하는지에 대한 많은 예를 보여주고자 한다. 지금이야말로, 분리주의의 의미에 대해서 재고해 봐야 할 때이다. 나아가서 분리주의라는 용어가 완전히 사라져야 할 것이며, 아마도 아나뱁티스트는 자신에게 붙여진 분리주의자라는 명칭이 부당하다고 주장해야 할 것이다. 구약과 신약 성경은 한 목소리로 하나님의 사람들을 뚜렷이 구별하며, 세상 관습을 따르지 말라고 가르친다. 예수님을 따르는 자들은 어떻게 세상 속에 참여할 것인지를 판단할 수 있어야 한다. 크리스텐덤의 마지막 때를 사는 우리 그리스도인의 성경적 정체성이 "하나님의 나그네 된 백성"resident aliens, 27)이라는 것을 깨달을수록, 아나뱁티스트 전통이 우리로 하여금 충돌하기보다는 언제 물러나는 것이 더 적절한지, 또 사회와의 융합이 유익한지 해로운지 분별할 수 있도록 도와준다는 것을 경험하게 될 것이다.

5. 하지만, 아나뱁티스트는 모두 다 평화주의자pacifists가 아닌가요?

이 질문에 대한 짧은 답변은 '아니오'이다. 16세기에도 그리고 오늘에 이르기까지 모든 아나뱁티스트 세대가 평화주의자들은 아니었다. 이 전통에서 배우고자 하며 아나뱁티스트 교회와 공동체에 참여하길 원하는 현시대의 우리에게 평화주의자라는 명칭이 필수적인 관문이 될 필요는 없다.

하지만, 아나뱁티스트 전통은 평화에 관한 전통이며, 평화주의pacifism 또는 비폭력nonviolence이라는 용어가 이 전통의 독특한 면을 보여 준다는 것은 기억해야 한다. 가톨릭이나 다른 개신교 전통과는 달리, 아나뱁티스트들은 누군가가 자신의 가치관에 적대적으로 반대하더라도 그들을 박해하지 않았다. 물론 뮌스터에서의 일탈 사건의 경우는 예외적이다. 평화주의는 아나뱁티즘 운동의 초기부터 핵심 신념으로 자리 잡았으며, 수세기를 거쳐서 이어져 오고 있다. 어떤 아나뱁티스트들은 평화주의의 가치에 동조하지 않았으며, 어떤 아나뱁티스트 교회들은 이러한 반대자들도 교회의 일원으로 받아들였다. 하지만, 아나뱁티스트는 지속적으로 비폭력을 기독교적 방법이라고 주장하였고 퀘이커, 형제회 교회the Church of Brethren와 함께 '역사적 평화 교회' historic peace churches 전통의 근간이 되었다.

이러한 평화에 대한 헌신은 아나뱁티스트 전통이 오늘날의 많은 교회에게 줄 수 있는 선물들 중의 하나이다. 현시대의 평화주의는 초대교회의 행동 양식을 회복하는 것을 말한다. 교회가 더 이상 재물과 권력과 지위를 협력자로 둘 필요가 없는 포스트-크리스텐덤을 살아가는 우리에게, 예수를 따르는 자로 살아가는 삶의 자연스러운 표현 방식이 무엇인지를 이 평화주의 전통이 가르쳐 준다.[28]

아직도 당신이 이러한 아나뱁티스트 전통에 대한 의구심을 떨쳐 버릴 수 없다면, 이 책을 계속해서 읽기 바란다.

2. 아나뱁티즘의 본질

The Essence of Anabaptism

무엇이 아나뱁티즘의 본질인가? 당신은 갈등 전환, 교회 개척, 평화 활동, 또는 사회 정의 분야에서 활동하는 아나뱁티스트를 만난 적이 있을 수 있다. 혹은 아나뱁티스트 신학자의 책이나, 혹은 요리책을 통해 아나뱁티즘을 경험했을 수도 있고 아미시나 후터라이트와 같은 전통적인 공동체를 통해서 아나뱁티스트와 만남을 가졌거나, 아니면 우리가 앞 장에서 살펴본 바와 같은 여러 가지 단점 때문에 이 공동체를 떠났을 수도 있다. 하지만, 오늘날의 새로운 아나뱁티스트는 무엇을 믿는가 하는 부분은 짚고 넘어가야 한다. 어떤 점이 현대의 아나뱁티스트에게 매력적이며, 아나뱁티스트가 되려고 다른 전통에서 찾아오는 그리스도인에게 무엇이 고무적이었을까? 모든 외적인 미사여구를 벗겨버린 후에 드러난 아나뱁티즘의 본질은 무엇일까?

물론, 엄격히 말해서 있는 그대로 아나뱁티스트의 본질을 볼 수 있는 방법은 없다. 아나뱁티스트 가치와 행동양식은 항상 특정한 문화로 옷 입혀졌기 때문이다. 초기 아나뱁티즘은 16세기의 스위스, 독일, 그리고 네덜란드 문화 속에 존재하던 공동체들을 통해서 표현되었다. 아나뱁티스트의 가치는 유럽과 북미에서 그의 후손인 메노나이트, 아미시, 그리고 후터라이트라는 문화를 통해서 구체적으로 이어져 오고 있다.

이러한 가치는, 메노나이트 선교사가 세계 각지에서 그의 믿음을 표현하고 교회 개척을 함으로써 신선하게 표현되고 있다. 이 책을 집필하던 중에, 50개가 넘는 나라에서 온 6,000여명의 대표자가 파라과이에서 있었던 '세계 메노나이트 모임' the Mennonite World Conference에 참석했다. 놀라울 만큼 다양한 인종과 다양한 문화를 가진 아나뱁티스트들이 그곳에 모였다. 그리고 포스트-크리스텐덤 속에서 재발견되고 있는 아나뱁티즘은, 그 가치와 행동양식을 배우려 하는 많은 그리스도인을 통해서 또 다른 식으로 표현되고 있다.

따라서 원래 아나뱁티스트가 소중히 여겼던 아나뱁티즘 가치가 무엇이며, 어떤 점이 다른 이들을 매료시켰는지를 알기 위해서는, 그 무엇보다도 아나뱁티즘 전통에서 역사적 그리고 문화적으로 첨가된 부분을 제거해 보는 과정이 필수적이다. 이런 의미에서, 우리는 이 책 전반에 걸쳐서 '벌거벗은 아나뱁티스트'의 개념을 파헤쳐 볼 것이며, 특히 이 장에서는 아나뱁티즘의 본질에 대해서 숙고해 볼 것이다. 29)

아나뱁티스트의 핵심 신념들

몇 년 전 영국과 아일랜드에 있는 아나뱁티스트 네트워크 회원들은 아나뱁티즘의 본질을 요약 정리해 보려는 의도로 일곱 가지 핵심 신념들을 만들었다. 각각의 신념들은 우리가 믿고 있는 바를 표현하며, 그렇게 표현된 믿음이 의미하는 바를 조목조목 설명한다. 이 책의 3장부터 6장까지, 아나뱁티스트 전통을 소개하면서 동시에 각 신념에 대해서 상세하게 다룰 것이다. 우리는 이 책을 읽는 독자들이 일곱 가지 핵심 신념 속에서 영감과 도전을 발견하게 되길 희망한다.30) 먼저 아래의 네 가지 주의사항을 읽으라.

첫 번째, 이 일곱 가지 신념은 영국과 아일랜드에 있는 현시대 아나뱁티스트가 아나뱁티스트 전통으로부터 배운 것을 현시대적 상황에 적용해 보고자 하는 시도에서 나왔다. 즉 일곱 가지 신념은 역사적 아나뱁티스트들이 직접 제시했던 것의 최신 개정판이 아니다. 따라서 어떤 신념은 이전 세대의 아나뱁티스트들이 탐구해 보지 않았던 영역을 다룬다.

두 번째, 아나뱁티스트 네트워크는 특별한 회원 규정 없이, 다양한 사람이 모여 하나의 공동체적 모임을 이룬 것이다. 그렇기 때문에 우리 모임에 가입하는 사람에게 위의 일곱 가지 신념을 판단 기준으로 적용하지 않는다. 어떤 이들은 일곱 가지 신념 중의 몇 가지에 동의하지만, 그렇다고 해서 이 신념이 어떤 이상적인 여과장치 역할을 하지는 않는다. 오히려 일곱 가지 신념은 아나뱁티스트 네트워크를 설립하고, 수년에 걸쳐서 동참해 온 이들의 관심과 헌신과 중요시 여기는 것이 무엇인지를 표현한 것이다.

세 번째, 이 일곱 가지 신념은 그저 신념일 뿐, 아나뱁티스트 신조creed는 아니다. 일반적으로 아나뱁티스트는 고정된 진술의 형태로 믿음을 표현하는 것을 경계해 왔다. 그 이유는, 그런 한정적인 진술이 다른 이들의 의견에 귀를 기울이거나 지속적으로 성경과 씨름하는 것이 더는 필요하지 않음을 내포하기 때문이다. 신조는 오직 믿음에 관련된 것이지만, 아나뱁티스트들은 믿음과 함께 행함도 동일하게 중요시 했다. 그리고 신조는 종종 반대 의견을 가진 자들을 반박하고 배척시키고 핍박하는 의도로 사용되었을 뿐, 반대자를 지속적으로 대화하면서 서로에게 영향을 주는 자리로 이끌어내지는 못했다. 오히려 역사적 아나뱁티스트들은 '믿음의 고백'을 만들어 사용했었는데, 이것은 구별되는 신념과 행동 양식에 대한 믿음의 표현을 말한다. 이런 믿음의 고백은 잠정적으로 사용되며, 언제든지 새로운 영감의 조명 아래서 자유롭게 재검토 및 수정이 가능하다.[31]

네 번째, 이 일곱 가지 신념은 우리가 이제까지 성취한 것을 진술하는 것이 아니라, 우리가 이루고 싶은 꿈과 비전을 표현한 것이다. 첫 번째 핵심 신념에서 표현하듯이, 아나뱁티스트는 제자도를 '예수를 따르고 있는' following이라는 현재 진행의 의미로 해석하며, 과거에 이미 성취한 상태로 이해하지 않는다. 그렇더라도 믿음이라는 단어 속에서 믿음의 표현인 행동의 중요성을 간과할 수는 없다.

이러한 네 가지의 주의사항을 기억하면서, 여기에 있는 일곱 가지 신념을 주의 깊게 읽기 바란다. 이 신념은 현대의 많은 신흥 아나뱁티스트들이 이 전통과 일체감을 느끼는 부분이 무엇인지를 보여준다.

1. 예수님은 우리의 삶의 모범이요, 선생이요, 친구이자 구원자이며, 그리고 주님이시다. 그는 우리 생명의 근원이며, 우리의 믿음과 삶의 방식과 참다운 교회 모습과 사회 참여에 대한 기준을 제시하시는 분이시다. 우리는 예수님을 예배의 대상으로 믿을 뿐 아니라, 그분을 따르기로 작정한다.

2. 예수님은 하나님의 중심적 계시이다. 우리는 성경을 읽고 해석할 때에 '예수 중심적인 접근법' Jesus-centered approach을 사용할 것이다. 우리에게 있어서 믿음의 공동체는, 성경을 읽고 함께 분별하는 데 있어서 가장 중요한 역할을 하며, 제자도에 대한 가르침을 적용하여 실천하는 현장이다.

3. 서양 문화는 서서히 크리스텐덤의 영향으로부터 벗어나고 있다. 이 크리스텐덤이란 교회와 국가가 하나가 되어 사회를 다스렸으며, 이 사회 속에 있는 거의 모든 사람이 그리스도인이라고 가정했던 시대를 말한다. 이 크리스텐덤이 사회의 가치와 제도에 얼마나 많은 긍정적인 영향을 끼쳤는지를 떠나서, 이것이 복음을 심각하게 변질시켰다는 사실은 부인할 수 없다. 즉 예수님을 복음의 중심에서 소외시켰으며, 교회로 하여금 포스트-크리스텐덤을 위한 선교적 사명을 감당할 수 있도록 준비시켜주지 못했다. 우리가 이런 문제점을 인식했기에, 크리스텐덤의 가치를 고스란히 따

르고 있는 주류 기독교 전통을 대신 할 수 있는, 즉 우리에게 새로운 생각과 행동 양식을 가르쳐 줄 수 있는 전통으로 아나뱁티즘을 택하였다. 이 아나뱁티즘은 크리스텐덤을 따르기를 거부하며 대안적 사고방식과 행동 양식을 추구하였던 사람들이 남겨 놓은 전통이다.

4. 교회가 세상적 지위, 부, 권력과 습관적으로 결탁하는 것은, 예수를 따르는 자에게는 부적절할 뿐 아니라 증인된 삶을 살아가지 못하게 한다. 우리는, 예수를 믿는 제자의 삶 그 자체가 가난하고 힘없으며 박해받는 이에게 좋은 소식이 되기를 갈구한다. 나아가서 그러한 제자도의 삶이 우리의 믿음을 반대하는 자의 마음이 열리게 할 수 있을 뿐만 아니라, 우리에게 순교나 다른 고통도 줄 수 있음을 인정한다.

5. 교회란, 제자도, 선교, 친교, 상호 책임성mutual accountability, 다양한 목소리가 어우러진 예배를 위해 헌신된 공동체를 일컫는다. 우리가 주님의 살과 피에 동참하면서 음식도 함께 나누듯이, 하나님나라를 향한 희망도 함께 가진다. 젊은 세대와 노인 세대가 모두 존중받으며, 협의의 과정을 거치는 지도력을 추구하며, 성性 구분이 아니라 은사에 근거한 역할분담을 하며, 믿음을 고백하는 자에게 침례를 베푸는, 그러한 교회들을 발전시키고 양육하기를 원한다.

6. 영성과 경제는 상호 연관되어 있다. 개인주의와 소비지향적 문화, 경제적 불평등이 만연한 세상에서 살아가고 있지만, 우리는 단순한 삶, 관대하게 나누는 삶, 창조세계를 돌보며, 정의를 위해 일하는 삶을 추구한다.

7. 평화는 복음의 핵심이다. 이 세상에 비록 분열과 폭력이 난무한다 할지라도, 우리는 예수를 믿고 따르는 자로써 개인 간에, 교회 간에, 사회 간에, 그리고 국가 간에 평화를 만들어 가는 비폭력적인 대안을 찾는 일에 전념한다.

이 일곱 가지의 신념을 읽고 나면, 여러분은 이것이 삼위일체, 속죄, 종말론과 같은 기초적인 신학적 주제에 대해서 전혀 다루고 있지 않다는 것을 발견할 것이다. 심지어는 이 일곱 가지 신념 속에 나오는 성경, 교회, 선교와 같은 주제에 대해서도 다각적인 면에서 다루지 않는다. 이 일곱 가지 신념은 결코 포괄적이지 않으며, 믿음을 표현하는 어떤 신조나 진술을 대체하거나 그것을 폄하하려는 의도로 만들어지지 않았다. 대다수 현대의 새로운 아나뱁티스트도 정통 교회의 신앙 고백을 인정하고 또 기독교 믿음의 본질을 요약하기 위해서 수세기 전에 만들어져 사용되고 있는 교회 신조를 기꺼이 수용하기도 한다. 하지만, 어떤 이들은 이 신조 속에 있는 부당하리만큼 제한적인 표현을 문제점으로 지적하기도 한다. 새로운 아나뱁티스트인 우리가 만든 일곱 가지 신념은 기존 신조에 대해 보완적인 역할을 한다. 이 신념들은 다른 기독교 전통에서 아나뱁티스트에 관심을 보이는 이들이 배워야 할 모든 것은 아니다. 더군다나 이 신념들은 아나뱁티스트가 믿는 바 모두를 요약한 것도 아니다. 오히려 이것은 아나뱁티스트 전통이 지닌 독특한 관점을 어떤 쟁점에 어떻게 적용할 수 있는가에 대한 우리의 생각을 표현한 것이다.

이러한 관점은 유일하다기 보다는 독특한 특색이 있다. 이 일곱 가지 핵심 신념은 아나뱁티스트 전통을 대표하는 것의 조합이다. 그렇기에 다른 기독교 전통에 속한 그리스도인이 우리의 신념들 중 일부에 대해 긍정적으로 동의하더라도, 그들은 곧 이의를 제기하던지 아니면 각 신념에 대한 보다 분명한 부가설명을 요구할 것이다. 하지만, 아나뱁티즘에 대해서 문외한인 어떤 이들이 이 신념들을 접하고 나서 들려주는 반응에 의하면, 이 일곱 신념은 특별하면서도 전인적인 방법으로 예수의 제자로서 살아가는 방법을 소개해 준다.

일곱 가지 신념이 끼친 영향

우리는 앞 장에서, 최근에 아나뱁티즘에 대해 알아가고 있는 영국과 아일랜드에 있는 그리스도인의 짧은 소감을 소개하였다. 이 중의 어떤 이들은 자신이 아나뱁티스트 전통에 대해 알아가는 데에 있어서 이 일곱 가지 핵심 신념이 중요한 역할을 했다고 말하였다. 여기에 이 핵심 신념에 대한 그들의 증언을 소개한다.

"내가 만난 사람들 가운데, 아나뱁티스트도 나에게 놀라운 영감을 주었다. 이들의 예수 그리스도에 대한 이해와 예수 그리스도를 따르는 삶에 대한 이해가 독특했다. 이 일곱 가지 핵심 신념 가운데 첫 번째와 두 번째가 가장 마음에 와 닿았다. 예수님의 제자로써 하나님나라를 위해 신실하게 살기를 소망하면서, 개인적인 권력, 명성, 욕망을 추구하지 않았던 이들 때문에 나는 하나님께 감사드린다." Brian Haymes(체셔, 영국, 첫 번째와 두 번째 핵심 신념)

"나에게는 두 번째 신념이 도움이 되었다. 그것은 성경을 보는 관점과 읽는 방식에 도전을 주었다. 개인적으로도 예수님의 성품과 모범에 의거해서 성경 말씀을 해석하는 방법이 옳다고 생각했지만, 두 번째 신념은 나에게 예수 중심적 성경 연구의 중요성에 대해 더욱 신념을 주었다. 예수의 죽음과 부활뿐만 아니라, 예수의 삶에도 가치를 부여하는 전통을 알게 되어서 무척 기쁘다." Sarah Warburton(런던, 영국, 두 번째 핵심 신념)

"이 신념은 서로서로 연관성이 있다. 크리스텐덤과 교회 성장 모델들은, 교회로 하여금 교회에 대해 문외한인 전문가들이 만들어 놓은 아이디어에 의존하게 만들었다. 두 번째 신념은, 교회 즉 믿음의 공동체가 가진 복음전도와 영적 성장에 대한 책임을 재인식하게 해 주었다. 이 책임감으로의 회귀가 고무적이

고 도전적이었다." David Kirkman(아난, 스코틀랜드, 두 번째와 세 번째 핵심 신념)

"기독교 공동체에 끼친 크리스텐덤의 영향에 대해 인지하고 있는 그리스도인 중 일부만이 크리스텐덤이 지녔던 전제들이 세상에도 빛을 졌다고 인정한다. 4세기에 있었던 기독교로의 '환영welcome'을 상징하는 수도원, 진료 및 수용 시설, 병원의 폭발적인 팽창이 어느 정도의 긍정적인 결과를 가져오기는 했지만, 결국에는 그것이 '극진한 환대hospitality'의 참 행동양식과 분리되었으며 교회와 그리스도인 가운데 그 뿌리마저 희미해졌다. 비록 크리스텐덤의 '공익 사업' public service 정신을 바탕으로 사회에 좋은 영향을 많이 끼쳤을지라도, 원래 교회가 지녔던 환대 정신 속의 '넉넉하게 나누는 관대함'을 잃어버렸다. 거의 30여 년 동안, 나는 아나뱁티스트 신념을 집 재건과 노숙자 사역 영역에 적용함으로써, 포스트-크리스텐덤에 극진한 '환영의 전통'을 회복하고자 노력하고 있다." Phil Wood(월링포드, 영국, 세 번째 핵심 신념)

"1970년대에 우리는 영국 국교회 소속의 기독교 공동체를 만들기 위해 영국국교회 소속 초등학교 건물을 사려고 했다. 하지만, 영국국교회성공회 측에서 그 건물을 최고가의 입찰자에게 팔려고 한다는 것을 알았을 때, 우리는 비로소 모든 교회가 복음의 핵심을 제대로 이해하는 것은 아니라는 사실을 깨달았다. 30년이 지난 지금에도 이 아나뱁티스트 네 번째 핵심 신념은 우리 교회에 새로운 활력소를 주고 있고, 교회 건물의 보안을 강화하기 위해 돈을 쓰기 보다는 정치적 도피자들과 망명자들을 돕는 사역에 집중하고 있다." All Phelps(리즈, 영국, 네 번째 핵심 신념)

"아나뱁티스트들이 강조하는 공동체, 함께 먹기, 함께 나누기, 서로서로 존중하기(선교의 기본 정신) 등은 교회의 본질이 무엇인지 보여준다. 회의나 권력 구조가 아니라 관계성이 교회 구성의 가장 기초적인 요소가 되어야 한다. 교회가 교회다워지는 길을 탐험해 가고자 하는 우리에게, 아나뱁티스트와 같은 역사 속의 실제 이야기를 배우게 되는 것이 얼마나 신나는 일인지 모른다." Linda Wilson(브리스톨, 영국 다섯 번째 핵심 신념)

"전쟁범이나 양심수 중에, 오랜 기간 동안 감옥에 갇혀 있으면서도 마치 용광로 밖에서도 여전히 잘 타오르는 석탄처럼 자신의 믿음을 지키는 이들을 보았다. 이것은 경이로운 경험이었으며, 나에게 기독교 공동체에 진정으로 속해야 할 필요성을 일깨워 주었다. 평화롭고 마음 편하게 머물 수 있는 곳, 개방적이며 환대하는 마음을 가진 사람들이 모임에 참여하는 모든 이들을 환영하는 곳, 다양한 목소리가 존중 받으며 함께 기도할 뿐 아니라 음식과 친교를 나눌 수 있는 곳, 이런 공동체가 나의 삶에 있어서 최고로 중요한 가치를 지닌다." Andrew Francis(스윈던, 영국, 다섯 번째 핵심 신념)

"1970년대에 대학에 입학했을 때는, 내가 이미 아나뱁티스트의 생각에 영향을 받은 이후였다. 내가 복수 전공하고 싶었던 것은 신학과 경제학이었지만, 내가 입학한 대학에서는 그것이 불가능하였다. 그래서 그곳에서 신학을 공부한 후, 다른 대학에서 신학의 다른 분야를 공부했다. 그 후 몇 년 뒤, 대학원과정으로 재정학 공부를 함으로 균형을 갖추었다. 즉, 예수님께서 우리에게 하나님과 돈을 동시에 섬길 수 없다고 하셨지, 둘 다를 공부하지 말라고 말씀하시지는 않았다." David Nussbaum(리틀 챌폰트, 영국, 여섯 번째 핵심 신념)

"평화를 모든 것 보다 중요시 여기는 아나뱁티즘에 대해서 알게 되어서 기쁘다. 북부 아일랜드에 정착한 후에, 내가 배운 바-평화가 우주의 근본적인 구성 요소이며 우선적으로 추구되어야 함-를 가장 어렵고 폭력이 난무한 상황 가운데서도 실천할 수 있기를 소원했다. 바로 그런 곳이 예수가 있는 곳이며 교회가 있어야 할 곳이다." Tim Foley(포터다운, 아일랜드북부, 일곱 번째 핵심 신념)

런던에 있는 니겔 라이트Nigel Wright는 이 일곱 가지 핵심 신념을 최근에 발행한 그의 책에 인용하였으며,32) 그는 이 신념들이 '예수 그리스도의 중심성, 교회 회중을 최고 우선순위에 둠, 예수 그리스도를 따르는 삶'을 강조한다는 사실에 깊은 감사를 표하였다. 나아가서, 그는 자기 책의 주 독자층인 침례교회들이 이 아나뱁티스트의 일곱 가지 핵심 신념을 알아야 할 필요가 있다고 결론내렸다.

이 일곱 가지 핵심 신념은 다른 교단에도 널리 알려질 만한 가치가 있다. 3장에서 6장에 걸쳐 이 신념을 상세히 다루겠지만, 이 신념의 특정한 견해가 어떤 이들에게는 난처한 질문을 던져 주거나 장애물이 되거나 또는 심기를 불편하게 할 수 있다. 하지만, 다른 기독교 전통에 뿌리를 둔 많은 그리스도인이 하나같이 발견하는 것은, 이 핵심 신념이 예수 그리스도의 삶과 가르침을 신실하게 따르는 믿음이 무엇인지, 포스트-크리스텐덤의 문화 속에서도 공감할 수 있는 믿음의 표현 방법이 무엇인지 설명한다는 것이다.

3. 예수 따름

Following Jesus

『기독교 영성 전통 시리즈』the Traditions of Christian Spirituality series 집필에 참여한 아나뱁티스트 역사학자인 아놀드 스나이더C. Arnold Snyder는, 이 시리즈에 포함된 아나뱁티스트 영성에 대한 자신의 책 제목을 『그리스도의 발자취를 따라서』Following in the Footsteps of Christ라고 명명했다.33) 아나뱁티스트 전통은 뿌리 깊숙이 예수 중심적이고, 예수를 따르는 삶으로의 부르심을 매우 강조한다. 첫 번째와 두 번째 핵심 신념은, 오늘날 영국과 아일랜드에 있는 아나뱁티스트들에게 예수를 따르는 것이 무엇을 의미하는지 표현한 것이다. 우리의 첫 번째 핵심 신념은 다음과 같다:

예수님은 우리의 삶의 모범이요, 선생이요, 친구이자 구원자이며, 그리고 주님이시다. 그는 우리 생명의 근원이며, 우리의 믿음과 삶의 방식과 참다운 교회 모습과 사회 참여에 대한 기준을 제시하시는 분이시다. 우리는 예수님을 예배의 대상으로 믿을 뿐 아니라, 그분을 따르기로 작정한다.

아나뱁티스트가 예수를 따르는 것과 예수 중심적으로Jesus-centered; 신학

용어로는 Christocentric임 살아가는 것의 중요성을 주장할 때, 다른 그리스도인이 난처해하거나 감정이 상할 수도 있다. 물론 모든 그리스도인이 예수 중심적이며, 예수를 따르는 삶을 살아간다고 반박할지도 모르겠다. 예수 중심적으로 살아간다는 것이 그렇게 간단한 문제라면 다행이다. 아나뱁티스트가 예수 중심성을 강조하는 것이, 자신만이 예수 중심적으로 산다고 주장하는 것은 아니다. 뿐만 아니라, 자신만이 다른 이보다 예수를 더 잘 본받아 살아간다고 우쭐거리는 것도 아니다. 사실상, 아나뱁티스트들은 어떤 영적인 상태나 성취에 대한 자신들의 확신을 떠벌리는 것을 삼가는 경향이 있다. 그리고 다른 기독교 전통에 속한 그리스도인들 가운데도 예수 중심적으로 살고 예수를 담대하고 신실하게 따르는 이들이 많이 있다. 하지만, 이 첫 번째 핵심 신념을 통해 표현하고자 한 바는, 기독교 역사를 통틀어서 예수님이 종종 믿는 이의 삶 속-앎의 영역이 아니라 실천의 영역-에서 소외되었다는 사실과 이러한 기독교 역사의 유산이 우리에게 문제거리라는 것이다.

중심에서 가장자리로

아나뱁티스트들은 4세기에 나타난 '크리스텐덤 시대의 도래'가 예수를 기독교 안에서 소외시키기 시작한 때로 여긴다. 이것은 로마 황제 콘스탄틴 1세가 기독교를 황실 종교로 승격하면서 이방종교와 대치하기 시작한 때이다. 3세기까지 활발했던 초대교회는 사회의 소외된 계층에 속하였으나, 콘스탄틴은 이들의 지위를 사회 중심부로 상승시켜 주었으며, 이에 교회는 로마 제국을 기독교화 하는 일에 동참하게 되었다. 콘스탄틴은 몇 세기에 걸쳐 완성될지 기약할 수 없을지라도, 전 유럽을 성스러운 사회 즉 '크리스텐덤 Christendom으로 만들기 원했다. 그러는 가운데 그는 기독교 공동체에 막대한 자원과 호의를 베풀었으며, 이런 사회 속에서 교회는 더 이상 소외된 존재가 아니었다. 오히려 교회는 사회의 중심부에서 대지주, 국가의 협력자, 도덕적, 사회적 가치의 감독자 역할을 하였다.

이러한 크리스텐덤이 주는 확실한 이익이 무엇이든, 아나뱁티스트들은 그것이 기독교 믿음을 심각하게 변질시킨다고 확신했다. 지금의 우

콘스탄틴 1세

리가 보기에도, 사회 외곽에서 중심부로 들어오는 기회를 얻은 대가로, 교회가 예수를 신앙의 중심에서 변두리로 몰아내버리는 오류를 범했다.

이에 대한 증거를 찾으려고만 하면 얼마든지 찾을 수 있다. 3세기 말과 4세기 말의 설교를 비교해 보라. 그리고 그 설교들 속에서 예수의 가르침이 어떻게 사라졌는지 찾아보라. 크리스텐덤 이전의 미술 작품과 크리스텐덤 시대의 작품을 비교해 보라. 당신은 분명히 선한 목자와 같은 친근한 예수의 이미지가 제국적 이미지−콘스탄틴의 형상과 같은−로 변질된 것을 발견할 것이다. 크리스텐덤 초기에 제정하여 보편적으로 사용했던 신조the ecumenical creeds를 보면, 예수의 삶에 대한 언급이 전혀 없이 예수의 탄생에서 바로 그의 죽음으로('동정녀 마리아에게 나시고 본디오 빌라도에게 고난을 받으사') 넘어간다.

크리스텐덤 이전에 만들어진 신조도 예수의 삶에 대해서 그리 많은 내용을 담고 있지 않을 수도 있다. 하지만, 크리스텐덤 이전에는, 새로운 그리스도인들의 양육을 위한 신앙입문 교육과정catechesis에서 예수의 삶과 가르침에 대해서 집중적으로 가르쳤으며, 이것이 그 당시의 신조에 반영되어 있었다. 4세기 말, 크리스텐덤 시대의 신앙입문 교육 체계는 제국적 정취를 풍기면서 교회의 수적인 팽창 때문에 부정적인 영향을 받았다. 그리하여 예수의 가르침에 집중하며 세상을 거스르는 제자도counter-cultural discipleship가 무엇인지 가르치기 보다는, 믿음을 획일화하고 이단에 빠지지

않도록 주의하는 것만 집중하였다. 즉, 교리 교육을 위한 신조는 강조되었지만, 예수의 삶과 가르침은 빠져 버렸다.

4세기 그리스도인들이 그들에게 주어진 새로운 사회 정치적 환경 가운데 적응하고자 하는 과정을 살펴보면, 제국교회the imperial church가 왜 예수를 소외시키게 되었는지에 대한 납득할 만한 원인을 찾을 수 있다. 가난하고 힘없고 소외된 사람들의 공동체에 도전을 주었던 예수의 가르침이, 이제 제국에 대한 책임감을 짊어진 그리스도인에게는 비현실적이며 부적절한 것으로 비춰졌다. '너의 원수를 사랑하라' 34) 또는 '내일 일을 위하여 염려하지 말라' 35)를 어떻게 해석해야 한단 말인가? 그러한 지침을 외국인을 위한 정책이나 경제적 정책에 어떤 식으로 반영할 수 있는가? 마치 예수가 자신이 한 말들의 적용 범위가 확장될 것에 대해 고민해 본적이 없든가, 아니면 제국의 행정을 담당하는 자에게 줄 조언을 미처 마련하지 못한 것처럼 보인다. 교회 지도자들은 쉽고 적절한 해답을 찾으려고 예수의 가르침이 아닌 구약으로 눈을 돌렸다. 그리하여 고대 이스라엘도 경제 제도를 운영하고, 땅의 경계선을 방어하려고 싸우며, 체계적인 사회 구조가 있었다는 사실을 부각시켰다.

예수의 가르침만이 문제가 되었던 것은 아니었다. 당시 교회들에게 더 거부감을 주었던 것은, 바로 예수님의 삶의 방식과, 정의에 대한 그의 열정과, 권력과 부를 가진 자(교회가 선호하는 사람)와의 대립, 버림받고 핍박받는 자에 대한 애정, 그리고 사회적 규범과 전통적 성차별 개념을 거부하는 행동이었다. 소위 세상의 실력자들movers and shakers이 교회 안으로 들어오면서부터, 버림받고 소외된 자에게 제일 먼저 관심과 사랑을 주시던 '죄인의 친구' 이신 예수님을 따르고 본받는 것이 무엇을 의미하는지 이해하기 어려워졌다. 교회가 계급 구조를 띤 사회 속에서 높은 지위를 추구하고 차지함에 따라, 세상의 가치를 전복하고upside-down, 또 나중 된 자가 먼저 되는last-will-be-first, 예수가 직접 보여주고 가르쳤던 가르침이 혼란스럽고 맛없는 것으로 여겨졌다.

더욱 난처한 것은, 예수를 죽게 만들었던 바로 그 로마 제국이 이제는 그를 표면상으로나마 우두머리로 만들려고 한다는 것이었다. 많은 이들이 유대인에게 예수를 죽인 자라는 누명을 씌우려고 했지만, 로마 제국도 비난에서 피할 길이 없었다. 그리하여 불명예스럽게도, 신조를 만든 이들은 로마 제국의 총독이었던 본디오 빌라도Pontius Pilate를 예수를 죽인 장본인으로 지목하였다. 초대 교회 그리스도인에게 십자가는 강력한 상징이었다. 증오를 사랑으로 이기는 것이며, 복수 대신에 용서를 베푸는 것이며, 생명을 건지려고 하기 보다는 생명을 내려놓는 것을 의미했다. 또한 십자가는, 로마 제국이 예수를 잠잠하게 만들려고 했던 것처럼, 많은 초대교회 그리스도인을 파멸시키기 위해 위협하던 잔인함과 억압을 상징하는 것이기도 했다. 그러한 박해의 시대가 끝나자, 십자가 상징이 담고 있던 기억은 감추어지고 재해석되어야만 했다.

이런 상황에서 제국 교회가 과연 무엇을 할 수 있었겠는가? 교회가 그의 창시자인 예수를 기독교 이야기 가운데서 완전히 제거할 수는 없었다. 하지만, 그들은 예수의 삶과 가르침을 재해석하고, 일부는 제거하여 자신과 다른 이의 입맛에 맞게 변화시켰다. 그 예로, 산상수훈the Sermon on the Mount을 해석하는 방식이 크리스텐덤 시대에 어떠했었는지를 살펴보면 알 수 있다. 신학자들과 설교가들은 이 변화를 눈치 채지 못하도록 교묘하게 숨기는 방법을 찾아냈다. 그리하여 어떤 이들은, 이 산상수훈이 성직자나 수도사에게 주어진 명령이며 일반 그리스도인은 실천할 수 없는 것이라고 주장했다. 또 다른 이들은, 이 산상수훈이 크리스텐덤을 위한 말씀이 아니라 앞으로 다가올 미래의 하나님의 나라에서의 삶을 표현한 것이라고 가르쳤다. 더러는 이 산상수훈이 개인적인 신앙의 영역에 적용되는 것이며 제국 안에서의 공적인 삶과는 무관하다고 주장했다. 어떤 해설은, 이 가르침은 우리가 말씀에 전적으로 순종하는 것이 불가능하다는 것을 보여주기 위한 것으로 우리가 하나님의 은혜 앞으로 더 가까이 가도록 이끌어 주는 역할을 한다고 주장했다. 또 다른 가르침에 의하면, 산상수훈은 우리의 내면의 마음가짐에만 적용되는 것이지 외적인 행동과는 무관하다고 했다. 만약 이런 식의 해석을 원수를 사랑하라는 말씀에 적용한다면, 이미 칼로 찔러버린 원수를 사랑하기만 하면 아무런 문제가 없다는 의미가 된다.

예배는 드리되 따르지는 말자

위와 같은 교묘한 해석은, 예수의 가르침이 높임을 받을 수도 있고 또한 동시에 무시될 수도 있다는 것을 보여준다. 예수를 멀리 동떨어져 존재하며 제국적인 이미지를 지닌 존재로, 그리고 그의 인성 보다는 신성에 더 무게를 두는 방식으로 예수의 이미지를 변질시킬 수 있다. 이와 같은 방식으로, 제국 교회는 예수의 가르침과 삶의 방식을 따르지 않으면서도, 그를 높이고 경배하였다. 즉 예수의 체면을 손상시키지 않는 범위 내에서, 예수를 효과적으로 소외시켰던 것이다.

그리하여, 십자가의 의미는 제국 기독교imperial Christianity의 승리 또는 타협을 설명하기 위해 놀라운 방식으로 재해석되었다. 십자가는 더 이상 비폭력적이며 희생적인 사랑의 상징이 아니라, 군대 깃발 속으로 뻔뻔스럽게 들어갔다. 군인은 십자가 그림 아래서 전쟁을 위해 행진했고, 십자군에 참여한다는 것

십자가의 이미지

taking up the cross은 스스로 희생하기 보다는 다른 이들을 죽일 준비가 되었다는 것을 의미했다.36)

아나뱁티스트들은 크리스텐덤이 예수를 어떤 식으로든 소외시켰다고

주장했다. 예수의 소외는 여러 형태의 반향을 일으켰다. 그 한 예로써, 수도원 운동monastic movement은 예수의 근본적인 가르침에 다시 귀를 기울이고 실천하는 삶을 살고자 하는 시도였다. 기독교 신비주의와 부흥 운동은 멀리 동떨어져 존재하던 예수와의 친근함을 회복하도록 도와주었으며, 예수를 본받는 삶을 촉구하였다. 이렇게 크리스텐덤 시대에 변질된 기독교 형태와 방식에 반대했던 이들은 복음서를 읽었으며 복음서에서 영감을 얻어 예수를 재발견하고 그를 따르기로 결심하였다. 16세기의 아나뱁티스트들은 그 기나긴 선상에서 마지막으로 등장한 인물들이다.

하지만, 주류 교회-가톨릭과 개신교-는 여전히 예수를 소외시켰다. 예수가 삶 속에서 따라야할 대상이 되기보다는, 그저 예배의 대상이 되었다. 개신교 개혁자들은 죄인에게 의롭다함을 선물로 준 예수의 속죄 사역을 높이 평가하였으나, 정작 그의 삶과 가르침에는 인색하게도 주의를 기울이지 않았다. 그들은 바울의 서신서를 열광하면서 읽었으나, 복음서에는 관심이 없었다. 마틴 루터Martin Luther는 이렇게 썼다. '만약 우리가 둘 중에 어느 것 하나가 빠진 채로 개혁을 추진해야 한다면, 말과 교리보다는 행동과 역사에 대한 지식이 부족한 것이 더 낫다.'[37] 다른 종교개혁자들은 아나뱁티스트처럼 예수가 '생명의 근원'이라고 믿었으나, 믿음과 삶의 중심이신 예수보다도 그의 죽음의 의미에 초점을 맞추었다. 그들의 글을 보면 더 분명해 지는데, 예수는 더 이상 믿음과 삶의 방식의 기준점이 아니었으며, 예수가 교회에 대한 이해와 사회 참여에 대한 참 조언을 줄 수 없다고 보았다.

16세기 아나뱁티스트들은, 예수 중심적Jesus-centered 방식이 제자도의 모든 면에 영향을 줄 수 있다고 믿었다. 예수만으로는 그리스도인이 직면한 세상을 대처할 수 없다고 주장하는 크리스텐덤 전통을 향해서, 아나뱁티스트들은 도전장을 내밀었다. 이들은 16세기 당시에 팽배했던 중세시대의 경건주의, 즉 예수를 영적인 존재로 부각하며 개인적인 신앙의 대상으로만 여겼던 기조를 비판했다. 또한 이들은 다른 종교 개혁자들-구원에 있어서는 예수의 중심성을 확고히 하였지만, 예수의 삶과 가르침이 우리 삶의 모든 영역과 교회와 선교사명의 규범을 제시한다는 사실에 대해서 침묵했던 이들-의 마음을 불편하게 만들었다. 아나뱁티스트에게는 예수 중심으로 살아가는 것이 궁극적인 충성의 표현이었지만, 다른 개혁자들은 정치적 권위자의 눈을 의식하여 예수의 가르침을 사회와 경제적 쟁점에 적용하기를 주저하는 듯했다.

이것이 현대 아나뱁티스트가 고심하며 만든 첫 번째 핵심 신념의 배경이다. 크리스텐덤이 남겨준 기독교의 형태는 사회에서 소외되고, 개인의 영성만을 강조하며, 환경에 타협하며, 무기력한 예수를 양산했다. 예수의 가르침은 희석되었으며, 개인의 영역에 국한되고, 교묘히 정당화되었다. 예수는 멀리 동떨어져 존재하는 왕적인 존재 또는 개개인을 위한 낭만적인 구세주로서 경배 받게 되었다. 종교개혁을 통해 가톨릭에서 분리하여 등장한 새로운 교회들은 예수의 삶의 이야기가 있는 복음서보다도 바울 서신서에 우선순위를 두었다. 그리고 많은 기독교 전통은, 윤리 지침을 구약성경 또는 이방 철학에서 가져왔다.

주변에서 중심으로?

하지만, 크리스텐덤의 끝이 다가옴에 따라, 교회들은 자신들이 더 이상 사회로부터 열광적 환영을 받거나 호의를 받지 못한 채 소외된 자리로 되돌아갔다는 것을 발견했다. 더군다나 예수가 자신의 원래 자리로 복귀하기 위해 뭔가를 할지도 모른다는 표지가 나타나고 있다. 여기에 그 증거의 몇 가지 예가 있다.

한 세기 이상, 학자들은 '역사적 예수에 대한 연구' quest for the historical

Jesus를 계속 해 오고 있는데, 이는 기독교 전통의 껍질을 벗기고 예수를 새롭게 발견하기 위한 시도이다. 이러한 연구의 결과로 소개된 예수의 삶에 대한 다양한 이야기가 연구자들의 가정과 선입견에 영향을 받았다고 비평받기도 한다. 하지만, 적어도 예수의 삶 자체가 논쟁의 중심에 서 있다는 것은 주목할 만한 성과다.

수많은 열정적인 그리스도인들이 손목에 매었던 팔찌에 새겨진 문구를 기억하는가? 대중적으로 알려졌으나 종종 비웃음을 받던 '예수라면 어떻게 하실까?' WWJD; what would Jesus do?라는 문구도, 비슷한 비판을 받을 수 있다. 우리의 윤리적 판단의 기준을 '예수라면 어떻게 하실까?' 라는 질문에만 의존한다면, 이것은 자기기만의 증거이다. 이 문구가 우리로 하여금 해답을 찾기 전에 먼저 구해야 할 많은 질문을 회피하게 만들지만, 적어도 예수를 우리의 믿음과 삶의 방식의 핵심적인 기준으로 인식하게는 해 준다.

아나뱁티스트 작가들과 많은 이들은 예수의 가르침을 사람이 원하는 방식으로 변화시키기를 거부했다. 그들은 오히려 예수의 가르침이 어떻게 정치적, 사회적, 경제적 문제에 적용될 수 있는지를 보여주었다. 이것은 크리스텐덤 시대의 성경주석가가 할 수 있었던 것보다도 더 근본적이며 급진적이었다. 존 하워드 요더가 쓴 『예수의 정치학』은, 그리스도인들이 복음서를 새롭게 이해할 수 있도록 깊은 영향을 끼쳤다. 도널드 크레이빌 Donald Kraybill은 자신의 책 『예수가 바라본 하나님 나라』*The Upside-Down Kingdom*에서, 수세기 동안 잘못 이해되었던 산상수훈을 부드럽고도 통렬하게 분석했다. 마커스 보그Marcus Borg, 브라이언 맥클라렌Brian McLaren, 월터 윙크Walter Wink, 쉐인 클레어본Shane Claiborne, 톰 라이트Tom Wright, 스티브 초크Steve Chalke, 마이클 프로스트Michael Frost, 그리고 앨런 허쉬Alan Hirsch는, 우리의 시선을 예수의 삶으로 다시 향하게 하고, 예수의 가르침

속에서 신선한 면을 발견하도록 돕는다.38) 이들 중 어떤 이들은 아나뱁티즘에 의해 깊이 영향을 받았다.

유럽과 북미에서 일어나고 있는 '이머징 교회'에 대한 연구에 의하면, 복음과 예수의 삶과 가르침에 대한 새로운 관심이 사람들 가운데 일어나고 있다. 에디 깁스Eddie Gibbs와 라이언 볼저Ryan Bolger는 그들이 조사한 이머징 교회의 9가지의 핵심 요소 중의 첫 번째로, '예수의 삶과 공감대를 갖는 것'을 꼽았다39) 그리고 존 드레인John Drane은 그의 책에서, '예수는 이머징 교회의 중심이되, 단순한 믿음의 대상이 아니라 본받고 따라가야 할 신자의 삶의 기준이다'라고 증거 했다. 이것은 사도신경과 같은 신조 속에 있는 예수가 아니라, 복음서 속의 살아있는 예수, 즉 많은 그리스도인에게 영감을 주고 변화를 위한 도전을 주는 살아있는 예수를 의미한다.40)

포스트-크리스텐덤 시대 사람들의 특징은, 신학적 용어에 익숙하지 않으며 성경지식이 얕팍할 뿐 아니라, 교육기관으로서의 교회 역할을 부인한다. 그런 가운데서도 여전히 많은 사람이 그리스도인이 되길 원하며, 예수는 사람들로부터 높이 평가받고, 때로는 호기심의 대상이 되기도 한다. 하지만, 정작 예수의 삶과 가르침에 대해서는 거의 관심이 없다. 간혹 영화 제작자들은 예수의 삶을 그린 영화에 흥미를 가진 관객을 찾아내려는 시도를 한다. 하지만, 어떤 영화들은 교회의 성경공부와 설교에서 그려지는 예수의 모습보다도 더 권위적인 모습으로 표현하는 등 논란의 여지를 준다.

분명한 사실은, 예수의 삶과 가르침에 대한 관심이 그리스도인들 사이에서 점차 회복되고 있으며, 포스트-크리스텐덤 시대에도 예수에 대한 경외함이 지속되고 있다는 것이다. 우리 모두 함께 크리스텐덤 동안에 주변으로 물러났던 예수를 재발견하고자 시도해야 한다. 이것은 하나님의 선교사역을 위한 강력한 자원이 될 것이며, 우리의 삶과 교회를 변혁시킬 것이다.

예수의 재발견을 위해, 아나뱁티스트 전통이 어떤 도움을 줄 수 있는가? 아마도 가장 유용한 것은, 바로 아나뱁티스트들이 예수를 그들의 '본보기'요, '선생'이요, '믿음과 생활양식의 중심점'으로 따르며 실천해 왔던 500여 년 전통의 일상적 '실천과 반성'일 것이다. 아나뱁티스트 이야기들은 격려와 함께 경고의 메시지도 포함하고 있다. 실패와 타협의 이야기들이, 신실함과 강직함의 이야기들과 서로 뒤섞여 있다. 하지만, 예수의 삶과 가르침이 믿음의 중심에 있어야 한다는 것을 확신하고서 크리스텐덤을 그 어느 전통보다도 먼저 거부하였기에, 이 아나뱁티스트들은 오랜 역사의 시간 동안 '예수를 예배할 뿐 아니라, 따르는 것'이 함축하는 바를 계속해서 탐구할 수 있었다.

예수를 따르기

'예수 따름'은 아나뱁티스트 전통의 중심 주제이다. 16세기 아나뱁티스트 진술 중에서 가장 널리 알려진 것 중의 하나는, 한스 뎅크Hans Denck의 주장이다. "삶으로 예수님을 따르지 않는다면, 예수님을 진정으로 모르는 것이다."[41] 영적인 경험 또는 교리적 전통에 관한 모든 주장은, 실제적인 제자도를 위한 것인지 아닌지 검증되어야 한다. 아나뱁티스트들은 '행위에 의한 구원'으로 되돌아가자는 주장을 했다는 혐의를 받았다. 하지만, 그들은 다른 교회들의 제자도에 대한 심각하게 낮은 기준의 문제점을 지적했으며, 또한 교회들이 자칭 옳다고 자부하는 교리가 왜 열매를 맺지 못하는지에 대해 의구심을 가져야 한다고 반박했다.

이러한 아나뱁티스트들의 반응이 다른 기독교 전통 진영의 사람들을 자극하였으나, 그들은 이 지적된 문제점을 어떻게 논박해야 할지 몰랐다.

비록 아나뱁티스트들은 이단으로 치부되곤 했지만, 그들의 삶의 방식은 확실히 구별되는 특색이 있었으며 매력적이었다. 16세기의 로마 가톨릭 신학자이며 아나뱁티스트와 대립적인 위치에 있던 프란츠 아그리콜라 Franz Agricola는 그의 고민을 이와 같이 표현했다.

> "외관상으로 드러나는 아나뱁티스트의 삶은 흠 잡을 데가 없다. 그 가운데는 어떠한 거짓말, 속임수, 맹세, 분쟁, 거친 말, 과식과 과음, 외모의 치장 등을 발견할 수 없으며, 오히려 누구든지 그들이 하나님의 성령을 가졌다고 생각할 수 있을 정도로 겸손, 인내, 올바름, 단정함, 정직, 절제, 곧은 태도를 가지고 있었다." 42)

심지어 어떤 이들은, 그들이 아나뱁티스트가 아님에도, 그들의 삶이 아나뱁티스트처럼 선한 삶을 살아간다는 이유만으로 체포된 적도 있었다. 그들은 고발자들에게 저주를 받거나, 또는 자신이 외적으로 드러나는 것처럼 그렇게 고상한 거룩함을 지니지 않았다고 말함으로써 고소자로부터 풀려났다.

사실 '그들이 하나님의 성령을 가졌다'는 아그리콜라의 진술은 아나뱁티스트들이 자신의 삶의 방식을 실천하기 위해 전적으로 자신을 하나님께 헌신했다는 것을 보여준다. 아그리콜라가 그런 표현을 사용한 이유는 성령을 받을 수 없다고 여겨지는 이교도들과 아나뱁티스트들은 달랐기 때문이었다. 실제로 아나뱁티스트들은 동시대의 어떤 그리스도인들보다도 성령의 역사하심을 더 강조하였고, 성령의 도우심으로 말미암는 '거듭남'과 삶을 변화시키는 은혜로 주시는 하나님의 능력을 체험하는 것을 중요시 했다. 신실한 제자로서의 삶은, 구원을 얻고자 하는 노력의 결과도 아니며, 자랑할 목적으로 추구하는 것도 아니며, 오직 하나님이 진실로 우리

안에 역사하시는 증거이다. 한스 뎅크가 한 진술 가운데 잘 알려지지 않은 나머지 부분이 있다: '예수님이 누구인지 먼저 알지 못하고서는, 어느 누구도 예수님을 따를 수 없다.' 이것은 첫 번째 핵심 신념의 또 다른 면을 부각시켜 준다. 아나뱁티스트에게 있어서 예수는 따라가야 할 대상일 뿐 아니라 삶의 근원이다. 뎅크가 주장했듯이, 그리스도를 따르는 것은 그리스도를 아는 것과 분리될 수 없다.

지금의 새로운 아나뱁티스트들은 이 전통 속에서 영감과 도전을 동시에 발견한다. 우리도 예수를 신실하게 따라갈 수 있다. 예수가 보여준 구체적인 예들이 우리를 지도해 줄 것이다. 그의 가르침은 실천될 수 있다. 예배와 제자도는 통합될 수 있다. 예수는 우리 삶의 모든 순간에 대한 기준점이 될 수 있다. 그리고 만약 우리가 예수를 우리 삶의 근원이요, 우리의 주님이시자 친구 되신다는 사실을 발견한다면, 이러한 신념은 형식주의나 도덕주의로 진부하게 퇴화되지 않을 것이다.

아나뱁티스트 네트워크 지도부의 일원이자, 리즈Leeds라는 도시에 있는 한 침례교회의 지도자인 알리 펠프스Ali Phelps는 이 책 3장의 초안을 읽고서 이런 회신을 주었다:

> '예수 따름'이라는 문구는, 대체로 보수적인 우리 교회가 직면하고 있는 레즈비언에 대한 우리의 반응을 상기시켜 주었다네. 내가 그 중 한 여인과 함께 누가복음을 읽어나가기로 했었지만, 나는 내 안에서 일어나는 비겁함을 숨길 수 없었다네. 왜냐하면, 교회의 의견과 행동 양식보다도 인간 예수를 빌미로 그녀에게 제시할 핑계거리를 찾고 있었기 때문이라네. 하지만, 그녀는 우리가 복음서 읽는 것을 마치기 훨씬 이전에, 이미 예수를 열정적으로 따르는 자가 되었다네. 얼마 지나지 않아, 그녀가 자신이 대마초 복용하던 것을 끊기로 했다는 것을 말해주었을 때, 나는 깜짝 놀랐다네. 내가 그녀에게 왜 그런 결정을

했는지 그 이유를 묻자, 그녀는 성경 말씀에 대한 진솔하고 분명한 자신의 반응일 뿐이라고 대답했다네. 그녀가 덧붙인 또 하나의 말은, 교회의 그 어느 누군가가 그녀에게 다가와서 그러한 행동의 변화를 요구했었더라면, 그녀는 부정적으로 반응했을 것이며 오히려 대마초를 두 배로 더 많이 피웠을 것이라고 하더군!

예수의 이야기가 상대적으로 덜 알려진 곳이면서 인간의 몸을 입으신 예수가 여전히 존경 받는 곳에서는, '예수 따름'이라는 아나뱁티스트 전통이 선교사적 중요성을 발휘할 수 있다. 포스트-크리스텐덤 시대의 복음전도evangelism는 '이야기 들려주기' story-telling에서부터 시작되어야 한다. 만약에 우리가 사람들이 처한 상황 가운데서 복음을 듣게 되길 원한다면, 단순히 나사렛 예수의 이야기를 들려주는 것만으로도 강력한 힘을 발휘할 것이다. 성공회의 한 신부가 말하기를, 그가 교회와 아무런 연관이 없는 한 여인에게 목회적 조언을 해야 했던 상황에서 '돌아온 탕자 이야기'를 해 주었다고 한다. 그녀는 그 이야기가 자신에게 전혀 도움이 되거나 감동적이지 않자, 이렇게 되물었다 "누가 그 이야기를 했나요?" 신부가 예수님이 말한 것이라고 대답하자, 이 여인은 "예수가 다른 이야기는 안 했나요?" 하고 물었다. 이처럼, 우리가 생각하는 것보다 복음전도 사역은 더 쉽고 간단한 것이다. 왜냐하면, 예수의 이야기를 들려줌으로써, 예수 자신이 그에게 직접 말하도록 길을 열어 주면 되기 때문이다.

또한, '예수 따름'이라는 주제는, 우리로 하여금 세 가지 요소-하나님 나라에 속해 있다는 소속감belonging, 하나님을 향한 믿음believing 그 자체, 현실 속에서 하나님나라의 백성으로 살아가는 삶behaving-에 둘러싼 혼란 속에서 해결책을 찾도록 도와준다. 사실, '믿음이 없을지라도 먼저 교회에 발을 들여놓기'라는 문구는 많은 사람이 어떻게 교회에 속하게 되는가를 설명해 준다. 또한 이것은 포스트모던시대, 포스트-크리스텐덤 시대의 교회가 선호하는 선교 전략이기도 하다. 하지만, 이 현혹되기 쉬운 문구 속에는 몇몇 복잡한 난제가 들어있다:

- 소속감belonging이 어떻게 믿음believing을 이끌어 낼 수 있는가? 그리고 얼마나 자주 그런 일이 일어나는가?
- 교회가 교회로서 정체성을 일관되게 유지하는 가운데, 믿음이 없는 사람을 얼마나 많이 소속되도록 도울 수 있는가?
- 실천하는 삶이, 어떻게 소속감 및 믿음과 연관이 되는가?
- 믿음과 행동이 없이 소속감을 갖는다는 것은 어떤 의미인가?
- 왜 종종 믿음을 갖는 것과 실천하는 삶이 분리되는가?

'따름' following이라는 단어는, 이 세 가지 요소의 관계를 통합시켜 준다. 즉 교회가 사람들에게 포근함과 포용하는 이미지를 줌과 동시에, 진지한 믿음과 실천하는 삶의 요소도 간과하지 않도록 해 준다.

복음서에 의하면 군중은 예수를 따랐으며, 이 예수는 누구든지-그들의 삶의 방식이 어떠한지에 상관없이-그에게 오는 사람을 환영하였다. 나아가서 예수는 그들을 가르치고 모든 병을 치유하고, 심지어 죄인이나 적대자들과 같이 식사하였다. 예수는 또한 자신과 함께 시간을 보낼 제자들을 불렀으며, 제자들은 행동이 변화되고 믿음에 대해 재고해 보게 되었다. 이들은 예수 주변에서 군중들 가운데 있었는데, 마치 오랫동안 예수 '따름'의 의미를 알고자 고민했다는 듯이, 예수님을 '따르라는 부르심' the call to follow을 듣자마자 단호하게 그를 따르겠다고 반응했다. 어떤 사람들은 색다르게 예수님께 반응하기도 하고(예: 삭개오, 43), 또는 예수에 대한 깊은 믿음을 나타내기도 하였다(백부장의 종이 치유 받음, 44) 때로는 예수의 가르침이 일차적으로 제자들을 위한 것으로 보이지만 거기에는 많은 사람이 같이 말씀을 듣기도 하고, 때로는 예수가 군중을 가르치는 장면이지만 그 자리에 있던 예수의 제자들도 함께 배우기도 했다.

어쩌면, 현대의 우리가 다시는 스스로를 '그리스도인'이라고 부르지 말아야 할지도 모른다. 이 용어와 관련된 부정적 연상으로 인해 그 위상이 위태롭게 되었고, 또한 과용으로 인해 그 진정한 의미가 희석되었기 때문이다. 뿐만 아니라, 이 용어는 우리가 함부로 사용하기에는 과분한 의미를 내포하고 있다. 그리스도를 닮았다고 주장하고 있는 우리는 과연 어떤 사람인가? 만약에 다른 사람이 우리의 모습 속에서 그리스도를 닮은 형상Christlike을 보고서, 우리를 그리스도인Christian이라고 부른다면 분명 기쁘고 좋은 일이다. 이것은 이 용어가 처음에 사용되기 시작한 이유이기도 하다.45) 하지만, 우리의 정체성을 제대로 표현하기 위해서는, 참 의미가 있으면서도 절제된 용어가 필요하다. 즉 우리가 '예수를 따르는 자' followers of Jesus라는 사실만 부각시키는 것이 옳다.

예수를 따르는 자로서 이미 목적지에 다다랐다고 우기거나 예수를 따르는 여정의 다른 단계에 있는 자와 비교하여 우월의식을 가질 필요도 없다. 소속감, 믿음, 행위, 이 세 가지 모두는 '따른다'는 의미의 다양한 면을 표현해 준다. 예수를 따르기로 헌신한 교회들은 '함께 여행할 친구들' fellow-travellers을 전적으로 그리고 무조건적으로 환영할 것이다. 하지만, 이러한 교회의 특성ethos은, 따름, 배움, 변화, 성장, 전진의 의미를 골고루 포함한다. 복음서와 성경전체를 숙고해 감에 따라, 우리는 예수를 따르는 것이 무엇을 의미하는지 점점 더 알아가게 될 것이다.

이렇게 예수님을 따르는 것을 소중히 여기는 교회들은, 예수의 이야기를 처음 접하고서 예수를 믿고 따르는 것의 함축된 의미를 탐구해 가는 자들에게 도움을 줄 것이다. 마찬가지로 신학적인 믿음의 쟁점이 아니라 삶의 방식에 관해 더 많은 관심을 가진 자들에게도 유익하다. 믿음에 관한 영적인 의미를 탐구해 가는 과정을 '여정' journey에 비유하는 사람들에게 더 없이 유익하다. 그리고 예수님을 따르는 데 있어서 해야 할 것이 여러 가지가 있다는 것을 아는 사람과, 같은 여정을 걸어가는 동료의 지지와 격려에 감사하는 마음을 가진 사람들에게도 유익하다.

그래서 예수를 따르는 자들은, '예수님이라면 어떻게 했을까?' 라는 질문을 해야 한다. 우리가 윤리적으로 심각한 문제에 직면했을 때, 보다 더 난해한 질문을 많이 할 것이다. 아나뱁티스트들은 이런 상황 가운데서도 신중할 것이다. 그래서 스스로 그 해답을 알고 있다고 자만하지 않도록, 그리고 크리스텐덤이 만들어 낸 길들여지고 무기력해진 예수의 모습이 되지 않도록 주의할 것이다. 해답을 찾고자 하는 우리에게 도움이 되는 또 다른 질문들이 있다. '예수는 무엇을 **했는가?**', '예수는 무엇이라고 **말했는가?**' 그리고 '예수는 어떤 분이었는가?'. 이러한 질문을 고민하는 가운데, 우리는 복음서로 다시 돌아가게 되며, 예수의 하신 말씀에 귀를 기울이고, 그가 보여준 삶의 본으로부터 배우고자 열망하게 된다. 이것이 바로, 예수의 삶과 가르침이 아니라 일반적으로 선하게 여겨지는 것(사랑, 정의, 규율 등)에 따라 살아가면 된다고 가르쳤던 자들을 향해서, 초기 아나뱁티스트들이 반박하며 실천했던 부분이다. 만약에 우리가 진실로 예수를 우리 삶의 '중심 되는 기준점' central reference point 으로 삼고자 한다면, 그가 무엇을 말했으며 무엇을 했는지를 먼저 살펴야 한다.

자, 이제 현대 아나뱁티스트의 두 번째 핵심 신념을 소개하고자 한다.

예수님은 하나님의 중심적 계시이다. 우리는 성경을 읽고 해석할 때에 '예수 중심적인 접근법Jesus-centered approach'을 사용할 것이다. 우리에게 있어서 믿

음의 공동체는, 성경을 읽고 함께 분별하는 데 있어서 가장 중요한 역할을 하며, 제자도에 대한 가르침을 적용하여 실천하는 현장이다.

아나뱁티스트 운동은 성경이 사람들에게 널리 보급되기 시작한 때에 일어났다. 인쇄기술의 전파와 동시에 독일어와 유럽에서 사용되는 언어로 성경번역이 진행되었다. 수세기 동안은 오직 성직자와 수도사만이 라틴어나 성경원어로 된 성경을 가지고 읽었으나, 전 유럽에 걸쳐서 다양한 언어로 번역된 성경이 퍼져 나가자 모든 일반 사람도 성경을 이해할 수 있는 가능성이 열렸다. 초기에는 낮은 문맹 수준과 턱없이 비싼 인쇄비용으로 인해, 오직 부유층이나 공동체만 공동재정으로 성경을 살 수 있었다. 그래서 성경을 가지고 있으며 또 소리 내어 읽을 수 있는 사람이 있는 곳이라면 어디서든지 사람들이 모여서 성경 말씀을 듣기 시작했다. 즉 16세기 초반에는 아나뱁티스트 말고도 성경을 읽고 연구하며 토론한 사람들이 많았다.

그리고 놀라운 것은 다른 종교개혁자들도 일반 사람들에게 가르치기를, 교황과 교회 공의회의 의견이나 전통적인 성경해석에 의존하지 말고, 스스로 성경을 해석하고 읽도록 격려하는 듯이 보였다. 그들은 '오직 성경의 권위'

독일어 성경의 표지, 1934

를 주장했으며, 성경을 읽을 수 있는 자들은 그 어느 누구라도 이해한 바를 소신 있게 다른 이들과 공유할 수 있다고 주장했다. 그러나 받아들이기 불편한 사실은, 이 종교개혁자들 모두가 자신이 주장하던 대로 행하지 않았다는 것이다. 실제로 그 당시의 많은 사람이 로마 가톨릭의 성직자조직뿐 아니라 종교 개혁자들의 성경해석에도 의문을 품었다. 그들 중 어떤 이들은 성경을 사회적, 정치적, 경제적 현실 세계에 불안정한 방식으로 적용했으며, 곧 교회와 사회의 특성이 성경적 근거를 거의 가지고 있지 않으며 어떤 부분에서는 성경의 가르침과 아예 모순된다고 주장했다. 권한을 부여받은 성경 해석가의 도움이 없이 성경-특히 복음서-을 읽어나가던 사람들은, 전통적인 기독교 전제들과 오랜 역사를 가진 행동 강령에 자극과 도전을 던지기 시작했다.

사람들에게 부여한 성경해석의 자유 속에 담겨진 위험성을 깨달은 종교개혁자들은, 종교개혁 이전의 상태로 되돌리고자 제지하기 시작했다. 일반 사람들은 설교가나 목사가 전해주는 성경해석에만 의존해야 한다고 번복했지만, 이것은 이미 되돌릴 수 없는 상태가 되었다. 말씀을 증거하는 자에게 권한을 부여하는 새로운 시스템을 성경 해석을 천편일률적으로 하는 성직자 독점의 낡은 시스템으로 바꾸고 싶어 하는 사람은 없었다. 초기 아나뱁티스트들도 성경 해석의 자유를 옹호하는 사람들에 속하였다. 이들은 복음서 속의 예수에 홀딱 빠졌으며, 삶과 신앙의 많은 영역에서 오랜 시간 동안 성경이 오역되었다는 것을 점점 더 발견해 나갔다.

아나뱁티스트들이 어떻게 성경을 읽고 해석했었는지에 대해 몇 가지 요약하면 다음과 같다:

- 신학적 훈련이나 공식적인 인가를 받지 않았지만 성령의 음성에 주의를 기울일 줄 아는 평범한 그리스도인도 성경을 책임있게 해석할 수 있다.
- 신학교나 설교가의 연구를 통해서가 아니라, 회중 가운데서 성경이 해석되고 검증되어야 한다. 즉 성경을 이해하는 것은 공동체적 행위에 속한다.
- 성경의 의미를 바르게 해석하는 것 못지않게 중요한 것은 그 성경의 가르침을 실제적으로 제자도에 어떻게 적용하느냐 하는 부분이다.
- 성경은, 예수 그리스도의 삶과 가르침과 죽음과 부활의 조명 아래에서 해석되어야 한다. 예수가 성경의 핵심이며, 구약과 신약 성경이 오직 예수를 지

목하기 때문이다.

아나뱁티스트의 적대자의 시각에는, 이러한 가르침이 교만하고, 책임감이 결여된, 무질서한 것으로 비춰졌다. 하지만, 아나뱁티스트들은 자신의 방식이 다른 이들에게 성경 해석의 자유과 권한을 부여한다고 믿었다. 성경을 함께 모여 읽음으로써, 이들은 일련의 신학적, 교회적, 윤리적 쟁점에 대한 새로운 실현 가능성을 발견하였다.

특히 그 당시에, 윤리적 영역에서는 구약의 견해를 적용하였기에 예수의 가르침이 적용되지 않았다. 전쟁 도발, 범죄 처벌, 세상의 왕에게 부여된 신적인 지위, 그리고 억지로라도 소득의 십분의 일을 드려야 하는 십일조 등은 구약 성경의 관점으로는 모두 정당화 될 수 있었다. 이런 행위가 예수의 말과 행동과 진정한 조화를 이루고 있었는가? 아나뱁티스트의 눈에는 다른 종교개혁자들이 단조롭고 일률적인 성경해석을 하는 것으로 보였다. 왜냐하면, 다른 종교개혁자들이 예수를 통해 밝히 드러난 하나님의 목적을 언급하지 않은 채로, 성경의 본질을 뽑아내려고 했기 때문이었다. 아나뱁티스트들은 이런 접근 방식을 부정하였으며, 오히려 성경을 예수의 가르침과 모범의 조명 아래에서 해석할 것을 주장하였다. 그러나 기존의 크리스텐덤을 유지하기 원하는 자들은 이러한 도발적인 주장을 용인할 수 없었다.[46)]

오늘날의 새로운 아나뱁티스트는 초기 아나뱁티스트의 성경 해석에 대한 접근 방법이 가진 단점이 무엇인지 점차 인식하고 있다. 학자들을 신뢰하지 않는 아나뱁티스트 성향은 성경에 대한 더 나은 이해를 돕는 많은 자료로부터 유익을 받지 못하게 하였다. 성경해석에 있어서 성령의 역할을 강조하는 것만으로 성경 본문의 의미가 아무런 어려움 없이 즉시 해석되는 것은 아니다. 또한 예수의 삶과 가르침에 일치하지 않는 행위를 정당화하기 위해 구약 성경을 오용하는 것을 반대한다고 해서, 구약 성경의 가치를 기독교 안에서 배제하는 것이 아니다. 성경 해석에 대한 권한을 각 교회에 부여하는 것은 이전 세대들이 남겨 놓은 지혜를 전수받지 못하게 만들뿐 아니라, 각 교회들 간의 적대감 조성이라는 위험성도 안고 있다.

그럼에도, 선구자적으로 성경해석에 대한 새로운 지평을 열어준 초기 아나뱁티스트들의 용기와 지혜에 감사하지 않을 수 없다.[47] 재미있는 사실은, 당시 아나뱁티스트의 생각이 단순하고 불합리한 것으로 비춰졌으나, 지금은 다른 많은 기독교 전통에 속한 그리스도인에게 널리 인정받고 있다는 점이다. 따라서 현대의 새로운 아나뱁티스트의 두 번째 핵심 신념은, 이 초기 아나뱁티스트들이 어떻게 성경을 그의 삶에 적용했는가에 관한 다음과 같은 세 가지 특징에 초점을 맞추었다.

제자도에 끼치는 영향

기독교 제자도를 강조하는 부분은 아나뱁티스트 전통이 주는 매력과 도전 중의 하나이다. 현 시대의 새로운 아나뱁티스트의 일곱 가지 핵심 신념은 진정한 제자도의 실천을 삶의 여러 각도에서 조명한 것이다. 그리고 이 확신은 성경 해석과 삶에의 적용을 통합하도록 도와준다.

종교개혁시대의 성경학자들은, 영적인 통찰력보다는 인간의 이성에 의존하였으며, 말씀에 순종할 때의 대가를 논하지 않으려고 말씀에 분명하게 나타난 뜻을 회피하였고, 다른 성경학자들의 연구에 대해 논쟁하기만 즐겼다. 그리고 기득권층이 성경해석의 최종 결론을 내리도록 허용하는 등의 실수를 하였다. 이러한 성경학자들을 전적으로 불신했던 초기 아나뱁티스트들의 태도에 완전히 동의하지는 않더라도, 한편으로는 아나뱁티스트들의 우려 섞인 목소리에 공감이 된다. 현시대의 대부분 그리스도인들도 학문적인 영역과 교회 실제 모습 사이에 있는 괴리를 인식한다. 일반적으로 성경학자들은 자신의 성경해석의 적용부분에 대해 책임을 지지 않을 뿐 아니라, 어떻게 적용할지에 대해 시험해 볼 기회를 가지지 못한다. 각 교회에서 하는 대부분의 성경 공부는 성경 본문의 내용이 제자도를 위해 어떤 가르침을 주는지 깊이 알고자 그다지 애쓰지 않을 뿐더러, 대개 한 사람이 다수의 구성원을 위해 일방적으로 무엇을 배우고 실천할지 결정한다.

성경공부가 더 신실하고 창조적인 제자도의 길을 사람들에게 소개하지 못하는 현실이 너무 안타깝다. 두 번째 핵심 신념은, 우리로 하여금 성경 해석과 실천의 부분을 통합하도록 촉구한다. 이 확신은 라틴 아메리카의 해방신학자의 주장과 유사한 면이 있다.[48] 이들에 의하면, 성경해석의 목적은 단순히 성경을 이해하기 위한 것이 아니라, 성경으로부터 신실하게 살아가는 방법을 찾아 배우기 위함이다. 이들은 일련의 '실천과 성찰'의 과정을 통해서 성경 본문이 주는 교훈을 실천하고, 또 그 실천 속에서 얻은 더 깊은 지혜를 통해 더 깊은 성찰을 하게 하는 방식, 즉 성경 본문이 새로운 행동을 고무하는 역할을 해야 함을 강조한다. 초기 아나뱁티스트들은 성경해석자들 자신이 해석해 놓은 본문 말씀을 스스로 실천하지 못한다면 다른 이에게 아무런 영향력을 행사할 수 없다고 확신했다. 뿐만 아니라 성경이 말씀하는 바가 무엇인지 확신한 것을 실천함으로써만, 성경해석이 바르게 되었는지 아닌지를 분별할 수 있다고 주장했다.

오늘날의 새로운 아나뱁티스트들은 성경해석자들이 처한 상황과 전제들이 그들의 연구에 영향을 미친다는 것을 인식한다. 초기 아나뱁티스트들은 자신들이 사회 속에서 소외되고 박해받는 위기에 처하였기에, 비슷한 상황에 놓였던 초대교회 성도들의 이야기인 신약 성경을 더 잘 이해할 수 있었다. 이처럼 우리도 우리의 정체성, 관심사, 관점의 영향을 성경 해석에서 배제할 수 없다. 이런 잠재적 영향을 끼치는 요소의 힘은, 우리가 다른 문화, 다른 관점, 다른 쟁점을 가진 여러 그리스도인과 함께 성경을 탐구해 갈 때에 그 영향력을 최소화할 수는 있지만, 그렇더라도 완전히 제거할 수는 없다. 결론적으로 말하면, 학문 영역에서 추구하는 세분화되고 세상 이치에 부합하는 성경 해석을 경계하면서, 동시에 성경 가르침이 신실한 제자도를 촉진하는 데까지 적용되어야함을 기억해야 한다.

믿음의 공동체

우리는 또한 기독교 공동체를 무기력하게 만드는 성경 해석법에 맞서야 한다. 초기 아나뱁티스트들은 모든 믿는 사람이 성령의 도우심 아래서 성경을 읽고 해석할 수 있는 자유와 책임감이 있다고 믿었지만, 반드시 **믿는 이들의 공동체, 회중** 안에서 이것을 실천해야 한다고 주장하였다. 사실 아나뱁티스트들은 공동체가 성경을 함께 읽고 묵상하기 위해 모일 때에, 성령께서 그들을 인도하셔서 성경본문이 의미하는 바와 어떻게 적용해야 할 지에 대해서 하나된 마음을 주실 것을 기대했다. 공동체에 의해 평가 및 검증되도록 솔직하게 공개되지 않은 개인주의적인 해석은 합리적이지 않으며 위험한 것으로 간주되었다.

동시대의 다른 그리스도인들에 비해서 아나뱁티스트들은 제자도의 중요성을 더 강조할 뿐만 아니라, 공동체 속에서 소극적인 관람객이 아닌 적극적으로 의사결정에 참여하는 구성원이 될 것을 가르쳤다. 또한, 아나뱁티스트들은 가톨릭과 개신교의 국가교회state church를 향해 비난했으며, 사람들에게 그런 교회에 가지 말 것을 권고하였다.[49] 아나뱁티스트들은 국가교회 안에서 사람들이 설교자에게 일방적으로 성경해석을 맡긴 채로 성경 해석 과정에 왜 참여하지 않는지 의문을 가졌다. 바울이 고린도전서 14장에서 확언하기를, 많은 은사가 필요하고 많은 목소리를 경청해야 하되, 이러한 모든 기여는 공동체 안에서 시험받은 다음에 수용되어야 한다.

전문적인 해석자에게 과도하게 의존하거나 의문투성이인 개인적 성경 해석을 여과 없이 수용하거나 설교자와 교사에게 과도한 복종과 경의를 표할 때에, 믿음의 공동체의 역할은 축소된다. 학자, 설교자, 그리고 영감을 받은 개인이 우리가 성경을 이해하고 삶에 적용하도록 도와줄 수 있지만, 믿음의 공동체는 이들이 제공해 주는 것을 숙고할 수 있는 가장 중요한 시험장소 역할을 한다. 또한 믿음의 공동체는 우리가 배운 것을 가르칠 때에 파생될 결과를 책임 있게 평가할 수 있게 해 주며, 우리의 믿음을 실천하는 가운데 우리가 배운 것에 대해서 검증할 수 있게 도와준다.

현대의 새로운 아나뱁티스트들은 초기 아나뱁티스트들이 전해준 이러한 도전을 받아들이도록 교회들을 격려한다. 이 도전을 받아들인다는 것은 한 사람의 목소리가 지배하는 교회에서 다양한 목소리를 인정하는 교회로의 변화를 의미하며, 설교자와 공동체를 재교육하는 등 상당한 인내력을 요구한다. 아나뱁티스트 네트워크의 창립 회원인 알렌과 엘리뇨 크라이더Alan and Eleanor Kreider는, '함께 말하는 방식' speaking together의 설교 가능성을 보여줌으로써, 한 사람이 설교하는 방식에 대한 대안을 제시한 것으로 유명하다. 수년 동안 나 자신도 일방적으로 회중에게 나의 설교를 들도록 요구하기 보다는, '상호 소통하는 설교' interactive preaching, 즉 회중들도 내가 말하는 내용에 참여하도록 초청하는 식의 설교방법을 추구해왔다. 아나뱁티스트 네트워크의 또 다른 회원인 그래함 올드Graham Old는 이 상호 소통하는 설교방식의 전파와 이에 대한 의견과 자료를 공유하고자 웹사이트를 만들어서 운영하고 있다.[50]

내가 2009년에 미국 펜실베이니아 주를 방문했을 때에, 한 무리의 메노나이트 교회들이 '말씀 안에 거하기' dwelling in the word라는 설교방식을 행하고 있는 것을 발견했다. 이것은 점차 현시대에도 알려지고 있는 것으로써, '거룩한 독서' lectio divina, 즉 회중들이 성경 본문 말씀에 대한 자신의 내면의 소리를 이야기하도록 초청하는 수도원 영성훈련과 닮았다. 하지만, '말씀 안에 거하기'는 회중들이 설교 본문 말씀을 함께 묵상할 기회를 갖게 할 뿐 아니라, 회중 서로서로가 본문 말씀에 어떻게 반응하는지 말할 기회와 경청할 기회를 가지도록 초청한다. 개인주의적 방법인 '거룩한 독서'보다, 이 '말씀 안에 거하기' 방법이 아나뱁티스트 공동체에 더 적합한 것으로 보인다.

성경해석을 위한 이런 상호 소통하고 참여하는 방법에 대한 설교자의 반응은 다양하다. 많은 설교자들이 한 사람의 목소리로 들려지는 설교방식에 단점이 있음을 인식하지만, 상호 소통하는 설교방식을 과연 접목할 수 있을지, 그리고 회중이 어떻게 반응할지 고민한다. 설교자들이 새로운 설교 방식을 배우고 시도함에 따라, 회중의 불평 섞인 반응을 들었을 수도 있다. 그렇기에 어떤 이들은 계속해서 설교 방식에 변화를 시도하기 보다는 중도에 포기하기도 한다. 회중에게 더 친근하고 그들을 덜 피곤하게 만드는, 한 사람의 목소리로 전해지는 설교 방식을 고수하려는 의지는 매우 강하다. 하지만, 설교자 중심의 교회 생활과 개인주의적 제자도에 대한 문제점을 점점 더 인식하게 되었기에, 이제 믿음의 공동체들은 다가오는 변화에 대해서 더 이상 주저할 수 없게 되었다.

예수 중심의 성경 해석

어떤 이들이 아나뱁티즘의 제자도와 공동체 부분에 흥미를 가졌다면, 또 다른 이들은 아나뱁티즘이 예수의 삶과 가르침을 강조하는 것에 매력을 느꼈을 것이다. 우리는 이미 아나뱁티즘의 '그리스도 중심주의'를 하나의 운동으로 이해하였다. 이것은 성경 해석 영역에서도 그리스도 중심주의가 단호하게 뿌리를 내리고 있다. 여기서 '단호한'이라는 표현은 적절한 것이다. 왜냐하면, 예수가 말하고 보여준 것을 제외한 다른 성경 구절에 더 초점을 맞춘 성경 해석 방법이 예수를 그럴듯하게 소외시켰듯이, 초기 아나뱁티스트들도 주류 기독교층으로부터 중상모략을 당하였으나 굴하지 않았다. 이들은 예수를 불명예스럽게 하는 방법을 따르지 않고, 오히려 변화를 시도하기로 단호히 결심하였다.

구약 성경 속의 많은 저자들과 많은 다른 그리스도인들에게 그러한 것처럼, 아나뱁티스트들에게도 예수는 '하나님 계시의 중심점'이다. 히브리서 1장 1~2절은 예수에 대해 이렇게 말씀하고 있다. "하나님께서 옛날에는 예언자들을 통하여, 여러 번에 걸쳐 여러 가지 방법으로 우리 조상들에게 말씀하셨으나, 이 마지막 날에는 아들을 통하여 우리에게 말씀하셨습니다. 하나님께서는 이 아들을 만물의 상속자로 세우셨습니다. 그를 통하여 온 세상을 지으신 것입니다."^{표준새번역} 아나뱁티스트들에게 이 히브리서 말씀이 의미하는 바는 성경은 하나님이 오랜 세대를 걸쳐서 말씀하시고 행하신 것의 기록이며, 오직 예수 그리스도를 통해서만 하나님의 계시를 이해할 수 있다는 것이다. 구약 성경은 앞으로 오실 예수를 가리키고 있으며, 신약 성경은 오신 예수를 되짚어 지목하고 있다.

루터가 확립된 교리 문서의 중요성을 강조하였다면, 초기 아나뱁티스트들은 예수의 삶과 가르침이 나타난 복음서에 특별한 우선순위를 두었다. 이 복음서에는 문제의 소지들과 수수께끼와 같은 난해한 내용도 있지만, 도전적인 가르침도 포함되어 있으며, 나아가서 최절정에는 정치적 종교적 지도자들에게 너무나 큰 위협거리였던 예수의 죽음과 부활이 묘사되고 있다. 아나뱁티스트들은 바로 이러한 '이야기' narrative accounts에 큰 비중을 두고서 연구하였으며, 이를 성경의 해석학적 구심점으로 여겼다.

이러한 접근을 비평하는 이들도 있다. 성경의 한 부분을 중요시 여긴다는 것은, 나머지 부분을 경시할 수 있는 위험을 내포하기 때문이다. 예수의 삶은 구약 속의 역사와 신학과 예언과 비유의 도움 아래에서 이해될 수 있다. 복음서보다도 먼저 기록된 신약 성경의 나머지 부분도, 예수에 대한 우리의 이해를 더욱 의미심장하게 만들어 준다. 그리고 '역사적 예수에 대한 연구'에 관심을 가졌던 사람이라면, 복음서는 예수가 실제로 말하고 행동한 것에 대한 믿을 만한 기록이 아니라고 주장할 것이다. 하지만, 오늘날의 새로운 아나뱁티스트들은 만약 예수가 진실로 하나님의 계시의 중심점이라면, 예수의 삶과 가르침과 죽음과 부활에 대한 이야기가 성경 속의 하나님의 모든 계시를 이해하는 데 있어서 반드시 중심적 역할을 해야 한다고 믿는다. 우리의 경험에 의하면, 성경에 대한 예수 중심적 접근은 여러 문제-비폭력, 진실 규명, 경제 문제, 권력, 남성과 여성간의 관계, 선교, 그리고 교회의 본질 등-에 대한 성경해석을 다양한 각도에서 가능하게 해 준다.

덧붙이는 글

나는 몇 년 동안, "중심되신 예수"Jesus at the Centre라는 제목의 워크숍 프로그램에서 한 과목을 가르쳤다. 내가 위에서 언급한 히브리서 1장 1~2절을 시작으로 해서, 어떻게 예수가 크리스텐덤 시대 동안에 소외되었는지를 설명하고, 나아가서 우리가 예수를 다시금 모든 것의 중심에 바르게 되돌려 놓는다면 어떤 일이 일어날지에 대해 이야기 나눈다. 내가 다른 곳에서 강의했던 그 어떤 주제들보다도, 이 예수의 중심성에 대한 강의는 사람들에게 큰 영향을 주었다. 이 강의를 들은 많은 학생은 자신들이 많은 새로운 깨달음의 빛을 경험했다고 말했다. 어떤 이들에게는 그의 삶을 변화시키며 그의 결정을 적극적으로 변화시키는 계기가 되었으며, 또 다른 이들에게는 그의 믿음에 활기를 주었으며 하나님이 부르신 그들의 비전을 새롭게 하는 도전이 되었다.

어떤 사람들은 나의 이 강의 속에 전혀 새로운 것이 없다고 생각했다.

즉 그들은 그리스도인으로서 예수가 중심에 놓인 분이라는 것을 이미 알고 있었거나, 적어도 예수가 중심에 있어야 한다고 생각하고 있었다. 하지만, 그들은 점차 크리스텐덤 시대로의 전환이 예수를 어떻게 믿음에서 소외시켰는지를 알게 되면서, 복음서의 중요성을 다시금 깨닫게 되었다. 예수에게 직접 듣는 것, 예수를 예배할 뿐 아니라 따라가는 삶을 사는 것이 얼마나 중요한지 알게 되었던 것이다.

크리스텐덤에 대해 날카롭게 비판하고 예수 중심성을 회복하고자 했던 아나뱁티스트 전통이 우리의 믿음을 신선하게 해준 촉매와 같을지라도, 그들이 주장했던 것은 전혀 새로운 것이 아니다. 오히려 그 이전 시대에 살았던 그리스도인들이 이미 실천해 오던 것이었다. 복음으로의 회귀와 급진적인 예수의 재발견은, 모든 세대의 모든 그리스도인에게 항상 중요했으며 어떠한 기독교 전통에 전유된 것이 아니다. 예수 중심의 제자도는 계속해서 재발견되어져야 한다. 아나뱁티즘이 가진 여러 단점에도 불구하고, 아나뱁티즘은 다른 여러 기독교 전통에 속한 그리스도인들—혹은 아직 그리스도인이 아닌 사람들—을 자극하여 예수를 새롭게 만나도록 도울 수 있는 특별한 잠재력을 가지고 있다.

4. 크리스텐덤 이후

After Christendom

세 번째와 네 번째 핵심 신념은, 왜 현대의 새로운 아나뱁티스트들이 크리스텐덤 시대의 마지막을 고하는 이때에 슬퍼하거나 아쉬워하기 보다는 오히려 기뻐하며 기대에 부풀어 있는지 보여준다.

앞 장에서 우리는 크리스텐덤이 어떤 영향을 남겼는지에 대해서 살펴보았다. 특히 그리스도인의 성경 읽는 방식, 교회가 예수의 삶과 가르침을 수용하는 방식에 끼친 영향이 크다는 것을 보았다. 우리가 더 주목해야 할 부분은, 수세기 동안 유럽 전역에서 지배적이던 이 크리스텐덤이 선교와 정복을 통해서 세계 전역으로 퍼져 나갔다는 사실이다. 크리스텐덤은 그 당시에 각광받은 찬란한 문화였으며, 동시에 권위주의적이며 잔혹하였다. 크리스텐덤은 세계 여러 곳에서 그리고 각 시대마다 약간씩 다른 형태로 존재했었는데, 이 다양하게 변형된 크리스텐덤 속에서 여러 공통적인 부분을 발견할 수 있다.

크리스텐덤이 지배적이었던 수세기 동안, 이 체제에 반대하던 아나뱁티스트들과 또 다른 무리의 사람들이 제일 먼저 한 것은 비성경적이며 비기독교적이라고 생각되는 교리들과 행동양식을 거부하는 것이었다. 이들은 이 체제의 문제점을 지적하였으며, 결국에는 이 크리스텐덤이 근본적으로 결함을 가진 체제로 보았고 동참하기를 거부하였다. 나아가서 이들은 참 제자도를 위한 대안적 방법을 시도하는 가운데, 자신만의 새로운 공동체들을 형성하기 시작했다.

이들은 크리스텐덤을 거부해서 국가와 국가교회의 분노를 격발시켰다. 그리고 이들의 운동은 정통 기독교에 대한 이단적 행위로 치부되었을 뿐 아니라 반정부적인 반역 및 선동행위로 규정되었다. 거룩한 사회와 국가-크리스텐덤-의 존재와 번영을 위협한다는 이유로 핍박받았다. 이들이 무엇을 가르치고 행했는지에 대한 기록은 소실되었기에 거의 남아 있지 않다. 이들에 대한 정보를 알려주는 기록의 대부분은, 이들의 대적자들이 남긴 편견이 가득한 글이다. 하지만, 아나뱁티스트 운동은 혹독한 시련 속에서도 살아남았으며, 새로운 사고방식과 행동양식을 추구했던 앞서 간 세대의 그리스도인들이 전해 준 지혜와 경험을 잘 지켜내었다.

크리스텐덤이 쇠퇴해가는 오늘날, 서구 사회의 많은 그리스도인은 아나뱁티스트 전통으로부터 배워야 한다고 목소리를 높이고 있다. 기독교와 그리스도인이 더 이상 사회 속에서 지배력과 영향력을 발휘하지 못하는 현시대적 상황 가운데서, 어떻게 하면 '예수를 진정으로 따르는 자'가 될 수 있는가 하는 질문의 답을 아나뱁티스트 전통에서 찾고 있다. 사실 크리스텐덤이 남긴 유산은 그 공과가 뒤섞여 있다. 그렇기에 아나뱁티스트들과 다른 반대자 그룹들이 크리스텐덤 시대가 남긴 귀중한 성취물들을 제대로 분별하지 못한 채 과민반응하거나 고마워하지 못하는지도 모른다. 하지만, 이 대안적 전통인 아나뱁티스트 전통이 포스트-크리스텐덤 시대를 살아가는 그리스도인들에게 주는 유익은, 바로 크리스텐덤에 의존해왔던 기존 주류 기독교 전통 속에 없는 많은 지혜를 우리에게 가르쳐 준다는 점이다. 현대의 새로운 아나뱁티스트의 세번째 핵심 신념은 다음과 같다:

서양 문화는 서서히 크리스텐덤의 영향으로부터 벗어나고 있다. 이 크리스텐

덤이란 교회와 국가가 하나가 되어 사회를 다스렸으며, 이 사회 속에 있는 거의 모든 사람이 그리스도인이라고 가정되었던 시대를 말한다. 이 크리스텐덤이 사회의 가치와 제도에 얼마나 많은 긍정적인 영향을 끼쳤는지를 떠나서, 이것이 복음을 심각하게 변질시켰다는 사실은 부인할 수 없다. 즉 예수님을 복음의 중심에서 소외시켰으며, 교회로 하여금 포스트-크리스텐덤 시대를 위한 선교적 사명을 감당할 준비를 갖추지 못했다. 우리가 이런 문제점을 인식했기에, 크리스텐덤의 가치를 고스란히 따르고 있는 주류기독교 전통을 대신할 수 있는, 즉 우리에게 새로운 생각과 행동 양식을 가르쳐 줄 수 있는 전통으로써 아나뱁티즘을 택하였다. 이 아나뱁티즘은 크리스텐덤을 따르기를 거부하며 대안적 사고방식과 행동양식을 추구하였던 사람들이 남겨 놓은 전통이다.

크리스텐덤 이란?

'포스트-크리스텐덤' post-Christendom이라는 말은, 서구 문화 속에서 일어나는 변화를 설명하기 위해 사회문제 연구가들이 사용하는 '포스트' post 용어 중의 하나이다. 이 접두어가 사용된 예로는, 포스트모던post-modern, 후기 산업주의post-industrial, 후기 식민지주의post-colonial, 후기 제국주의 post-imperial, 후기 세속주의post-secular 등이 있다. 이 '포스트' 라는 접두사는 '이후' after라는 의미로 과도기에 있음을 나타낸다. 사회의 익숙한 특징은 과거 속으로 사라지고, 미래의 안개 속에서 어렴풋이 나타나는 것이 있지만 아직은 선명하게 볼 수 없는 그런 상태를 말한다. '포스트' 라는 말은 평범하면서도 정직한 표현이다. 이 용어는 우리가 이제까지 익숙해져 있던 상태에 더 이상 머무르지 못할 것이라는 사실을 말해 주면서, 동시에 우리가 정확하게 어디를 향해 가고 있는지를 모른다는 사실을 직면하게 해 준다. 만약 우리가 앞으로 일어날 일에 대해 알고 있다면, '포스트' 라는 단어를 과감하게 버리고서 앞으로 다가오는 그 실체를 분명하게 기술할 것이다. 하지만, 우리는 아직 그 단계까지 이르지 못하였다. 그래서 '포스트'라는 단어를 통해서 다가오는 변화와 불확실성을 표현한다.

'포스트'는 미래에 다가올 것에 대비하도록, 먼저 우리로 하여금 과거와 과거에 있었던 일을 뒤돌아보도록 재촉한다. 만약에 포스트-크리스텐덤이 무엇을 의미하는지 알고자 한다면, 제일 먼저 우리는 크리스텐덤 시대가 어떠했는지를 이해해야 한다. 무엇이 크리스텐덤 시대의 결정적인 특징인가? 어떤 장점과 약점이 있는가? 어떤 유산을 남겨 주었으며, 좋든 나쁘든 간에 계속되고 있는 영향은 무엇인가?

우리의 세 번째 핵심 신념은 크리스텐덤 시대에서 포스트-크리스텐덤 시대로의 이동이 그리 빠르게 일어나지 않음을 시사한다. 크리스텐덤은 수세기를 걸쳐서 존속하였으며, 서구 사회의 모든 영역에 걸쳐 흔적이 널리 퍼져있다. 분명 그 체제를 담고 있던 사회 구조가 붕괴되고 난 후에도 오랫동안 그 흔적이 남아 있을 것이다. 그렇기에 우리는 크리스텐덤과 포스트-크리스텐덤 시대가 겹쳐 있는 기나긴 기간을 가질 것이다. 과거로부터 내려온 것 중에 무엇을 보존할 것이며, 어떤 것을 역사 속에 그대로 남겨둔 채 미련 없이 잊을 것인가? 어떤 변화가 일어날 것이며, 변화가 일어나지 않도록 유지해야할 부분은 무엇일까? 모든 기독교 전통은 이러한 질문과 씨름하고 있다. 아나뱁티스트 전통이라고 해서 이 모든 질문에 대한 답을 알지는 못한다. 하지만, 이 전통 속에는 크리스텐덤의 대안을 찾고자 고군분투했던 거의 5세기 동안의 경험이 들어있어서, 우리에게 특색있고 균형 잡힌 관점을 제공해 줄 수 있다.

먼저 **크리스텐덤**이 무엇을 의미하는지 살펴보자:

- 크리스텐덤은 기독교적인 지리 영역을 표현하는 것으로 그 영역 안에 살아

가는 대부분의 사람은 최소한 형식적으로라도 그리스도인이다.
- 크리스텐덤은 어떤 역사적 시대를 뜻하는 것으로 로마 제국의 콘스탄틴 1세의 기독교로의 개종이 있었던 4세기에서부터 20세기 말까지를 의미한다.
- 크리스텐덤은 기독교의 이야기, 언어, 상징, 절기별 리듬에 의해 결정적으로 영향을 받은 문화를 일컫는다.
- 크리스텐덤은 교회와 국가 간의 상호 협력과 지지와 합법화를 통한 정치적 타협을 일컫는 것이다.
- 크리스텐덤은 세상 속에서 하나님의 역사하심에 대한 인간의 신념이요, 태도이며, 사고방식이다.

'크리스텐덤의 시작'은 4세기이다. 콘스탄틴과 그의 후대 황제들은(단, 1명의 짧은 예외) 기독교를 신봉하였으며, 원래 이교도였던 로마 제국은 점차 공식적으로 기독교화 되어갔다. 제국의 시민은, 설득이나 권유나 강압에 의해서 이 새로운 믿음인 기독교를 받아들이기 시작했다. 비록 시골 같은 외진 지역에서는 다른 종교들이 몇 세기동안 지배적이었으나, 공식적으로 제국 내에서 다른 종교는 금지되었으며 우상숭배는 사회에서 추방되었다. 그 당시에 오직 유대인만은 이 로마 크리스텐덤 체제에 반대하는 무리로 자신만의 공동체를 따로 형성했다. 신성 로마 제국은 이 유대인을 회심시키고 융합하기 위해 그들에게 더 많은 핍박을 가하는 등 집요한 노력을 했지만, 기독교화 되기 이전의 제국보다도 성공을 거두지 못했다. 하지만, 여전히 신성 로마 제국 내의 상당히 많은 사람들이 태어나면서부터 - 자신의 의지와는 무관하게-바로 그리스도인이 되었다. 따라서 '당신은 그리스도인입니까?'라는 질문은, 모든 사람이 자동적으로 그리스도인이라는 이름을 부여받는 곳에서는 아무런 의미가 없었다.

크리스텐덤은 퍼져나갔다. 선교사들은 복음-제국주의의 기독교 문화도 포함하여—을 들고서 제국의 국경 너머의 땅과 부족에게로 나아갔다. 제국의 군대들은 십자가의 깃발을 들고 전쟁터에 나가서 땅을 정복했으며, 그 땅에 살고 있던 사람들에게 기독교 믿음을 강요하였다. 10세기경까지, 거의 모든 유럽 사람은 크리스텐덤의 일원이 되었다. '이교도 국가'라고 여기는 이상한 문화와 문명 속으로 들어간 선교사들과 군대들은 종종 약탈을 일삼았다. 하지만, 초대교회 그리스도인들과는 달리, 대부분의 크리스텐덤 체제 속의 그리스도인은 다른 문명, 종교, 문화를 경험할 기회를 갖지 못했다. 뿐만 아니라 아시아에 있던 광대한 그리스도인 공동체들—수세기 동안 크리스텐덤 없이도 흥왕했었던—과도 교류를 가지지 않았다.51)

크리스텐덤이 최고로 번영했던 중세시대에, 그 체제는 막강한 힘과 부를 지녔으며 활력과 자신감으로 넘치는 하나의 거대한 문명이었다. 신학과 철학은 번성하였다. 예술가와 조각가, 시인과 음악가, 건축가와 작가들은 자신의 건물, 문학, 노래와 조각상을 통해서 기독교 사상을 해석, 편집, 융화시켰다. 기독교 신학과 윤리학은 법률

샤르트르 대성당(프랑스)

제정과 사법 집행을 위한 토대를 제공하였다. 사람들의 삶은 기독교 의식으로 점철되었으며, 계절의 변화는 기독교의 절기별 축제로 구분되었다. 기독교를 특징짓는 이야기들이 크리스텐덤 문화에 깊이 영향을 주었다.

이러한 문명을 기반으로 삼는 것이 '거룩한 사회' sacral society— 종교와 정치, 공공 부문과 사적 부문, 교회와 국가가 완전히 융합된—의 개념이었다. 현대 서구 사회와는 달리, 크리스텐덤 체제는 거룩함과 세속적인 것의 구분을 인식하지 못했다. 이 문명의 발달 과정에 기여한 두 개의 큰 축은 바로 교회와 국가였다. 이들은 각기 형식이나 기능면에서 확연히 서로 달랐지만, 사회를 좌지우지하는 동역자로서 깊이 결속되어 있었다. 때로는

황제가 교황보다 우위에 있기도 했고, 또 때로는 교황이 황제에게 복종을 요구하기도 했다. 힘의 논리에 변화가 생길지라도, 상호간에 유익을 주는 관계는 지속되었다. 국가권력은 교회의 영적, 도덕적 준수 사항을 지지했으며, 그 답례로 교회는 국가의 정책과 실천을 위해 하나님의 축복을 기원하였다.

이러한 교회와 국가 간의 결탁 관계는, 크리스텐덤의 다른 부분에도 깊은 영향을 주었다. 크리스텐덤 문명이 남겨준 확실한 성취물이 무엇이든지간에 이 문명은 잔혹

샤를마뉴 대제와 아드리아누스 교황(772)

했으며, 자신의 백성을 고문과 마녀 사냥을 통해서 위협하고 억압했다. 사람들을 분개하게 만들었던 부당한 십일조 제도 체제를 반대하는 자를 핍박하고, 전쟁을 통해 세력을 확장했으며 세례와 개혁운동을 강압적으로 행했다. 16세기 아니뱁티스트들이 주장했듯이, 이 크리스텐덤은 복음을 지지하는 듯했지만 사실은 복음을 변질시켰다. 이러한 사실은 지금 우리도 인식하는 부분이다.

15, 16세기에, 크리스텐덤은 분열과 확장을 겪었다. '신대륙'의 발견은, 크리스텐덤이 동요되던 시기에 새로운 국경의 확장이라는 기회를 제공했다. 이른바 정복과 선교라는 복합적인 과정을 통해서, 아메리카 대륙의 다양한 사람들이 크리스텐덤 속으로 편승되었으며, 이 과정의 중요한 한 부분으로 유럽의 문화가 그들에게 전파되었다. 자연스럽게 유럽 문화가 기독교적인 것이며, 의심할 여지없이 다른 문화보다도 더 우월한 것으로 여겨졌다. 수세기 전에 유럽 사회에 그리스도인의 믿음이 상황화contextualization되어서 정착되었었다는 사실을 망각한 채, 크리스텐덤 체제로부터 파송 받은 선교사들은 자신의 문화를 통해 표현되는 기독교 방식이 표준이라고 은연중에 믿으며 모든 사역에 적용하였다. 비록 초반에는 인식하지 못하였을지라도, 점차적으로 선교사들과 선교학에서는 기독교 믿음이 다른 많은 문화들 속에서 구체적으로 새롭게 표현 가능하다는 것을 깨닫게 되었다. 뿐만 아니라 다른 많은 문화들이 유럽 문화에 유익을 주는 면이 있다는 것도 알게 되었다.

하지만, 이 크리스텐덤의 확장은 그 세력의 분열과 함께 일어났다. 종교개혁자들의 좋은 의도와는 달리, 16세기 당시 교회를 정화하고 갱신하기 원했던 그들의 시도는 이 거대한 크리스텐덤을 여러 개의 '작은 크리스텐덤' mini-Christendoms으로 나눠 놓는 것으로 끝났다. 그리하여 루터파, 개혁파, 칼빈파, 가톨릭과 영국국교회Anglican; 성공회가 생겨났다. 크리스텐덤 초기에 서방 가톨릭과 동방 정교로 나뉘어졌던 분파의 아픔이 있었지만, 시대 후기에 나타난 '작은 크리스텐덤들'로의 분열은 더 파괴적인 힘을 가졌다. 그리하여 16세기의 종교개혁은 부지불식 중에 크리스텐덤의 종말을 알리는 시작이 되었다.

이것이 곧 바로 분명해졌던 것은 아니었다. 유럽은 공식적으로 계속해서 기독교 국가였다. 기독교의 상징과 이야기는 유럽 문화 속으로 널리 퍼져나갔다. 그리하여 비록 제국의 차원에서는 아니었을지라도, 군주들과 신생하는 민족 국가 차원에서의 국가와 교회 간의 동반자적 관계가 지속되었다. 아나뱁티스트들과 다른 무리의 사람들이 크리스텐덤 체제에 반대하며 도전했지만, 그것은 그 당시의 체제를 뒤엎기에는 역부족이었다. 하지만, 이 크리스텐덤 체제를 약화시킨 두 가지의 요소가 있었다. 첫째는, 작은 크리스텐덤들 사이에 있었던 한 세기에 걸친 종교 전쟁이었는데, 싸우는 양쪽 모두가 교회 지도자들의 합법적인 지지와 축복을 덧입고 있었다. 둘째는, 교회들이 국가 권력에 연합하는 것을 반대하는 무리의 운동이 갈수록 거세게 일어났다. 이윽고 18세기에 계몽 운동이 일어나서 국가에 대한 충성과 크리스텐덤 체제에 대한 확신에 회의을 주면서부터, 유럽의 많은 사람이 기독교에 등을 돌리고 세속 사회에는 우호적으로 변했다. 하지만, 이 계몽 운동이 대중 속으로 널리 확산되기도 전에, 많은 사람이 '국가-교회'의 결합을 옹호하지 않게 되었으며, 오히려 아나뱁티스트들이 선구자적 역할을 했던 '자유교회' the free church에 점점 더 동참하게 되었다.

20세기 중반까지의 현상을 살펴보면, 크리스텐덤이 종말을 향해서 치닫고 있는 것이 분명해졌다. '포스트-크리스텐덤'이라는 용어가 사람들의 입에 오르기 시작했으며, 1500여년의 유럽 역사의 뒤를 이어 어떤 현상이 나타날지 궁금증을 자아냈다. 일부 '국가 교회들'은 여전히 유럽에 존재하지만, 이것은 시대착오적인 것으로 여겨진다.[52] 모든 기독교전통에 속한 교회들의 왕성했던 활동과 수적인 증가가 심각할 정도로 줄어들었으며, 일부 주요 교단은 21세기 전반에 걸쳐서 폐지되는 운명을 맞이했다. 기독교 이야기는 사람들에게 생소한 것으로 전락했으며, 기독교 상징은 더는 널리 인식되지 않는다. 서구 사회 속에서 교회들은 더 이상 문화의 중심 역할을 하지 못한다.

나는 '포스트-크리스텐덤 시대에 일어난 일화들'을 수집하는데, 이 이야기들은 크리스텐덤의 몰락과 서구 사회 속의 사람들(특히 젊은 사람들)에게 기독교가 점점 더 생소한 것으로 변해간다는 것을 보여주는 예들이다. 여기에 세 개의 최근 이야기를 소개하고자 한다.

- 덴마크에서 있었던 일: 한 교회에서 성찬식 중에 빵을 잘게 잘라서 접시 위에 두었다. 교회를 방문했던 한 사람이 이렇게 질문했다. "이렇게 빵을 잘라서 예배가 끝난 다음에 바깥에 있는 새에게 주려고 하는 건가요?"

- 체코 공화국에서 있었던 일: 미술 전시관을 방문한 한 소녀가 십자가에 못 박힌 예수의 그림을 보고서, "누가 이 사람을 이렇게 만들었지?"하고 물었다. 그러자 그녀의 친구가 "공산주의자들"이라고 대답했다.53)
- 영국에서 있었던 일: 학교 가던 길에 교회 건물을 지나가던 한 학생이 그의 어머니에게 물었다. "십자가 모양 위에 있는 사람은 누구예요?" 그 어머니도 답을 몰랐고 학부모 모임에 가서 그곳에 있는 학부모에게 물었다. 25명의 부모 가운데 오직 한 명만이 그 정답을 알고 있었다.

이례적인 변칙의 동원, 크리스텐덤이 남긴 영광의 흔적, 시민 종교의 지속, 크리스텐덤의 후퇴를 막기 위한 지연작전, 임박한 부흥에 대한 예고, 그리고 사람들이 다시 교회에 나오도록 만들려는 집요한 노력이 있을지라도, 우리가 부인할 수 없는 한 가지 사실이 있다. 그것은 바로, 크리스텐덤 시대가 사라져가고 있다는 사실과 기독교에 대한 새로운 전망이 점점 가시화되고 있다는 것이다. 이 새로운 전망에는 기존에 알고 있었던 특색이 없기 때문에, 많은 사람은 이것을 위협적이며 미래가 어둡고 혼란스러운 것으로 여긴다. 오늘날 예수를 따르는 자가 된다는 것이 무엇을 의미하는가? 어떻게 하면 오늘날의 교회들이 계속 유지되면서, 자신의 영향력을 무시해 왔던 사회에 관여할 수 있을까? 우리와 동시대를 살고 있는 사람들의 마음과 생각을 사로잡기 위해서, 많은 종교가 세속주의와 경합을 벌이고 있는 이런 상황 속에서 기독교적인 선교란 무엇을 의미할까? 오늘날 모든 서구 그리스도인에게 이 질문은 중요하다.54) 빨리 그리고 손쉽게 얻을 수 있는 대답은 신뢰할 수 없다. 뿐만 아니라, 우리가 가진 문제들을 해결해 줄 수 있는, 어떤 새로운 프로그램이나 전략을 발견하는 것이 쉽지 않다. 우리가 항상 이전에 해왔던 것을 끈질기게 더 열심히 한다고 해서, 우리가 이탈했다고 여겨지는 그 원점으로 모든 것을 되돌릴 수 없다. 그렇기에 이전의 많은 세대들이 경험하지 못한 새로운 문화적 대변화 가운데 서, 우리들은 심각한 고민에 빠져 있다.

현대의 새로운 아나뱁티스트들이 왜 크리스텐덤의 종말을 환영하고 있는가?

- 크리스텐덤이 진정으로 기독교적이었다고 확신할 수 없기 때문이다. 비록 크리스텐덤 체제 속에도 훌륭한 그리스도인들과 기관들이 있었지만, 초대교회에서 크리스텐덤으로의 변화는 비극적인 실수였으며, 이 체제가 적용된 사회는 근본적인 허점을 드러냈고 교묘하게 비기독교화되어 갔다.
- 진정한 믿음과 제자도가 번성하기 위해서는, 믿음을 갖지 않기로 작정하더라도 어떠한 사회적인 제재가 가해지지 않아야 한다. 권유, 강제, 인위적인 압력과 같은 분위기가 사라진 후에야, 진정한 그리스도인의 믿음이 어떠한지 보여줄 수 있다.
- 크리스텐덤이 예수를 소외시키고 복음을 변질시켰다고 믿기 때문이다. 이 체제의 쇠퇴는 예수를 기독교 믿음의 중심으로 원상복귀시킬 기회가 왔다는 것을 의미하며, 복음이 삶의 모든 부분을 변화시킬 수 있는 능력이 있다는 사실을 재발견할 기회의 도래를 뜻한다.

크리스텐덤의 종말을 아쉬워하는 것이 부적절하다고 지적하는 것은 아니다. 크리스텐덤의 종말이 우리에게 유익하지만, 다른 한편으로 손해인 부분도 있다. 역사를 뒤돌아볼 때 크리스텐덤이 실망과 절망을 안겨주기도 했지만, 또한 감사와 칭찬할 부분도 있다. 우리가 크리스텐덤에 대해 충분히 인식하고 경의를 표시했다면, 이제는 '포스트-크리스텐덤 시대' post-Christendom를 축하하는 일만 남았다! 제국 기독교가 분명히 끝난 지금, 하나님께서 우리를 포스트-크리스텐덤 속에서 펼쳐질 새로운 모험 속

으로 인도해 주시길 기도한다.[55]

포스트-크리스텐덤은 무엇을 의미하는가?

'크리스텐덤 이후' After Christendom 시리즈 중의 첫 번째 책을 통해서, 나는 널리 사용되기 시작한 용어인 '포스트-크리스텐덤' post-Christendom이 시사하는 바가 무엇인지 다뤘다: '이것은 하나의 문화를 뜻하는 말로써, 기독교 이야기들이 근간을 이루었던 한 사회 안에서 기독교 믿음이 그 사회와의 밀착된 관계성을 잃어갈 때 나타나는 새로운 문화이다. 또한 기독교 신념을 가르치고 표현하기 위해서 만들어졌던 기독교 기관이 그 영향력을 잃어갈 때에 나타나는 문화를 의미하기도 한다.'[56] 같은 책을 통해서 다루었던 내용인, 크리스텐덤에서 포스트-크리스텐덤 시대로 넘어가는 과정 가운데서 나타날 수 있는 일곱 가지 변화는 다음과 같다:

- **중심에서 주변으로 이동**: 크리스텐덤에서는 기독교 이야기와 교회들이 그 사회 중심에 있었지만, 포스트-크리스텐덤에서는 주변으로 자리를 옮길 것이다.

- **주류 속에서 소수 속으로 이동**: 크리스텐덤에서는 그리스도인들이 사회의 주류를 이루었으나, 포스트-크리스텐덤에서는 소수자의 위치로 변할 것이다.

- **정착자에서 일시 체류자로 이동**: 크리스텐덤에서의 그리스도인들은 기독교 이야기를 기반으로 형성된 문화와 사회 속에서 동질화된 편안함을 느꼈으나, 포스트-크리스텐덤의 그리스도인들은 이방인이요, 유랑자요, 순례자로써 더 이상 편안함을 누리지 못한다.

- **특권층에서 다원성 속으로 이동**: 크리스텐덤의 그리스도인들은 사회 속에서 하나의 큰 특권층을 이루어서 많은 특권을 누렸으나, 포스트-크리스텐

덤의 그리스도인들은 다원화된 사회 속에 존재하는 여러 공동체 가운데 그 저 하나일 뿐이다.
- **지배층에서 증인으로 이동**: 크리스텐덤의 교회들은 사회 전반에 걸쳐서 통제하는 역할을 했지만, 포스트-크리스텐덤의 교회들은 기독교 이야기들과 그 함축하는 바에 대한 증인 역할을 함으로써 영향력을 발휘한다.
- **현상유지에서 선교의 자리로 이동**: 크리스텐덤 안에서는 그리스도인이라는 신분을 현상 유지하는 것이 최우선 순위였으나, 포스트-크리스텐덤에서는 여러 종교들이 경쟁하는 환경 속에서 그리스도인의 선교 역할 수행이 중요해진다.
- **기관에서 운동으로 이동**: 크리스텐덤의 교회들은 제도적 기관으로써 주된 역할을 하였다면, 포스트-크리스텐덤에서는 하나의 운동으로써 다시 변모하여야 한다.[57]

나는 여러 강연회에서 위의 일곱 가지 변화를 소개해 왔다. 처음 나오는 다섯 가지의 변화는 우리의 선호도와 상관없이 반드시 일어날 것이며, 나중에 나오는 두 가지의 변화는 우리가 책임감 있게 반응하느냐 아니냐에 달려 있다. 이 일곱 가지 변화에 대한 사람들의 반응은 가지각색이었으나, 그 어느 누구도 이 변화들이 부적절하거나 잘못된 판단이거나 중요하지 않다고 치부하지 않았다. 어떤 이들에게는 이 '포스트-크리스텐덤'이라는 용어가 생소할지라도, 이것은 서구 그리스도인들이 직면하고 있는 현실상황이다.

그렇다면 내가 이 변화들을 소개했을 때에 사람들의 반응이 어떠했는지 살펴보자. 크게 세 부류로 나누면 다음과 같다:

- "우리도 당신이 말하고 있는 변화들이 실제적이라는 것을 인식하고 있습니

다. 하지만, 우리는 그 변화들을 수용하고 싶지 않습니다. 크리스텐덤이 남긴 손상을 회복시킬 수 있는 다른 방도는 없을까요?"
- "우리 교회는 크리스텐덤에 연루된 적이 전혀 없습니다. 하나님이 우리와 같은 이들을 사용하셔서 크리스텐덤을 제자리로 돌려놓지 않으실까요?"
- "우리는 앞으로 다가오는 미래가 이전의 시대와 같을 것이라고 생각하지 않습니다. 하나님께서 그렇게 하시지 않으실 것입니다. 분명히 우리들과 사회가 하나님께로 되돌아가게끔 만들 부흥이 있을 것입니다."

나는 이 세 부류의 반응이 포스트-크리스텐덤을 준비하는데에 도움이 된다고 생각지 않는다. 그 어떠한 경로를 통하더라도 크리스텐덤으로 되돌아갈 수 없다고 믿는다. 뿐만 아니라, 이 결함 많은 체제가 그 세력을 되찾기를 원하지도 않는다. 현대의 새로운 교회들은 자신이 크리스텐덤과 아무런 연관이 없다고 주장하지만, 대부분 크리스텐덤에서 퍼져 나온 바이러스에 이미 감염되었으며 크리스텐덤을 다른 경로로 재창조할지도 모른다. 부흥의 가능성에 대한 주장은, 크리스텐덤에 속한 전제와 기대-적어도 유럽 사람은 하나님의 특별한 관심을 받았기에, 유럽에서의 기독교 신앙이 결코 소외된 자리로 옮겨질 수 없다는 생각-에 영향을 받은 것일 수도 있다.

아나뱁티스트는 이 일곱 가지 변화에 대해 다른 반응을 보인다. 만약에 서구 교회들이 유랑의 시기로 접어들고 있다면, 어떻게 해야 하는가? 만약에 하나님이 우리들을 크리스텐덤 시대로부터 벗어나도록 이끌고 계시고, 우리로 하여금 크리스텐덤이 변질시키고 소외시켰던 복음과 예수를 새롭게 경험하길 원하신다면, 우리는 어떻게 반응해야 하는가? 만약 현대의 우리가 경험하는 것과 예레미야 선지자가 예언했던 바벨론에 있던 이스라엘 포로들의 경험 사이에 공감하는 부분이 있다면, 어떻게 받아들여야 하는가?

예레미야는 바벨론의 종살이하던 이스라엘 백성들을 향해서 예언하기를, 미래에 대해 절망한 가운데 예루살렘으로 귀향하기를 갈망하기 보다는, 그들에게 주어진 새로운 환경을 하나님의 뜻으로 받아들이도록 촉구하였다.예레미야 29:4 나아가서 그들이 원수로 여기는 바벨론 사람을 위해 하나님의 축복을 구하며, 그들의 공동체가 바벨론에서 유지되는 방안을 창조적으로 모색하도록 재촉하였다.58)

나중에서야 깨달은 바는, 바벨론에서의 귀양생활이 이스라엘 백성에게 매우 중요했다는 것이다. 하나님에 대한 그들의 이해는 엄청나게 확대되었다. 하나님은 이스라엘 땅

바빌론 유배(쥴리어스 슈노어 폰 카롤스펠트)

에 계셨을 뿐 아니라, 바벨론 땅에도 존재하시는 분이셨다. 즉 하나님은 온 땅을 다스리시는 하나님이셨다. 우상숭배의 깊은 뿌리는 바벨론 땅에 머무르는 동안 다루어졌다. 더 이상 성전에서 예배드릴 수 없는 상황 가운데서, 회당의 출현은 그들의 신앙생활에 생긴 변화를 의미했다. 회당 중심의 신앙은 후대에 초대교회의 형성과 풍습에 영향을 주었다. 새로운 환경 속에서 유대인들은 그들의 경전을 모으고 편집하였으며, 인간을 향한 하나님의 뜻—새 하늘과 새 땅의 최종적인 구현—이 담긴 예언자의 통찰력을 경전 속에 포함시켰다. 오늘날 서구 그리스도인들이 처해 있는 이 '유배' exile 시대도 동일하게 변화와 자유케 함과 미래에 대한 꿈을 새롭게 해 줄 수 있지 않을까? 이 시기에 우리도 하나님의 손길을 분별할 수 있지 않을까?

결코 포스트-크리스텐덤 시대가 믿음과 제자도를 실천하기에 용이한

환경이라는 말이 아니다. 아나뱁티스트들이 주장하듯이, 크리스텐덤 시대로부터 계속되어온 여러 전통은 우리로 하여금 다가올 시대의 변화에 잘 대처하도록 준비시켜 주지 못했다. 그렇더라도 그 변화들을 제대로 파악하고 또 직면할 용기가 있다면, 우리는 이 유배의 시기 가운데서도 놀라운 기회를 얻게 될 것이다.

아마도 아나뱁티스트 전통에 연관이 있거나 관심이 있는 그리스도인들에게는 이런 관점이 보다 쉽게 이해될 것이다. 위에서 언급한 일곱 가지의 변화는, 우리에게 중요한 사고방식의 전환을 요구한다. 특히, 역사 속에서 중심적 위치를 차지하고 있던 교회, 안정과 안전을 확보했다고 안주하던 그리스도인들, 영향력을 발휘하기는 했었지만 다른 교단과의 연합하는 일에는 미숙했던 교단은 변화의 필요성을 절실히 느끼고 있다. 제도적 습관 an institutional ethos을 따르기 보다는 변화의 움직임을 수용할 수 있는 정신 a movement mentality으로의 전환, 또 선교의 사명을 부각하면서 교회와 그리스도인의 존립을 유지해 나가는 형태로의 전환은 쉽게 일어나지 않는다. 그렇기에 우리에게 결단력과 인내 그리고 끊임없이 일어나는 이전 상태로의 회귀본능을 점검하고 미연에 방지해야 한다. 하지만, 아나뱁티스트들은 거의 모든 시대를 통틀어서 소수파였으며, 자신의 정체성을 '하나님의 나그네 된 백성' resident aliens으로 여기면서 살았다. 이들은 미처 다른 이들에게 영향을 줄 수 있는 기회를 가지지 못한 채로 다툼의 소용돌이 가운데서 살았다. 때때로 이들이 선교사명보다 조직을 세우고 유지하는 일에 우선할 때도 있었지만, 이들 아나뱁티스트 운동의 핵심에는 항상 '운동 movement' 과 '선교' mission의 정신이 들어 있었다.

아나뱁티스트들이 남겨준 전통이 크리스텐덤 시대에 소외된 소수의 사람들의 것이었기에, 이 전통은 서구 그리스도인들로 하여금 크리스텐덤의 종말을 슬퍼하는 자리에서 포스트-크리스텐덤의 도래를 축하하는 자리로 이동할 수 있도록 도와준다. 아나뱁티스트 전통이 어떠한 기여를 할 수 있는가?

- **회개로의 촉구.** 크리스텐덤 시대가 사라지고 있다는 것과 또 새로운 시대를 맞이하기 위해서 조정이 필요하다는 것을 인식하는 것만으로 충분하지 않다. 만약에 포스트-크리스텐덤 시대를 맞이하기 원한다면, 우리는 크리스텐덤 시대가 남겨준 유산-복음의 본질을 훼손시키고 복음을 사회에서 격리시킨-을 거부하는 과정을 거쳐야 한다.
- **이데올로기에 대한 경고.** 크리스텐덤이란 단순히 특정한 지리적인 영역, 역사적인 시기, 또는 정치적 구조를 의미하지 않는다. 오히려 크리스텐덤이란 하나의 이데올로기를 뜻하며, 하나님이 이 세상 속에서 역사하시는 방법을 해석하는 하나의 생각틀mindset이다. 크리스텐덤 시대에 유효했던 가치와 기대들은, 크리스텐덤의 특징들이 사라진 후에 뒤따라 소멸할 것이다. 하지만, 언젠가는 세상의 다른 영역에서 새로운 형태로 이 크리스텐덤의 생각틀이 재등장할지도 모른다.[59]
- **해독의 필요 강조.** 크리스텐덤은 그리스도의 몸 안에 있는 혈류 속에 여러 독소를 남겼다. 제거해야 할 독소들은 다음과 같다: 그리스도의 증인된 우리의 정체성을 망가뜨리며 그리스도의 몸을 병들게 하는 활동, 행동경향, 헌신, 구조, 태도, 성향, 타협, 그리고 역행하려는 움직임이다.
- **포기를 촉구함.** 크리스텐덤 체제가 남긴 유산-수많은 활동, 기관, 특권, 반사작용, 태도, 말하고 생각하는 방식 등-은, 교회와 사회 전반에 걸쳐 퍼져있다. 이것이 현시대의 다원화 사회plural society 속에서 부적합하고 진부할 뿐만 아니라, 선교사역에 있어 부당한 장애물이다. 따라서 우리는 이러한 유산을 포기해야할 뿐만 아니라, 포스트-크리스텐덤에 걸맞은 사고방식과 행동 양식을 새로 배워야 한다.

하지만, 이러한 것들은 포스트-크리스텐덤의 도래를 즐거워하고 기뻐하게 만들어줄 만큼 매력적인 선물로 보이지 않는다! 아나뱁티스트가 줄 수 있는 또 다른 것에는 무엇이 있는가?

- **반체제 활동.** 거의 5세기 동안, 아나뱁티스트들은 예수를 믿고 따르는 길과 크리스텐덤의 전제에 예속되지 않은 그리스도인 공동체를 세우는 방법을 탐구하고 실천해 왔다. 다음 5장에서 보게 되겠지만, 아나뱁티스트들의 이러한 활동 중의 어떤 것은 16세기 이전에 있었던 많은 반체제 운동 속에 이미 있었다.
- **뜻밖의 통찰력.** 크리스텐덤이라는 눈가리개를 제거하고 나면, 신학적·윤리적·교회적·선교적 등 모든 분야에서의 문제점을 새로운 시각으로 접근할 수 있다. 많은 그리스도인이 아나뱁티즘에 관심을 갖게 된 이유 중의 하나가 바로 이 아나뱁티즘이 전통적인 사고방식에 도전을 주면서 창조적인 생각을 고무시키기 때문이다.
- **소외된 자의 경험.** 이전에 정치적 영향력을 발휘하며, 사회적으로 높은 지위를 차지하고, 문화의 중심 역할을 했었던 기독교 전통은 이 크리스텐덤의 끝이 다가온다는 사실을 고통스럽고 비관적인 것으로 받아들인다. 반면에 아나뱁티스트들은 항상 가장자리의 소외된 자들이었기에, 이 크리스텐덤과 그 영향력이 소멸되는 상황으로 인한 혼란을 훨씬 덜 받는다. 아나뱁티스트들은 크리스텐덤의 종말이 오히려 성경 이야기-주로 예상치 못한 곳, 소외된 곳에 임하시는 하나님의 나라에 대한 이야기-에 재연결 될 수 있는 기회를 더 많이 준다는 사실에 기뻐한다.
- **평화를 사랑하는 증인.** 포스트-크리스텐덤은 경쟁하는 양상을 띤다. 이런 상황 가운데서 그리스도인들이 감당해야 하는 사명은 사람의 관심을 끌려

고 애쓰는 다양한 집단이 존재하는 다원주의 사회 속에서 예수 그리스도를 증거 하는 것이다. 또한 사회 분열을 조장하는 끊임없는 위협 속에서 예수를 증거 하는 것이다. 어떤 그리스도인들은 사회와 단절된 채로 조용히 살아가고자 한다(역사적으로 어떤 아나뱁티스트들은 이렇게 세상으로부터 도피한 채로 살았다). 반대로, 다른 그리스도인들은 자신의 관점을 관철시키고 자신의 특권을 지키기 위해 호전적으로 행동하였다. 그 어느 전통 보다도 아나뱁티즘은 우리에게 평화를 추구하면서 증인된 삶을 사는 것이 무엇인지 보여준다. 말과 행동이 통합되며, 개인의 간증과 공동체의 증인됨에 조화가 있으며, 말을 설득력 있게 할 뿐 아니라 다른 이들의 말을 경청할 줄 아는 삶을 말한다.

- **예수의 중심성.** 이 부분에 대해서는 이미 3장에서 다루었다. 예수의 중심성을 강조하는 아나뱁티스트 특징은, 포스트-크리스텐덤 시대를 살아가는 그리스도인에게 가장 큰 유익을 줄 것이다.

동시대의 주류 전통에 이의를 제기했던 하나의 전통으로서 아나뱁티스트들은 포스트-크리스텐덤의 도래를 축하하는 파티 자리에서 크리스텐덤에 대한 신랄한 비판과 함께 그리스도인의 제자도에 대한 대안적 해석과 구체적인 방안을 제시한다. 주류 전통에 친숙한 방식이 아닌 다른 방식을 통해 그리스도인이 되는 길, 그리스도인 공동체를 세우는 길, 그리스도인의 믿음을 표현하는 길이 있다. 아나뱁티즘이 아닌 다른 전통들도 자신들의 고유한 선물을 우리에게 줄 것이다. 어떤 선물은 크리스텐덤 시대가 남겨 준 것일 수 있고, 또 다른 것은 크리스텐덤의 영향력을 받지 않은 것일 수도 있다. 포스트-크리스텐덤에는 많은 전통이 가진 장점들이 어우러질 필요가 있다. 현대 아나뱁티스트의 네 번째 핵심 신념은 다음과 같다:

교회가 세상의 지위, 부, 권력과 습관적으로 결탁하는 것은, 예수를 따르는 자에게는 부적절할 뿐 아니라 증인된 삶을 살아가지 못하게 한다. 우리는, 예수를 믿는 제자의 삶 그 자체가 가난하고 힘없으며 박해받는 이에게 좋은 소식이 되기를 갈구한다. 나아가서 그러한 제자도의 삶이 우리의 믿음을 반대하는 자들의 마음을 열리게 할 수 있을 뿐만 아니라, 우리에게 순교나 다른 고통도 줄 수 있다는 것을 인정한다.

크리스텐덤과의 결탁

크리스텐덤의 유산 가운데서 가장 눈에 띄는 것은, 수세기 동안 예배자들이 주일마다 모여서 예배 드렸던 대성당, 바실리카basilica, 사원, 교구 교회들이다. 이러한 건물은 그 안에서 예배 드렸던 오랜 전통의 흔적을 담고 있다. 사람들이 기도하고 찬양하고, 슬퍼하고, 기뻐하고, 조용히 앉아 있기도 하고 또 경외심에 사로잡혀 서 있기도 했다. 방문자들에게 그 건물들은 하나님이 더 가까이 계실 것만 같은 성스러운 공간이 된다. 또 어떤 이들은 그 건물에 가면 더 자연스럽게 기도할 수 있다고 여긴다. 건축 양식, 스테인드글라스, 태피스트리tapestry 그림, 조각, 초상화, 모자이크 등을 통해서 그 건물은 고유한 신학과 재해석된 기독교 이야기들을 들려준다.

대개 시골에 있는 이런 건물은 그 지역 공동체의 중심지에 위치해 있으며, 그 뾰족탑은 하늘을 배경으로 우뚝 솟아 있다. 도시에 세워진 건물은 고층 아파트와 사무실에 의해 가려지고 왜소한 모습으로 비춰진다. 어떤 건물은 지금도 지역 공동체의 주요한 상징적 장소이자 영적인 생활의 중심지 역할을 하고 있다. 하지만, 크리스텐덤 시대가 저물어감에 따라 점차 관광객의

포스트 크리스텐툼

방문을 위한 관광명소로 변해가거나, 다른 용도-창고, 아파트, 박물관, 다른 종교자들을 위한 모임 장소 등-로 개조되었다.

또한 오랜 전통을 가진 대부분의 건물은, 크리스텐덤의 가치와 전제들을 반영하고 있다. 이 건물은 회중의 참여를 독려하기 보다는, 회중으로 하여금 성직자들이 수행하는 예배 의식을 관람하고 청종할 목적으로 설계되었다. 하나님의 경이로우심을 건물의 크기와 웅장함을 통해서 표현하고자 했을 수도 있지만, 교회의 사회적 위상을 강조한 것이기도 했다. 값비싼 재료로 만들어진 장식품과 건축 및 유지에 드는 엄청난 경비도 원래는 하나님을 영화롭게 할 목적으로 의도되었을 수도 있지만, 이것 역시 교회의 부와 교회 지도자들의 부에 대한 사고방식을 반영한다. 더군다나 이 교회 건물 안에는 전쟁에서 죽은 이들을 위해 군대 깃발과 기념물들이 안치되어 있으며, 이는 얼마나 심각하게 교회들이 파괴적인 폭력을 정당화하고 신성하게 만들었는지 보여주는 한 예이다.

역사적으로 유명한 교회 건물들은 크리스텐덤의 찬란한 영광과 타협이 무엇인지를 보여준다. 콘스탄틴 황제의 개종은 대규모의 건축 계획을 유발시켰으며, 제국의 돈은 제국을 위한 종교의 예배 처소들을 만드는데 사용되었다. 당대의 가장 장엄한 도시 건물이 그러했던 것처럼, 새로운 바실리카와 성당은 거대한 회중이 모이는 장소가 되었다. 더 이상 작은 규모의 교회들이 주택이나 개인 집에 모이지 않아도 되었으며, 은신처를 찾아서 헤매지 않게 되었다. 교회 건물들은 다른 어떤 건축물보다도 더 호화롭게 지었다. 점차 사회의 중심역할을 하게 되고 또 전 유럽에 걸쳐서 기독교가 퍼져나가기 시작하면서부터 건물은 이교도들을 제압한 기독교 복음의 궁극적인 승리를 상징하는 확실한 증거가 되었다. 또한 건물은 교회가 세상의 지위, 부, 그리고 권력과 결탁했다는 사실-현대의 많은 사람을 불쾌하게 만드는 사실-을 구체적으로 보여준다.

초기 아나뱁티스트들은 이러한 결탁의 문제점을 깊이 인식했다. 아나뱁티즘이 주로 예수를 따르던 가난하고 힘없으며 핍박받던 이들이 주도한 운동이었기에, 그들은 유별나게 이 문제에 민감하였다. 교회들의 엄청난 부와 십일조의 강제징수-심지어는 십일조를 낼 형편이 안 되는 이들에게서 조차-는 가난한 자들에게 기쁜 소식을 전하라고 명령한 예수의 가르침과 모범에 전적으로 모순된 것으로 비쳐졌다.60) 주교의 거만한 위상, 세상 권력층과 교회의 결합, 그리고 정의롭지 못하고 억압적인 사회 체제를 변화시키기를 주저하는 모습 등은 원래 복음이 지닌 파격적인 메시지-낮은 자를 높여 주며 힘 있는 자를 낮추시는 메시지-와 일치하지 않았다.61) 그리고 국가가 폭력과 무력을 사용했던 일-전쟁, 십자군, 사형 집행, 고문, 심문, 또는 박해 등-에 대해서 묵인하고 오히려 공모했던 것은, 원수를 사랑하며 폭력과 억압을 중지할 것을 명하시는 예수에 대해서 배운 이들을 깊은 혼란에 빠뜨렸다.

현대의 아나뱁티스트들은 이러한 문제점을 인식하고 있다. 이 문제점은 초대교회에서 크리스텐덤 시대로의 변화 과정에서 파생된 피할 수 없는 결과물이다. 복음의 능력으로 제국을 변화시키기 보다는, 오히려 제국주의적 가치와 행위들이 교회를 전복시켰다. 신약 성경과 여러 기록이 말해주듯이 초대교회들은 완전하지 않았다. 그렇더라도 그들이 실천했던 제자도는 믿는 이로 하여금 세상의 지위와 과도한 부와 권력을 추구하고자 하는 욕망에서 자유해지도록 도와주었다. 초기 3세기 동안의 그리스도인 공동체들은 물질을 다루는 방식에서 분명하게 구별되었으며, 세상적인 지위 체계를 뒤엎었고 폭력을 의지하지 않았다. 초기 아나뱁티스트처럼, 초대교회 속에도 가난하고 힘없으며 핍박받는 자들이 대부분이었다. 크리스텐덤으로의 변화는 이 모든 것을 변화시켰으며, 세상 지위와 부와 권력과 교회가 결탁하도록 이끌었다. 나아가서 교회가 전파하는 복음을 변질시키고, 예수에 대한 증언을 손상시켰다.

교회가 세상 지위와 부와 권력과 결탁함에 따라, 사람들은 복음으로부터 멀어졌다. 오늘날에 와서 교회의 영향력과 규모가 줄어들었음에도, 여전히 많은 사람이 교회를 '개혁을 거부하는 기관'—사회 정의 보다는 사회 질서에 관심을 두면서 기존의 가치 체제를 여전히 고수하는 기관—으로 인식한다. 많은 교회와 교단들이 여전히 부유층에 속하며, 가난한 지역에서 보다는 부유한 지역에서 더 활발하게 활동한다. 반대자들을 강압적으로 지배할 능력이 사라졌음에도, 여전히 교회는 마치 자신이 도덕적으로 높은 기준에 있는 것처럼 그리고 사회를 향해서 명령을 내릴 능력이 있는 것처럼 말하고 행동할 때가 종종 있다. 놀라운 사실 한 가지는, 교회가 이렇게 사회적 지위와 부와 영향력을 끼칠 수 있는 힘을 잃어버리게 된 원인이, 회개하지 않았기 때문이 아니라 역사적 상황의 변화 가운데서 자연스럽게 발생했다는 것이다.

포스트–크리스텐덤이 주는 새로운 기회

포스트–크리스텐덤은 어떤 식으로라도 교회에게 회개와 회복의 시간을 갖도록 기회를 줄 것이다. 지난 날의 잘못된 결탁을 타파하고서, 가난하고 힘없고 핍박받는 이들에게 기쁜 소식을 알리는 제자로서의 사명을 감당하게 되는 새로운 기회 말이다. 이번 장의 앞부분에서, 크리스텐덤 시대에 포스트–크리스텐덤 시대로 넘어가는 과정 가운데서 나타날 수 있는 일곱 가지 변화에 대해 언급하였다. 그 중의 몇 가지 변화는, 이 새로운 기회를 발견해가는 여정에 활력을 줄 것이다:

- 중심에서 주변으로 이동 : 주변 교회a marginal church는, 가난하고 힘없는 자에게 관심을 두시는 하나님, 그 하나님에 대한 이야기로 다시 회귀하여 뿌

리를 내릴 것이다. 크리스텐덤 체제가 사용한 하향식 전략the 'top-down' strategy; 성직자 중심 대신에, 성경이 보여주는 하나님의 선교 방식인 상향식the 'bottom-up' approach; 대중 중심에 대해 배울 것이다. 포스트-크리스텐덤의 교회는, 성경적인 선교 전략을 수용하고, 사회 주변지역에 사는 이들에게 다가가 함께 어울릴 것이다.

- **주류 속에서 소수 속으로 이동** : 소수자들 속에서 소수자들을 소중히 여기는 교회는 예언자적 사명을 회복할 것이다. 크리스텐덤 교회가 자신의 현상 유지를 위해 너무도 많은 시간과 힘을 사용하는 바람에, 정작 예언적 목소리를 내지 못하였고, 다가오는 하나님의 나라와 이 땅에서 인간이 세운 그리스도인 사회 사이의 다른 점이 무엇인지 구별하지도 못했다. 포스트-크리스텐덤 교회는, 하나님의 나라가 온전히 임할 때에 사회가 어떻게 변화될 것인지를 기대하며 꿈꿀 것이다. 그리고 크리스텐덤의 흔적이 남아 있는 현 체제에 반대하는 자들을 지지할 것이다.

- **정착민에서 일시 체류자로 이동** : 정착되고 안정된 기반을 가진 교회보다도, 유랑하며 순례하는 교회가 더 선명하게 하나님나라를 볼 수 있다. 사도 베드로는 초대 교회 그리스도인들을 로마 왕국 전역의 여러 마을에 퍼져서 사는 '하나님의 나그네 된 백성' paroikoi; resident aliens이라고 표현하였다.62) 이 나그네들은 하나님나라를 위해 철저히 충성해야 한다. 하지만, 크리스텐덤 시대에 이 나그네들은 소교구민이 되었으며, 복음과 문화 사이에 존재하는 지속적인 갈등에 대해 잊어버리게 되었다. 포스트-크리스텐덤의 교회는, 이제까지 타협하고 결탁했었던 쟁점에 대해서 반反문화적인 성찰을 제시할 수 있다.

- **특권층에서 다원주의 사회 속으로 이동** : 특권층이 사라진 교회는, 가난한 자과 힘없는 자과 핍박받는 자들이 어떻게 느끼는지를 바르게 이해할 수 있다. 그렇기에 이러한 교회는 자신의 이익만을 추구하지 않고, 모든 사람을

위한 정의의 실현을 추구할 수 있다. 크리스텐덤 하에서 누렸던 위상과 특권이 다원화된 사회 속에서는 부적절하며 선교 사명을 수행하는 데 걸림돌이 된다는 것을 깨닫고, 이 특권이 사라짐을 아쉬워하거나 복구시키려고 애쓰지 않을 것이다. 포스트-크리스텐덤 시대의 교회는, 이전 세대가 남겨준 세상 지위와 부와 권력과의 결탁이라는 유산으로부터 해방된 것을 즐거워할 것이다. 또한 다원화된 사회가 오히려 그리스도인들의 믿음에 대해 이야기하고 평화와 정의를 추구하는 데 있어서 보다 유익한 환경이라는 것을 알게 될 것이다.

- **지배자에서 증인으로 이동** : 교회가 자신이 더 이상 역사의 평가와 사람들이 믿는 내용과 사람들이 변화되는 방식을 좌우지할 수 없다는 것을 깨닫게 될 때에, 교회는 마침내 복음의 증인으로서 원래 부르심의 자리로 돌아갈 수 있다. 크리스텐덤의 교회가 사회적·종교적 영향력을 발휘하는 일에 골몰했었기에, 반대자들을 박해하고 가난하고 힘없는 자들에게까지 교회의 뜻을 강압적으로 관철시켰다. 포스트-크리스텐덤 시대의 교회는 이와 같은 이전 시대가 지나갔음을 인식하고, 그 세대가 행한 가혹한 정책을 포기할 것이다. 나아가서 복음이 가난하고 힘없는 자들에게까지 기쁨의 소식이 되도록, 복음을 삶 가운데서 구체적으로 실현하고자 힘쓸 것이다. 이렇게 될 때 사회 속의 다른 사람들도 복음의 증인된 삶을 살아가도록 부르신 '그 분'을 만나고 따르게 될 것이다.

배우고 탐구하기

이번 장에서 다루었던 두 개의 핵심 신념은 우리로 하여금 '배우는 일'과 '탐구하는 일'에 더욱 열심을 내게 만든다. 현대의 아나뱁티스트라고 자청하는 우리라고 해서, 포스트-크리스텐덤이 어떤 것인지 이미 알고 있거나 변화를 맞이하기 위한 계획을 세운 것은 결코 아니다. 우리 또한 아나뱁티스트 전통으로부터 여전히 배우기를 원한다. 뿐만 아니라 크리스텐덤 체제에 반대했던 또 다른 전통—왈도파Waldensians, 롤라드파Lollards, 체코 형제단Czech Brethren, 모라비안 형제단Moravians, 그리고 초기 침례교도들 등—에게도 배울 것이 있다. 크리스텐덤이 붕괴되기 훨씬 이전에 이 체제를 거부했던 그리스도인들의 경험은, 분명히 우리에게 새로운 영감을 주고 포스트-크리스텐덤 시대를 맞이하도록 도와줄 것이다. 그리고 우리는 과거의 유산의 영향에서 벗어나는 방법을 탐구하고 배울 것이며, 사회의 소외된 계층에게 진정한 기쁜 소식을 전하는 방법을 알기 원한다.

1장에서 언급했던 '어번 익스프레션' Urban Expression이라는 도시 선교 단체는 아나뱁티스트 가치를 추구한다. 이 단체의 비전은 가난한 도심 지역 공동체 속에 새로운 교회들을 개척하되, 다양한 공동체 속에서 복음이 진정으로 구현될 수 있는 각각의 독특한 방식을 찾고 적용한다. 즉 천편일률적인 교회 개척 방식을 거부하는 것이다. 왜 도심 지역의 빈민 공동체에 관심을 가지는 것일까? 왜냐하면, 이 공동체 속에서 포스트-크리스텐덤의 실상을 가장 분명하게 보고 경험할 수 있기 때문이다. 그래서 복음이 도심 빈민 공동체 안에서 어떤 의미를 가지는지, 그리고 교회가 이들을 위해서 어떤 역할을 할 수 있는지를 경험하고 배우는 것이 중요하다. 만약 이 도심 빈민 공동체들을 탐구하고 배우지 않는다면, 우리는 포스트-크리스텐덤 시대가 진행될수록 고전을 면치 못할 것이다. 하지만, 더 중요한 근본적인 이유가 네 번째 핵심 신념 속에 들어있다: '가난한 자에게 좋은 소식이 되는 삶의 방식을 탐구하기.'

이 도시 선교 단체도 아나뱁티스트 전통에 바탕을 둔 신념을 표현하였으며, 그 중의 두 가지는 다음과 같다:

- 균열이 있는 곳과 소외된 곳에서 하나님을 신실하게 따르기로 헌신하며, 힘

없는 사람과 연약함이 있는 곳에서 역사하시는 하나님을 발견하고 경험하기를 기대한다.
- 무조건적인 섬김, 전인적인 사역, 담대한 복음 선포, 빈민을 우선적으로 돌보며 힘없는 자들을 대변하기를 원한다.63)

이 '힘없는 자들을 대변' 하는 사역은, 1장에서 언급되었던 또 다른 아나뱁티스트 관련 단체인 스피크Speak가 하는 일이기도 하다. 사회 정의를 위해 기도하며 사람들의 동참을 호소하는 이 단체의 설립 비전은, '스스로 보호하지 못하는 이들과 빈민의 권리를 강력하게 변호하는 것' 이다.64)

다른 많은 단체와 교회들이 여러 신학적 및 영적 자료에 영향을 받아 이와 비슷한 사역에 동참하고 있다. 아나뱁티스트 전통은 이러한 유용한 자료 가운데 하나일 뿐이다. 비록 아나뱁티스트 전통에 대한 관심과 그 영향력이 증가하고 있지만, 그렇더라도 이 전통이 가장 큰 영향력을 가지고 있다고 주장하는 것은 아니다. 하지만, 이 전통이 우리에게 줄 수 있는 독특한 장점은 있다고 생각한다. 따라서 우리의 네 번째 핵심 신념이 말하고자 하는 바는, 크리스텐덤 시대가 사라져가는 이때에 가난한 자에게 기쁨의 소식 그 자체가 되는 방식을 탐구해가는 많은 그리스도인의 움직임에 동참할 것을 호소하는 것이다.

크리스텐덤에서 포스트-크리스텐덤으로의 변화는 현재 진행 중이다. 배우고 탐구하려는 자세는 아직 형체가 또렷하지 않은 시대로 나아가는 이 변화의 시기를 여행하는 아나뱁티스트들과 모든 그리스도인이 가져야 할 필수적인 자세이다. 배움과 탐구를 위한 열린 가능성the open-endedness과 가난하고 힘없는 자들을 위한 헌신은, 이 책의 제목의 'naked' 에 내포된 '불완전함' vulnerability의 의미를 다시 상기시켜 준다.

이 불완전함은, 네 번째 핵심 신념의 마지막 부분에서 뚜렷하게 표현되어 있다. 초기 아나뱁티스트들에게 제자도는 항상 대가가 따르는 행동을 의미했으며 방해와 핍박의 위협을 내포하였다. 16세기에 수천 명의 아나뱁티스트들이 가혹한 고문과 아울러 목숨을 잃었으며, 투옥되고, 추방되었으며, 채찍질 당하고, 집과 재산을 몰수당하고, 가족과 헤어져야 했다. 그들에게는 고통과 박해가 놀라운 것이 아니었다. 그들은 디모데후서 3장 12절, '무릇 그리스도 예수 안에서 경건하게 살고자 하는 자는 핍박을 받으리라'를 읽었으며, 여러 성경 구절에서 예수를 진실하게 따르는 자들이 받는 핍박에 대하여 언급하고 있음을 알았다. 때문에 그들은 그 모든 어려움을 일상의 것으로 받아들였다. 이러한 부당한 박해는, 그들로 하여금 크리스텐덤이 반기독교적이라는 것과 박해를 주도하는 국가교회가 진실된 그리스도인이 아닐 수도 있다는 확신을 주었다.

이 네 번째 핵심 신념 속에서, 반대와 핍박과 순교를 언급하는 것이 서구 그리스도인들에게는 이상하고 어리석게 보일 수도 있다. 관용을 미덕으로 삼으며 자유주의와 세속주의를 따르는 사회 속에서 그러한 일이 일어날 가능성은 거의 없다. 만약 영국에서 누군가가 박해받아야 한다면, 그 사람 혼자 순교 당하게 할 것인가? 때때로 그리스도인들은 자신의 직장에서 부여되는 규정에 대해 불평하며, 또는 그들의 신앙에 관한 신념에 반대되는 활동을 하도록 요구받는 것에 대해서도 불평한다. 하지만, 그 정도의 상황 속에서 받는 반대와 고통은, 목숨을 앗아가는 박해와는 비교가 안 될 정도로 미약하다. 그리고 종종 그리스도인들은 불필요한 적대자의 환심을 얻기 위해서 크리스텐덤의 특권을 내세우기도 한다. 모든 사람을 위한 정의 구현을 추구하기 보다는, 당장의 눈앞의 이익을 위해서 균형을 잃어버리는 것이다. 이런 상황은 박해가 아니다.

하지만, 이제 서구 그리스도인들은 지구촌 교회a global church의 일원이다. 세계 다른 곳에 있는 교회에 속한 많은 그리스도인은, 그들의 신실한 제자도와 예수 그리스도에 대한 증거 때문에 지금도 핍박과 고통 가운데 있다. 최근에도 상당한 사람들이 순교 당했다. 네 번째 핵심 신념 가운데 있는 반대와 핍박과 순교에 대한 언급은, 우리에게 지구촌 속에서 핍박받고 있는 교회들과의 연대 결속과 핍박받는 교회들에 대한 역사적 유산을 상기시켜 준다.

포스트-크리스텐덤 시대가 서구 그리스도인들을 반대와 핍박과 심지어는 순교의 길로 이끌어 갈 것인가? 이것은 있을 수 있는 일이다. 이미 영국에서 서로 다른 신앙 공동체 사이의 갈등으로 인해 한 공동체에서 다른 공동체로 옮겨간 사람과 옮겨가도록 유도한 사람을 박해하는 일이 일어났다. 종교의 지속성과 영성의 부활에 불만인 세속주의자들은 점점 더 호전적으로 변해간다. 만약 풍요로운 서구의 삶을 심각하게 위협하는 것이 점차 분명하게 나타난다면, 그것을 무마하고 안전을 도모하기 위한 방책이 세워질 것이다. 하지만, 만약 포스트-크리스텐덤의 교회가 가난하고 힘없고 핍박받는 자들-혼란과 위기의 때에 희생양이 된 사람들-과 일체감을 느낀다면, 이 예수를 따르는 자들은 그들과 함께 고통을 받고 있는 자신을 발견할 것이다.

디모데후서 3장 12절, '무릇 그리스도 예수 안에서 경건하게 살고자 하는 자는 핍박을 받으리라'와 같은 난해한 말씀을 어떻게 해석해야 할까? 그러한 핍박이 현대 서구 사회 속에서 있을 수 있는지의 여부를 논하기 보다는, 우리가 핍박을 받지 않는 이유에 대해 먼저 자문해봐야 한다. 우리가 여전히 쇠퇴해가는 크리스텐덤의 보호막 아래 있기 때문인가? 아니면 우리가 신실한 제자로서의 삶을 살지 않아서, 박해 받을 일이 없는 것인가? 이 질문이야말로 초기 아나뱁티스트들이 우리에게 심사숙고해 보라고 던져주는 숙제이다.

5. 공동체와 제자도

Community and Discipleship

크리스텐덤의 쇠퇴와 '포스트-크리스텐덤' 이라고 불리는 새로 등장하는 문화는, 서구 교회에게 많은 난해한 질문을 던져 준다. 그 난제 가운데 몇 가지는 이미 살펴보았다. 이제 교회가 누구와 손잡을 것이며, 누구를 통해서 교회의 정체성을 표현할 것인가? 사회적 지위와 부와 권력과의 기나긴 유착 관계를 어떻게 거부할 것인가? 포스트-크리스텐덤이 우리에게 어떤 새로운 기회를 주는가? 이 다가오는 새로운 문화가 요구하는 선교적 공동체missional community로의 변화를 어떻게 수용할 것인가?

따라서 이 다섯 번째 핵심 신념을 통해서 도전하고자 한 것은, 우리가 그리스도인 공동체의 특성과 역동성에 대해 알아야 한다는 것이다. 어떤 형태의 교회가 앞으로 다가올 변화되는 환경에 창조적으로 그리고 용감하게 적응할 수 있을까? 우리가 앞에서 살펴보았듯이 크리스텐덤이 남겨준 유산들이 모순되고 문제가 있다면, 과연 아나뱁티스트 전통은 우리에게 어떤 신선한 시각을 제공해줄 수 있을까?

'교회란 제자도, 선교, 친교, 상호 책임성, 다양한 목소리가 어우러진 예배를 위해 헌신된 공동체를 일컫는다. 우리가 주님의 살과 피에 동참하면서 음식을 함께 나누듯이, 하나님나라를 향한 희망도 함께 가진다. 젊은 세대와 노인 세

대가 모두 존중받으며, 협의의 과정을 거치는 지도력을 추구하며, 성性 구분이 아니라 은사에 근거한 역할분담을 하며, 믿음을 고백하는 자에게 침례를 베푸는, 그러한 교회들을 개척하고 양육하기를 원한다.'

크리스텐덤에서 포스트-크리스텐덤으로의 문화 격변기를 겪고 있는 서구 사회 속의 교회들이, 교회다워지는 것이 무엇을 의미하는지를 고민하는 것은 지극히 당연한 현상이다. 이 책을 읽은 많은 독자들은, '교회의 새로운 존재 방식', '이머징 교회', 그리고 '교회의 신선한 표현' 등과 같은 용어들에 이미 익숙할 것이다. 어떤 이들은 이러한 교회적 실험에 이미 동참하고 있으며, 또 다른 이들은 희망과 관심으로 이런 변화를 지켜보고 있다. 이머징 교회 가운데 어떤 교회들은 자신이 어떤 형태의 교회가 되어야 하는지에 대해서 확고한 신념이 있고, 또 다른 교회들은 교회의 참모습이 어떠해야 하는지를 찾아가는 여정 가운데 있다. 소외된 이웃과 공동체 속에서 선교의 사명을 발견한 교회들도 있고, 기존 교회의 틀 속에서 갈등하는 이들을 섬길 수 있는 진정한 예배와 공동체의 모습을 이루기를 갈망하는 교회들도 있다.[65]

'교회다워진다는 것이 무엇을 의미하는가?'라는 질문을 접한 사람은 크리스텐덤 교회의 특징이었던 '회중 모임' congregational meetings의 중심 역할의 의미가 무엇인지 반문한다. 이렇게 회중 모임에 대해 깊이 생각해 본다는 것은, 이들이 교회 생활의 복잡함을 탈피한 '단순한 교회'가 되기를 추구하고 있음을 의미하며, 그리스도인 공동체의 지속 가능하고 재생 가능한 존재 방식을 발견하고자 함을 보여준다. 또 어떤 이들은 심지어 단순한 교회라고 할지라도 '모임'에 고착되어 있다고 반박하며, '변화를 허용하는 공동체' liquid forms of community 또는 '회중 너머의 교회' church beyond the congregation 형태를 고집한다. 또 어떤 이들은 제자도를 실천하기 힘든 문화일수록 헌신적인 형태의 공동체가 더욱 중요하다고 주장하면서 새로운 수도원운동neo expression of monasticism을 제안하기도 한다.66)

하지만, 대부분의 그리스도인은 열정적으로든지 마지못해서이든지, 크리스텐덤으로부터 내려온 교회의 표현 양식을 여전히 따르고 있다. 현 시대의 가장 큰 규모를 자랑하고 활발하게 영향력을 끼치는 교회들은 전통적인 양식을 고수하고 보수적인 교리를 주장하며 독재적이거나 지배적인 형태의 지도력을 발휘하고 가부장적이며 획일화되어 있다. 이런 교회들의 대부분은 크리스텐덤의 쇠퇴를 인식하지 못하거나 도래하는 새로운 문화를 수용할 필요성을 느끼지 못한 채로 자기 주변에 존재하는 연약한 이들의 공동체들을 무시한다. 심지어 영국 전역에 있는 성당-크리스텐덤의 영광을 가장 잘 반영하는 유산-의 경우는 여전히 출석자들이 증가하고 있다.

현 시대의 이머징 교회들과 교회들의 새로운 표현 양식이 과연 지속 가능하며 선교적 사명에 헌신된 공동체를 양산할지에 대한 판단은 세월이 지난 후에야 알 수 있을 것이다. 크리스텐덤의 유산인 기존의 교회들이 혼란의 시기 속에서 안정과 확신을 찾아 헤매는 사람들에게 안식을 줄 수 있을지도 지금은 알 수 없다. 또한 이 기존의 교회들이 포스트-크리스텐덤 시대를 살아가는 사람들을 수용하면서 변화해 갈 수 있을지의 여부도 지금은 불투명하다. 이 변화의 시기에 독단적이거나 경쟁하기보다는, 상황의 잠정성을 인식하고 관대해져야 한다. 게다가 포스트-크리스텐덤의 교회는 교회에 대한 하나의 정의로 충분하지 않을 만큼 다양성을 지니고 있다. 만약 우리가 '크리스텐덤 이후의 교회'가 의미하는 바를 찾고자 한다면, 기존 교회와 새로 등장하

Missional church
Emergent church
Missionary congregations
Church planting
New ways of being church
Mission-shaped church
Fresh Expressions
Emerging church

는 이머징 교회가 서로 협력하는 선교적 연합 운동missionary ecumenism을 펼칠 필요가 있다.

아나뱁티즘: 하나의 이머징 교회 운동

아나뱁티스트 전통이 이 선교적 연합 운동에 어떤 기여를 할 수 있을까? 포스트–크리스텐덤의 교회들이 교회다워지고, 또 현시대의 필요한 변화에 섬세하게 반응하면서도 성경적 가치와 행동 양식을 반영할 수 있는 방식을 탐구해 가는 데에 어떤 도움을 줄까?

초기 아나뱁티즘도 그 당시에 하나의 이머징 교회 운동이었다. 16세기와 현대 문화적 상황 사이에 큰 차이가 있지만, 이 초기 아나뱁티즘은 현대의 이머징 교회 운동과 많은 공통점을 가지고 있다. 만약 당신이 현대의 이머징 교회 운동에 대해서 알고 있다면, 다음과 같은 점을 기억하고서 두 가지의 이머징 교회 운동을 비교해 보라:

- 초기 아나뱁티스트 교회들은 권위와 진정성에 대한 의문들이 일어나던 사회적 · 정치적 · 경제적 · 문화적 그리고 종교적 혼란의 시기에 나타났다.
- 아나뱁티즘은 하나의 획일화된 운동이 아니었으며, 오히려 다양한 지역에서 같은 열정을 가진 많은 사람이 각기 다양한 시도를 통해서 표현되었다.
- 아나뱁티스트 공동체들은 다양한 방식으로 전개되었으며, 때로는 각 공동체가 다른 공동체들이 내린 결정과 행동 양식을 단호히 거부하기도 했다.
- 아나뱁티스트들은 자신의 아이디어를 널리 퍼뜨리고 또 서로서로 소통하기 위해서 그 당시의 새로운 인쇄 기술을 사용하였다.
- 아나뱁티스트 교회의 많은 멤버는 기존 교회들 안에서의 경험에 환멸을 느꼈으며, 기존 교회들이 사회를 변화시킬 능력을 상실하였음에 실망하였다.
- 아나뱁티스트 공동체는 기존 교회들의 제약으로부터 자유로워져서, 교회생

활의 대안적인 양식과 표준을 탐구할 기회를 가진 것을 기뻐하였다.
- 많은 아나뱁티스트 교회는 다른 교회들의 방식인 소수 특정 인물이 좌우하던 '성과주의'를 배척하였으며, 반대로 다양한 사람의 목소리가 존중되는 교회 생활을 추구하였다.
- 동시대의 사람 중의 어떤 이들은 아나뱁티스트들을 '새로운 수도사' the new monastics, 67)라고 불렀는데, 그 이유는 이들이 제자도와 책임감 있는 공동체생활을 강조하였기 때문이다.
- 아나뱁티즘의 중심은 선교 운동이었으며, 교회가 교회다워지는 새로운 방식뿐만 아니라 개개인과 사회의 변혁에도 관심을 가졌다.
- 아나뱁티스트 교회들은 크리스텐덤 교회의 표현방식에 대안을 제시하였다.

현대의 어떤 이머징 교회들은 이미 아나뱁티스트 전통에 대해 관심을 갖고 배우고 있으며 이 전통으로부터 영감과 조언을 얻고 있다. 이머징 교회 영역의 전문가들은 이 전통과 현대의 이머징 교회 운동 사이에 유사점이 있다고 주장한다. 이로 인해 현대 이머징 교회 운동의 개척자들은 더욱이 전통에 대해 연구하게 되었다. 아나뱁티즘은 현대의 이머징 교회들에게 더할 나위 없이 좋은 동반자요, 격려를 주는 대화 상대자이다. 이머징 교회들이 현시대를 포스트모던적이며 포스트-크리스텐덤적인 상황으로 인식할 때에, 아나뱁티즘 역할의 중요성은 더욱 부각될 것이다.

확고한 아나뱁티스트 가치를 수용한 이머징 교회는 영국 버밍햄에 있는 평화 교회Peacechurch이다.68) 이 공동체의 모태가 된 조 베이커Joe Baker와 사라 베이커Sarah Baker는, 아나뱁티스트 네트워크뿐만 아니라 워크숍 과정the Workshop Course과 '어번 익스프레션' Urban Expression이라는 도시선교단체에 참여하고 있다. 이 교회 홈페이지에 들어가 보면, 아나뱁티스트 관점이 어떻게 이 공동체에 영향을 주었는지 보여준다. 영국 브리스톨

Bristol 및 코벤트리Coventry 등 여러 곳에서도 다른 평화 교회 그룹이 일어나고 있다. 평화 또는 샬롬이 교회의 핵심 가치라면, 어떤 모습의 교회가 탄생할까?

2008년 5월에, 아나뱁티스트 네트워크와 노섬브리아 공동체the Northumbria Community가 공동으로 주최한 학회에서 여러 이머징 교회들이 소개되었다. 이 학회의 주제는 '새 시대를 위한 새로운 체질' New Habits for a New Era이었으며, 수도원 전통으로부터 배우고, 그 배운 것을 현 시대의 문화 속에서 유용하게 접목하는 방안에 대해 논의했다. 프란체스코 수도사, 아나뱁티스트, 켈틱 전통과 수도원 운동에 영향을 받은 노섬브리아 공동체 사람들이 한자리에 모여서 서로에게서 배우며 교류하였다.

무엇보다도 아나뱁티즘이 시사하는 바는, 현대의 이머징 교회들이 고민하는 질문들과 교회가 교회다워지는 새로운 방식의 필요성이 이미 오래 전에 아나뱁티스트에 의해 제기되었다는 것이다. 뿐만 아니라 아나뱁티스트 전통은 두 가지의 부가적인 관점을 제시한다.

첫째는, 아나뱁티스트 전통은 크리스텐덤의 가장자리에서 발생하고 유지되었으며, 크리스텐덤의 교회들과 여러 부분(믿음, 교회 구조, 우선순위, 행위 등)에서 대립관계에 놓여있었다. 그렇기에 포스트-크리스텐덤 시대에서 참된 교회의 모습을 찾아가고자 하는 이들에게, 아나뱁티즘은 특별한 역사적 참고자료가 된다. 하지만, 16세기 아나뱁티스트들이 개척해 놓은 가치와 행위들을 현대의 이머징 교회들이 따르고 지지한다는 사실만으로 현대 이머징 교회들이 옳다고 인정받을 수 있는 것은 아니다. 오히려 이러한 연계성으로 인해, 현대 이머징 교회들이 포스트모던 문화에 의해 과도한 영향을 받았다고 의심하는 이들의 확신을 더욱 굳어지게 만들 수도 있다.

두 번째는, 초기 아나뱁티스트들은 그들이 속한 문화 속으로 적응하고

끼어들어가기 보다는, 사회에서 받을 불이익을 감수한 채로 당대에 등한시된 성경적 실천 행위들을 회복하는 일에 더욱 전력하였다. 현대의 어떤 이머징 교회들은 이러한 아나뱁티스트들의 성향을 배우고자 할 것이다. 주어진 문화를 거스르면서도 신실함을 지키기보다는 문화 속에 맞춰서 교회를 변질시키려고 하는 대부분의 그리스도인에게 도전을 준다.

하지만, 우리가 다섯 번째 핵심 신념에서 살펴보았듯이, 많은 기독교 전통의 기존 교회들이 아나뱁티즘으로부터 배우려고 한다는 사실은 주목할 만하다. 크리스텐덤이 붕괴되기 시작하면서, 많은 교회가 교회로써 존재하는 것이 어떤 것인지를 새로 고민해야 하는 시점에 이르렀다. 그들이 이러한 도전에 대응해 나가는 여정은 '이머징' 신생, emerging이라기보다는 '진화' evolving의 과정에 더 가까울지도 모른다. 이 두 가지 과정의 역동성에는 차이가 있다. 하지만, 두 과정 모두 대부분 같은 난제에 봉착하고 있으며 유사한 해결책을 찾아가고 있다. 포스트-크리스텐덤이 진행됨에 따라, 기존 교회와 이머징 교회가 서로에게서 배우게 된다. 아나뱁티스트 전통 속에서 발견된 공통 관심사들은 이 두 그룹이 대화하는데 도움이 될 것이다.

제자도와 선교 지향적 공동체

아나뱁티스트만이 교회를 '제자도와 선교를 위한 헌신된 공동체'로 이해하고 추구했던 것은 아니다. 많은 기독교 전통의 수많은 그리스도인들이 여러 세기를 걸쳐서 믿고 이루고자 했던 바를, 아나뱁티스트 전통도 분명하게 표현한 것이었다. 하지만, 이제는 널리 알려진 이들의 교회에 대한 신념을 평가할 때에, 아나뱁티즘의 기여가 종종 과소평가되곤 한다. 오늘날, 제자도와 선교가 교회 생활의 중심 요소라고 강조하는 것은 특별히 이상한 것이 아니다. 하지만, 16세기 아나뱁티스트들은 이 확신을 감히 주장했다는 이유로 조롱받고 박해받았다.

크리스텐덤을 통틀어서, 대부분의 사람들이 어떻게 교회 생활을 했는지는 '교회에 다니기' churchgoing라는 표현이 정확한 묘사이다. 교회는 그들이 주기적으로 방문하는 거룩한 건물, 수동적인 방관자들을 위해 전문적으로 훈련받은 사람들이 주도적으로 주관하는 행사, 유아시절부터 속해 있던 기관을 의미했다. 그리고 필요가 있을 때마다 도움을 요청하는 곳이었다. 교회 회원자격과 시민권은 밀접하게 상호 연관되어 있었다. '교회에 가는 것'은 이웃 사람들과 같이 하는 많은 활동 가운데 하나였다.

그런 시대에 교회에 다니던 사람들 중에 어느 누구도 자신을 하나님의 선교 사역을 위한 동역자라고 여기지 않았으며, 교회를 선교적 공동체로 생각하지 않았다. 선교라는 용어에 친숙하지 않았다. 그 당시에 선교라는 용어는 하나님 아버지가 그 외아들 예수를 이 땅에 보내신 것을 표현하는 신학적 용어로써 이해되었을 뿐, 교회에 다니는 사람이 공유해야 할 하나의 사명으로 인식되지 않았다. 또한 크리스텐덤 시대의 거의 모든 사람이 이미 그리스도인이었기에 선교에 대한 필요성을 느끼지 못했다. 또한 교회와 국가의 지도자들의 결탁에 의해, 비록 불완전한 사회라 할지라도 그리스도의 통치 아래 있는 것으로 여겨졌기에 선교가 불필요했다. 물론 크리스텐덤 지역 경계선을 넘어선 곳으로의 선교는 강조되었지만, 그것마저도 국가 및 전담 기관의 책임 하에 놓여 있었다.

크리스텐덤이 남긴 유산 중에 문제가 있는 것이 선교와 공동체의 분리이다. 많은 교단과 지역 교회들은 분리된 두 반쪽을 재결합시키기 위해서 노력했으나 부분적인 효과만 얻었다. 이러한 노력은 '선교적 회중' missionary congregations, '선교 중심 교회' mission-shaped church, '선교적 교회' missional church 등의 용어를 파생시켰다. 선교와 공동체 사이의 분리는 제도적으로 골이 깊이 나 있어서 변화되지 않는다. 대부분의 교회 구성원에게 선교란, 특정 전담자의 활동이며 주로 타 지역에서 필요로 하는 것이다.

교회를 '선교적 공동체'로 인식하는 이들은, 공동체의 의미를 보여주는 예로써 초기 아나뱁티스트를 꼽는다. 대부분 동시대의 그리스도인들이 그러했듯이, 아나뱁티스트들도 크리스텐덤 너머의 세계에 대해서 관심도 없었고 잘 알지도 못했다. 하지만, 이 두 그룹 사이에 달랐던 점은 아나뱁티스트들은 자신들이 사는 유럽을 선교지로 여겼다는 사실이다. 아나뱁티스트들은 크리스텐덤이 진정한 기독교와 다르다고 여겼다. 그래서 그들의 친구들과 이웃이 회심하고 진정으로 개종할 필요가 있다고 보았다. 그들의 사회는 복음의 능력에 의해 변화되어야 했다. 그래서 비록 교육은 받지 못했을지라도 복음에 열정적이었던 아나뱁티스트 전도자들이 그들의 믿음의 고백을 가족, 친구, 이웃과 나누었던 일화들이 많이 전해져 온다. 이 공동체들은 전도자들을 둘씩 짝지어서 새로운 교회 개척을 위해 파송했다. 그리고 떠돌아다니며 물건을 파는 장사를 했던 이들은 가는 마을마다 복음을 전파했다.

한스 나들러Hans Nadler는 바늘 장사꾼이었다. 그가 유럽을 돌며 장사할 때에 사람에게 말을 걸곤 했다. 그의 법정 증언에 따르면, 언제 어디서나 마음이 준비된 사람을 만나면 하나님의 말씀이 담긴 교훈을 전해 주었으며, 어떻게 하면 거듭나서 새 사람이 될 수 있는지에 대해서 일목요연하게 가르쳤다. 나들러 자신은 학문을 배운 적이 없었지만, 주기도문과 사도신경을 한 줄 한 줄 설명해 줌으로써 복음을 전했다.[69]

예수님이 승천하신 다음에 세계선교의 사명에 불을 지폈던 대위임령the Great Commission; 마태복음 28:18-20은 16세기 아나뱁티스트들에게 성경적 위임령a biblical mandate이었다. 그들은 유아가 아닌 성인에게 뱁티즘을 주는 것 뿐만 아니라 그들의 선교적 노력과 시도도 위임받았다고 믿었다.

모든 세대의 아나뱁티스트가 초기 아나뱁티스트가 지녔던 선교의 열정을 동일하게 가졌던 것은 아니다. 지속된 박해의 영향으로 16세기 후반부에 이르러서는 많은 공동체들이 그들의 믿음에 대해서 더 이상 외부에 드러내거나 증거 하지 않고, 조용히 믿음 생활을 지속하는 데에 중점을 두었다. 이러한 부정적인 영향 때문에, 아나뱁티스트의 후예들은 선교의 또 다른 한 영역인 구제 사역과 사회 정의 활동은 활발히 하였지만, 공개적인 복음 전도는 등한시하였다. 그리하여 현대의 아나뱁티스트들도 '선교적 교회' 사명의 회복을 위해 애쓰고 있다.

만약 '선교사'라는 단어가 크리스텐덤 하에 있는 대부분의 '교회다니는 사람들'에게 자연스럽지 않았다면, '제자도' – 단순히 교회에 출석하는 것과 사회 문화적 규범에 순응하는 것 그 이상을 의미하는–라는 말도 마찬가지로 생소했을 것이다. 성직자나 수도사에게는 더 높은 기준의 윤리적 행동강령과 더 깊은 영적 훈련이 요구되었지만, '평범한' 그리스도인에게는 제자도라는 용어가 적용되지 않았다.

이전에 있었던 부흥 운동처럼 아나뱁티스트들도 선교와 제자도의 의미가 퇴색해 버린 상황에 대해 문제를 제기하고 나섰다. 종교개혁이 교회와 사회에 심도 깊은 변화를 일으키지 못한 것에 실망하면서, 이들은 헌신과 제자도가 강조되고 실천되는 새로운 공동체를 시작하는 쪽을 택했다. 대부분의 종교개혁자들은 수도원 공동체와 같은 신앙 공동체를 해체함으로써, 제자도에 대한 이중적 잣대가 적용되는 크리스텐덤 방식을 무마시키려 했다. 그러나 아나뱁티스트의 주장에 의하면, 이러한 시도는 진정한 제자도를 가르치고 실천하게 만드는 일에 실패하였다. 이 이중 구조의 크리스텐덤 방식을 폐지시키기 위해서, 아나뱁티스트는 모든 믿는 이들이 예수의 제자로서의 삶을 살아야 한다고 강조했다. 이것이 아나뱁티스트가 '새로운 수도사'라고 불리게 된 이유 중의 하나이다.

아나뱁티스트와 종교개혁자 사이에는, 교회의 본질과 제자도에 대한

이해에 있어서 서로 동의하지 않는 중요한 신학적 차이점이 있었다:

- 종교개혁자들은 그리스도의 행한 사역을 통해서 죄인이 의롭다함을 받게 되는 것이라고 '은혜'를 이해했다. 더 나아가서 아나뱁티스트들은 '은혜'를, 의롭다함을 받은 이들 안에서 일하시는 하나님의 변화시키는 능력이라고 해석했다.
- 종교개혁자들은 구원사역에 있어서의 하나님의 주권을 강조하였으며, '행위에 의한 구원'과 같은 주장이 일어나는 것을 경계하였다. 아나뱁티스트는 예정론을 인정하지 않았으며, 종교개혁자의 교회에서 사용되던 '행위가 아닌 믿음으로'라는 말의 통상적인 의미를 수용하지 않았다.
- 종교개혁자들은 크리스텐덤이 물려준 교회의 지역적 구분을 보존하였으며, '혼합 사회' a mixed community; 알곡과 가라지가 섞여 있듯이 진실한 그리스도인과 그렇지 않은 그리스도인이 섞여 있는 것을 당연히 여기는 사회를 뜻함—옮긴이주에 대한 기존의 해석을 그대로 수용했다. 아나뱁티스트는 제자가 되겠다고 헌신하는 사람들로 구성된 교회를 세웠다.

16세기 아나뱁티스트들은 '교회의 신선한 표현' fresh expression of church 을 시도한 부분에서 개척자적인 역할을 하였다. 이것은 '자유교회' 운동의 시작이 되었으며, 이후에 다양한 형태와 교단으로 퍼져나갔다. 그들이 가진 공통된 신념은 바로 태생에 의해서 교인이 되는 것이 아니라 믿기로 결단하는 선택을 통해 교인이 되는 것이었으며, 또한 모든 교인이 제자로서 부르심을 받았다는 것이다. 이러한 자유교회의 본보기가 이제는 많은 기독교 전통 속에서 당연한 것으로 받아들여지고 있지만, 16세기 당시에 엄청난 고통을 야기한 대담한 저항이었다.

다섯 번째 핵심 신념의 '그러한 교회들을 개발하고 양육하기를 원한다'

부분에서 표명했듯이, 오늘날의 아나뱁티스트는 제자도와 선교 모두를 중요한 책임으로 알고 실천하는 교회를 추구한다. 3장에서 밝힌 바와 같이, 기존 교회든 이머징 교회든 세 가지의 요소-하나님나라에 속해 있다는 **소속감**belonging, 하나님을 향한 **신앙고백** 그 자체believing, 현실 속에서 하나님나라의 백성으로 살아가는 **삶**behaving-사이의 연관성에서 혼란을 느낀다. 의심의 문화가 팽배한 포스터모던 시대와 기독교 이야기들이 생소하게 여겨지는 포스트-크리스텐덤에서는, 사람들이 예수를 따르는 자가 될지를 결정하기까지 더 많은 시간이 걸린다. 공동체의 경계선을 개방하고 또 외부에서 들어오는 이들을 환영하는, 또한 예수를 아직 잘 모르는 그들이 특정한 방식으로 믿고 행동하도록 압력을 가하지 않는, 그런 교회 공동체는 기독교 신앙이 무엇인지 궁금해 하는 교회 밖의 많은 사람에게 중요한 역할을 한다.

이것은 버나드Bernard에게 있어서 사실이었다. 그의 아내는 우드 그린 메노나이트 교회the Wood Green Mennonite Church에 다니고 있었지만, 버나드는 신자가 아니었다. 그는 유대인이었으며 회의론자였다. 하지만, 수년간 그는 교회와 교회 신자들을 지켜보았고 그들의 이야기들을 경청했다. 많은 교회 모임에 참여하기도 하고 교회 사람들과 교제를 넓혀 나갔다. 그러던 중에 점차 정기적으로 교회에 참석하기도 했다. 교회는 그를 언제나 환영하였으며 인내심을 가지고 기다려 주었다. 그는 교회 사람들이 믿고 따르는 가치들을 수용하기 시작했고 그의 고민과 기도제목을 사람들과 나누었다. 마침내 다른 이들을 위해 기도하는 자리에까지 나아갔다. 어느 날, 그는 하나님을 '아버지'라고 불렀다. 교회에 처음 발을 들여 놓기 시작한 지 18년 째가 되던 해, 그가 임종을 맞이하기 직전에 한 사람의 신자로서 침례를 받았다.[70]

제자도를 '따름'following으로 이해하는 아나뱁티스트 정신은 이와 같은 점진적이고도 편안함을 주는 접근방식을 지지한다. 한편, 현대 아나뱁티스트들은 세가지 요소들-소속감, 신앙고백, 삶-의 역동성을 수용함으로 말미암아 사람들이 제자도를 선택사항으로 인식하게 될까봐 우려한다.

아나뱁티스트 인류학자인 폴 히버트Paul Hiebert가 제안한 '경계가 분명한' bounded, '경계가 모호한' fuzzy, '경계가 열린' open, '중심지향적' centred 형태로 구분되는 공동체 정의는 많은 교회 지도자에게 참신한 도전을 준다.71) 역사적으로 아나뱁티스트와 크리스텐덤에 반대했던 대부분의 전통은, '경계가 분명한' 형태의 교회를 추구하였다. 이는 교회 안에 들어온 자와 교회 밖에 있는 자를 명확하게 구분하는 것으로서, 신앙고백과 행위가 판단 기준이었다. 반면에 오늘날 현대의 많은 아나뱁티스트들은 '중심지향적' 접근방식이 자신의 아나뱁티스트적 신념과 일치한다고 본다. 이 방식은 누가 교회 안에 들어왔고 누가 교회 밖에 있느냐에 대해 관심을 두기보다는, 모든 사람이 변화되고 움직이는 궁극적인 중심 방향을 더 중요하게 여긴다. 명확한 중심점과 또렷한 방향에 대한 확신이 공동체의 존재를 명료하게 해 주며, 동시에 공동체의 경계선을 열어준다. 선교와 제자도 모두를 강조하는 공동체는 '중심지향적' 형태가 바람직하다는 것을 발견한다.

우정와 상호 책임성

초기 아나뱁티스트와 동시대에 살았던 사람들은 아나뱁티스트가 제자도를 율법주의 또는 완전주의와 혼동하고 있다고 비난했다. 아나뱁티스트 이전 또는 이후에 일어난 제자도 지향의 운동이 겪었던 것처럼, 아나뱁티스트들의 '순수한 교회' pure church를 추구하고자 하는 열망은 비현실적이며 교만한 것으로 치부되었다. 종종 아나뱁티스트는 교만, 완벽주의, 형식주의, 비현실적인 비전을 가진 자들로 낙인 찍혔다. 하지만, 비난하던 자들이 '순수한 교회'라는 말을 부정적·비판적인 시각에서 아나뱁티스트의 영감을 폄하할수록 자신들이 가진 교회에 대한 기대감이 낮음을 드러내었다. 뚜렷이 구별되면서도 믿지 않는 이들의 마음을 움직일 수 있는 삶을 살아가는 제자들의 공동체와 그리고 순수한 교회에 대한 비전은 확고한 성경적 근거를 가지고 있다.[72]

초대교회 그리스도인들은 개인과 공동체의 삶의 방식—하나님의 함께 하심의 증거이자 믿음의 증거로써—을 점검하기 위해, 종종 교회 밖의 탐구자들과 적대자들의 의견에 귀를 기울이곤 했다. 초대교회 시기의 그리스도인 공동체의 삶의 질에 대해 공동체 밖의 사람들은 마지못해 긍정정인 이야기를 했다. 그랬던 것이 크리스텐덤 시대가 오면서 달라졌다. 교회에 출석하는 사람들은 점점 더 구별되지 않은 삶을 살게 되었고, 더 이상 다른 이들을 예수의 제자가 되도록 힘 있게 이끌어 주지 못했다. 신학적인 칭의theological justifications는 낮은 수준의 제자도로 이끌었으며, 가라지 비유가 의미하는 바와 같은 혼합된mixed 교회들을 허용하였다.[73] 사람들은 이 비유 속의 가라지는 마지막 때까지 교회 안에서 아무런 제재를 받지 않고서 자라도록 방치되어도 된다고 해석하였다. 이 비유 속에서 가라지들이 자라는 밭이 교회가 아니라 세상을 의미한다는 것을 몰랐다. 크리스텐덤 하에 있는 사회에서는, 교회와 세상의 실질적인 차이점이 거의 없었기에 가라지와 알곡의 구분이 불필요했다. 하지만, 크리스텐덤에 반대하는 운동은 이 가라지 비유가 혼합된 교회를 정당화하지 않는다고 주장했다. 또한 크리스텐덤에 반대하던 그들은 순수한 교회완전한 교회를 의미하지는 않음가 바람직하며 실현가능하다고 믿었다.

순수한 교회a pure church와 완전한 교회a perfect church의 구별은 아주 중요하다. 역사 속에는 완벽주의를 추구하였거나 완벽주의를 달성했다고 믿었던 그리스도인들과 그들이 주도한 운동이 있었지만, 순수한 교회를 향한 열정은 이러한 완벽주의 운동과는 달랐다. 대부분의 비평가들은 이러한 차이점을 인식하지 못하거나 인정하지 않는다. 사실상 비평가들은 아나뱁티스트의 실천행위 중의 하나인 상호 책임성-당시 대부분의 그리스도인들의 생각과는 반대였던-을 완벽주의에 대한 증거로 보았다. 이 상호 책임성은, 훈계, 교회 훈육, 제명, 그리스도의 규범, 상호 돌봄 등과 같은 다양한 용어로 설명된다. 상호 책임성을 따르기로 결단하고 특히 마태복음 18장 15~17절의 예수의 가르침에 충실하고자 했던 아나뱁티스트는 상호 책임성을 진정한 교회의 세 번째 중요한 표식이라고 주장했다.(참고로, 첫 번째와 두 번째의 표식은 다른 종교개혁자들도 똑같이 주장했던 복음의 신실한 선포와 성례전의 올바른 집례이었다.) 종교개혁자들의 교회들로 하여금 신실한 제자의 공동체가 되지 못하게 만든 것은, 바로 상호 책임성의 부재였다. 즉 건전한 교리만으로 모든 것이 해결되지 않았다.

아나뱁티스트 전통에서 상호 책임성은, 예비 제자들would-be-disciples에게 인간의 연약함과 공동체의 도움과 잘못의 교정이 필요함을 인식하게 해 준다. 초기 아나뱁티스트는 침례를 받을 때에 상호 책임성을 따르기로 결단했고, 예수를 따르는 제자로 성숙해 가는 과정에 있어서 다른 형제자매들의 도움을 기꺼이 수용하기로 약속했다. 완벽주의자들의 경향과는 달리, 이 상호 책임성은 순수함을 추구하는 공동체 안에서만 실천될 수 있는 것이며, 우리들의 불완전함과 타협과 신실하지 못함을 잘 인식하게 도와준다.

오늘날 이 상호 책임성을 실천하지 못하게 하는 몇 가지 이유가 있다. 인내를 좋지 않은 것으로 여기는 개인주의와 그러한 개인주의 영향을 받은 윤리학의 적용은 이 상호 책임성을 배척하게 만들었다. 교회들은 성경적 가르침을 삶 가운데 은혜롭게 적용하는 훈련을 게을리 했다. 그렇기에 위급한 상황 가운데서 결단이 요구될 때 많은 사람들이 성경의 가르침을 거의 적용하지 못하고 더 큰 위험 가운데 처하게 된다. 나아가서 이런 경험은 상호 책임성의 유익을 불신하게 만들며, 실천하는 것을 꺼리게 만든다. 그리고 이 상호 책임성과 관련된 크리스텐덤의 유산에도 문제가 있다. 교회가 징계할 때 종종 그 방식이 가혹하거나 죽음을 초래할 정도의 징벌이었기 때문이다.

하지만, 상호 책임성은 예수가 직접 가르쳐 준 마태복음 18장 15~17절에만 뿌리를 두고 있는 것이 아니다.(사실 이 성경 구절은 복음서 가운데서 유일하게 '교회'라는 용어를 공동체 생활을 위한 실질적인 교훈과 관련하여 사용하였다.) 신약 성경 전체에 걸쳐서 상호 책임성이 다루어졌다. 그리고 크리스텐덤에 반대하는 전통들도 크리스텐덤 체제가 변질시켜 놓은 상황들에 대한 대안적인 접근법들을 제안했으며, 그리고 아나뱁티스트라고 해서 이 상호 책임성을 항상 은혜롭고 현명하게 실천했던 것은 아니다. 하지만, 적어도 아나뱁티스트들은 잘못된 행동을 하거나 반대 의견을 가진 사람들을 핍박하거나 죽이지는 않았다!

이 상호 책임성을 핑계로 행해졌던 많은 악용에도 불구하고, 현대의 아나뱁티스트는 상호 책임성을 바르게 이해하고 실천하며 그 가치를 인정하는 교회들을 세우고 양육하기를 원한다. 상호 책임성은 험담과 중상모략에 대한 해독제 역할을 하며, 파벌과 분열에 대한 방어 역할을 해주며, 영적 성장을 촉진시켜 준다. 우리는 실패하지 않으려고 고군분투하는 자리에 혼자 버려져 있지 않다. 관계가 무너질 때 치유와 회복을 위한 일련의 방법이 있다. 불완전한 제자들과 불완전한 교회들은 이 상호 책임성을 실천할 필요가 있다.

아나뱁티스트의 가치와 실천 행위들에 깊이 영향을 받은 영국 북부에 있는 한 교회는 공동체의 서약 아래에 모임 장소의 한 벽면에 마태복음 18장 15~17절 말씀을 붙여 놓았다. 그 이유는 공동체 내에서 깨어진 관계가 생길 때에, 공동체가 이 말씀에 근거해서 대처하겠다는 것이다. 공동체가 모일 때마다 이 공동의 서약을 공공연히 본다면 과연 교회가 어떻게 변화될까?

이 책의 다섯 번째 핵심 신념에서 보여주듯이 친목도모와 상호 책임성을 통합하는 것은 진실한 관계가 바로 진정한 친교의 근간이 된다는 것을 상기시켜 준다. 상호책임성은 신뢰를 바탕으로 실천할 수 있다. 사랑 안에서 진실을 말하는 것은 많은 교회들이 기대하거나 이제까지 경험한 것보다도 훨씬 더 깊은 수준의 포용을 의미한다.74) 역설적으로 또는 필연적으로, 개인주의적인 문화 속에서 살아가는 많은 사람들은 그런 관계를 형성하기를 갈망한다. 많은 사람들이 교회를 떠나는 이유는 그들이 경험한 성도 간의 교제가 무미건조하거나 습관적이거나 또는 진정한 우정과는 거리가 멀기 때문이다.

어떤 이들이 아나뱁티스트 전통에 관심을 갖게 된 이유 중의 하나가 이 전통이 공동체, 환대, 그리고 우정을 강조하기 때문이다. 많은 사람이 손님을 환대하는 모임이나 음식을 함께 먹는 모임을 아나뱁티즘과 관련지어 생각하는 것도 우연이 아니다. 다섯 번째 핵심 신념은 함께 먹고 나누는 교회를 상상하게 해 준다. 많은 아나뱁티스트 공동체들은 종종 그렇게 하며 열정적으로 나눔을 실천한다.

내 친구들 중 어떤 이들이 영국 동부에 한 교회를 개척하였는데, 이 교회는 아나뱁티스트 가치를 표방한 하나의 표어를 가지고 있다: '먹지 않으면 모임도 없다!' 또 어떤 이들은 '밥상 교회들' table churches에 관여하고 있으며, 기도와 음식과 대화와 성경 묵상과 예수를 기억하면서 빵과 떡을 떼며 설거지를

뉘른베르그의 부엌(1483)

같이 하는, 새로운 '밥상 예배table liturgies'를 전개하고 있다. 사실 많은 아나뱁티스트들에게, 예배당보다는 부엌 또는 밥상이 전통적인 모임 장소이다.

과거에도 그러했듯이, 오늘날의 아나뱁티스트들도 자신의 확신과 다른 이들의 기대를 충족시키는 삶을 살지 못한다. 아나뱁티스트 전통은 우리들에게 영감 있는 예화들뿐만 아니라, 주의를 요하는 이야기들도 들려준다. 하지만, 아나뱁티스트 전통이 주장하는 이 상호책임성은, 여전히 우리에게 생명력이 넘치는 관계와 사람들을 자유케 하는 교제가 있는 공동체를 이뤄가도록 격려해 준다.

다양한 목소리가 어우러진 예배와 협의의 과정을 거치는 지도력

상호책임성의 행위가 교회의 징계로 자주 인식되는 이유들 중의 하나는 교회 지도자들이 이 과정을 종종 주도하며 큰 영향력을 행사했기 때문이다. 교회 지도력이 성직자에 의해 주도되고, 그리고 국가의 지원을 받은 성직자가 과오를 범한 교인들에 대한 처벌을 강화하던 시대가 바로 크리스텐덤이었다. 하지만, 성경 그 어디에도 이러한 교회 지도자들과 그들의 역할을 지지하는 구절이 없다. 마태복음 18장 15~17절은 공동체 안에서 문제가 발생한 경우, 그 어려움을 해결하기 위해 어느 누구나 앞장서도록 격려한다. 만약에 어떤 논쟁이 공론화되었을 때, 공동체 내에서 지도자적 책임감을 부여받은 이들은 그 논쟁의 해결과정을 두루 살펴야 할 것이지만, 중요한 관건은 공동체 전체의 성숙한 정도와 기능 분산의 정도이다.

상호 책임성을 실천하는 과정을 성직자 권위의 이행으로 왜곡하여 이해하면서 초대교회에서 크리스텐덤으로의 변화 시기에 공동체 구성원들은 점점 침묵하게 되었다. 성경 속의 초대교회들은 다양한 목소리들이 어우러진 공동체로 제시된다:

- 공동체가 예배를 위해 모일 때, 각 사람들은 한 몸을 세우기 위하여 자신의 은사를 따라 섬겼다.로마서 12:4-8; 고린도전서 14:26
- 그래서 많은 사람들은 교회 내에서 질서 있게 섬기는 방법을 제시하는 교회 안에서 덕을 세우기를 원하였다.고린도전서 14:27-28, 39-40
- 가르침은 한 명의 사람에게 위임되지 않았으며, 많은 이들이 성경 본문을 함께 묵상하며 서로 서로의 말을 검증해 보았다. 즉 공동체 안에서 배움의 길에 임했다.사도행전 15:6-21; 고린도전서 14:29-31; 골로새서 3:16
- 목회적 돌봄은 공동체 곳곳에서 실천되었으며, 임명된 '목사들'의 전유물로 인식되지 않았다.마태복음 18:15-18; 사도행전 4:32; 로마서 12:10-13; 에베소서 4:15-16; 데살로니가전서 5:12-15
- 공동체 가운데 지도자 역할을 했던 이들이 있었다. 하지만, 다양한 은사를 가진 사람들로 이루어진 지도자 팀이 전형적이었던 것으로 보인다.사도행전 13:1-3; 에베소서 4:11-13

하지만, 3장에서 언급되었던 것처럼, 크리스텐덤 하에 있었던 교회는 한 사람의 목소리가 지배했다. 성직자는 말했고, 평신도들은 들었다. 종교개혁자들은 '만인제사장'을 주장했지만, 실제로는 교회 안의 어떤 이들이 다른 이들에 비해서 더 성스럽게 여겨졌다. 그리고 이러한 크리스텐덤의 유산이 대부분의 기독교 전통에 큰 영향을 주었다. 다양한 목소리를 반영하고자 하는 시도가 빈번이 실패하는데, 그 이유는 교회들이 준비되지 않았으며 또한 소극적인 침묵으로 일관하던 방식을 고수하기 때문이다.

초기 아나뱁티스트들은 한 사람의 목소리에만 의존하는 것이 건강하지 못하다고 주장하였다. 오직 한 사람만이 말하고 다른 모든 사람이 침묵을 지켜야 하는 교회들을 '영적인 회중'으로 보지 않았다.[75] 아나뱁티스트 공동체에서는 많은 사람들의 참여가 요구되고 기대되었다.

다른 교회들과는 달리, 크리스텐덤을 반대하던 많은 그룹들과 이머징 교회들은 공동체에 참여하는 자유를 만끽하였다. 크리스텐덤 유산의 영향력이 강력하게 남아있지만, 점차 대부분의 그룹들과 교회들은 수세기동안 서구 교회들을 지배했던 '한 사람의 목소리가 지배하는' 방식을 따르지 않는다.

16세기 아나뱁티스트들은 '다양한 목소리를 존중하는' 정신을 지키고자 노력하였으며, 그 노력의 흔적들이 남아있다. 하지만, 당대의 많은 아나뱁티스트 교회들은 '단일화된 목소리가 지배하는' 체제로의 변화를 요구하는 외부 압력에 굴복하였다. 이것에 대한 납득할 만한 여러 이유들은 있다: 교회 본질을 통제하고, 신학적으로 교육받은 이들의 전문적 지식으로부터의 유익을 얻으며, 바른 질서를 유지하기 위함 등이 있다. 하지만, 그로 인해 야기된 문제점은 유익보다도 더 컸다. 공동체는 영향력을 잃고, 성령의 역사하심은 무시되고, 지도자에 대한 의존도는 더 커지고, 예언자적 목소리에 대해 침묵하고, 그리고 교회 지도자들에게 과도한 짐이 지워졌다. 비록 신약 성경 시대에는 다양한 목소리가 존중되고 어우러지는 교회가 일반적이었지만 말이다.

다섯 번째 핵심 신념은 우리들로 하여금 크리스텐덤으로부터 유지되어 온 교회 이미지를 거부하며, 많은 목소리가 청종되는 공동체를 육성하도록 촉구한다. 또한 이것은 지도자의 모범과 행동이 '협의를 따르는' 양식이어야 함을 의미한다. 다양한 목소리를 존중한다는 것이 혼란을 의미하거나 지도력의 부재를 의미하지 않는다. 성경적 지도력은 다양한 헌신을 존중하고 환영하는 공동체 안에서 발휘될 수 있는 여러 은사들 중의 하나이다. 하지만, 독재적인 지도력은 공동체에게 부적당하며, 예수의 삶과 가르침과도 상반된다.

협의의 과정을 거치는 지도력은 다양한 방식으로 실천될 수 있다. 여러 아나뱁티스트 교회들은 모든 목소리가 청종되고 모든 관점이 참작될 수 있는 정교한 방법들을 찾아내었다. 이것은 인상적이기는 하지만, 소모적이며 많은 시간을 요하며 그리고 진행과정이 매우 느리다. 어떤 이들은 '합의'合議를 이상적인 의사결정 방법으로 제안한다. 합의란 모든 사람이 반드시 동의해야 한다는 것이 아니라, 모든 사람이 그들의 목소리가 청종되었다는 것을 인식하는 가운데 비록 공동체의 결정이 자신의 원하는 바와 다를 지라도 그 결정을 지지하는 것이다. 주의 깊은 청종과 협의의 과정은 아나뱁티스트 전통이 가진 특별한 은사이며, 이것은 특별히 소수의 권력자들의 목소리에 지배되거나 논쟁으로 인해 어려움을 겪고 있거나 협의의 과정을 통한 접근법에 익숙하지 않은 모든 교회에게 도움을 준다.

하지만, 협의의 과정을 따르는 지도력이 바르게 발휘되기 위해서는 '협의의 과정' 뿐만 아니라 '지도력' 도 중요하다. 만약에 아나뱁티스트 전통이 전자만 강조했다면, 후자를 효과적으로 양성하지 못했을 것이다. 용기있고 창조적인 지도력 없이 협의의 과정만 실천하려고 한다면, 공동체가 모험을 기피하게 되고 침체를 겪게 될 수 있다. 이것이 초기 아나뱁티스트 공동체를 묘사하는 것은 아니지만, 현대의 아나뱁티스트 교회들이 피해야 할 내용이다.

젊은이와 노인, 여성들과 남성들

다양한 목소리를 청종하는 교회로 만들고자 한다면, 우리들은 종종 소외되어 기여가 적었던 이들에게 주의를 기울여야 한다. 어떤 문화는, 노인 세대들의 지혜를 존중하고 노인들의 목소리를 청종하고 그들의 지혜가 소중하다는 것을 안다. 하지만, 이런 문화가 서구 사회에서 항상 통상적이지는 않다. 어느 사회건 교회들은 그 문화적 성향을 따르기 마련이고, 노인 세대가 가진 자원과 통찰력에 주의를 기울이지 않는 사회도 있다. 이런 현상이 점차 고령화되고 있는 사회추세 속에서 계속될 지는 알 수 없다. 하지만, 교회 안에서 고령화 교인들의 수가 더 급격히 늘어나는 상황을 감안할 때, 그들의 존재 가치를 존중하고, 그들이 가진 은사를 활용하는 방법을 찾아야 한다.

현대 서구 사회에서 어린이들의 위상은 약간 애매모호하며, 이런 현상은 많은 교회에서도 마찬가지이다. 어른들 중에는 아이들이 지나치게 제멋대로 행동하며, 과보호를 받고, 지나친 돌봄을 받는다고 생각하는 사람들이 있다. 어린이 사역을 위한 전임 사역자를 두는 것이 최근 교회의 경향이며, 이것은 교회가 교인들의 자녀들이 교회에 나오지 않는 현상에 대한 절박한 대응으로, 또는 이전 세대보다도 어린 아이들을 더 존중하는 문화가 형성된 증거로도 볼 수 있다. 하지만, 여전히 많은 어린이들이 사회와 교회 안에서 무시되거나 학대와 비난을 받거나 그들의 잠재력을 충분히 발휘할 기회를 얻지 못한다. 많은 기독교 전통의 교회들은 어린이들의 위상에 대한 질문들- '공동체의 현 시점에서 교인으로 간주할지 아니면 잠재적인 미래의 교인으로 간주할 것인가?' -과 교회 생활에의 참여에 대한 질문들- '성찬식에 동참을 허용할 것인가?' -과 씨름하고 있다. 아나뱁티즘에 영향을 받은 교회들과 이머징 교회들은 어린아이들을 교회의 가장자리에 두기 보다는 중심적인 존재로서의 가능성을 열어둔다.

다양한 세대의 목소리를 청종하는 교회는 어떤 식으로 젊은 세대와 노인 세대 사이의 교류를 촉진할 것인가를 질문한다. 서로의 목소리를 어떻게 청종하고, 상대방의 지혜를 어떻게 수용할지 생각한다. 특정한 하위문화sub-culture; 비주류문화, 소수 민족 공동체, 관계 네트워크 또는 또래 집단에 관심을 두고자 하는 것이 많은 이머징 교회들의 출현 의도이다. 많은 기존 교회들은 의도하지 않았을지라도 자연적으로 생긴 제약들을 가지고 있다. 기존 교회, 즉 한 가지 색깔을 가진 동질 집단의 정당성과 영향에 대한 의문들은 종종 제기된다. 다문화 사회 속에서 효과적이고 빠르게 반응하는 선교를 위해서 이런 동질 집단이 필요하다고 주장할 수도 있지만, 그렇더라도 문화적 세대적 다양성을 수용하고 존중하며 풍요롭게 해 줄 수 있는 그러한 교회들을 추구하고 양성하는 것이 더 바람직하지 않을까?

우리가 위와 같은 고민들과 씨름할 때, 아나뱁티스트 전통이 우리에게 어떤 유익을 줄 수 있을까? 내가 경험한 가장 흥미로우며 세대 간의 교류가 있는 공동체는 영국 서섹스Sussex 동부에 있는 후터파 브루더호프the Hutterian Bruderhof 공동체이다. 300여명의 사람들이 공동재정을 실천하면서 아나뱁티즘의 공동체주의communitarian 방향을 따른다. 이 공동체 내에서는 나이든 멤버들이 여전히 활발하게 활동하며 존중 받으며 그들의 전 생애를 걸쳐서 돌봄을 받는다. 공동체의 어린아이들은 핵가족에 의해서만 키워지는 것이 아니라 전체 공동체에 의해 양육과 돌봄을 받으면서 자란다. 우드 그린 메노나이트 교회에서는 젊은이들이 교회 안의 연장자들을 자신들의 조언자로 삼고 믿음의 격려를 받는다. 다른 기독교 전통의 그리스도인들과 더불어 현대의 아나뱁티스트도 젊은 세대와 구세대로부터 배우며 여러 세대의 어울림이 주는 장점이 무엇인지 찾아갈 것이다.

많은 기독교 전통 속에서 여성들의 목소리는 여전히 침묵하도록 요구받거나 제한적 조건하에서만 허용된다. 신학적 주장과 성경 해석은 특정 사역 부분에 있어서의 여성 참여를 제한하는 문화적 개인적 선호에 영향을 받는다. 때로는 평등주의자의 주장과 원리 원칙들이 교회 내에서 실천되지 못한다. 많은 이머징 교회들 안에서도 동일한 현상이 있다. 그렇기에 아나뱁티스트들의 다섯 번째 핵심 신념은 우리로 하여금 이러한 불평들을 극복하도록 도전하며, 여성과 남성의 목소리가 동등하게 존중되며 성별 구분에 의해서가 아닌 은사에 따라서 사역할 수 있도록 격려하는 교회가 되기를 촉구한다.

과거로부터 현재에 이르기까지 모든 아나뱁티스트 공동체가 우리들이 추구하는 이 다섯 번째 핵심 신념에 동의하지는 않는다. 후터파 브루더호프 공동체를 포함해서 어떤 공동체들은 은사보다는 성별의 구분에 따라서 역할을 부여하며, 특히 지도자 역할은 남성에게 국한해 왔다. 하지만, 오늘날의 많은 아나뱁티스트는 그러한 방침과 행위를 크리스텐덤의 가부장적 문화의 흔적으로 간주하며 받아들이지 않는다. 뿐만 아니라 초기 아나뱁티스트 교회들이 보여준 선례-즉 여성과 남성의 사역 참여를 동시에 독려할 뿐 아니라 때로는 여성이 지도자적인 역할을 했던 예들-를 지지한다.76) 비록 문화적 압력으로 인해 아나뱁티스트 여성들의 사역 범위가 제한 받기도 했지만, 이들이 하나님이 주신 은사를 따라 사역했던 활동 범위는 가톨릭이나 다른 종교개혁자들의 교회에서보다도 더 광범위했다.

다섯 번째 핵심 신념이 내포한 다른 부분들에 대해서도 언급했듯이, 여성들과 남성들의 사역 참여 부분에 있어서도 현대의 아나뱁티스트들이 유일무이하게 문제점을 제기했다든가 아니면 전적으로 회복하는 방법을 찾았다고 주장하지 않는다. 견고하던 태도와 능률을 저하시키던 전통의 체제들이 현 시대 속에서 변화되고 회복되고 있으며, 또한 이러한 변화를 촉진시키기 위해서 노력하는 다른 많은 그리스도인들의 지속적인 노력에 박수를 보낸다. 하지만, 우리 현대 아나뱁티스트들이 발견한 것은 특히 아나뱁티스트 교회들과 기관들에 관여한 많은 여성들이 그들의 은사를 발휘할 수 있는 역할과 참여의 기회를 얻고서 활발히 활동하고 있다는 사실이다.

신자를 위한 침례

다섯 번째 핵심 신념의 마지막 부분은 어떤 독자들에게 장애물이 되어서, 아나뱁티즘에 대해서 깊이 알고자 하는 마음을 빼앗아 갈 수도 있다. 아나뱁티스트들이 주는 통찰력 가운데 특히 교회에 대한 이해는 크리스텐덤이 저물어가는 이때에 많은 기독교 전통들에 속한 그리스도인들에게 매력적이며 공감대를 형성할 수 있을 것이다. 하지만, 아나뱁티스트들의 침례에 대한 특별한 관점은, 특히 유아세례를 인정하고 실천하는 교단에 속한 그리스도인들과 교회들에게는 의문을 줄 수 있다. 그렇다면 이 침례 Baptism에 대한 부분을 굳이 다섯 번째 핵심 신념의 일부분으로 포함시킨 이유가 무엇인가?

이 핵심 신념을 만든 우리는 이 질문에 대해서 곰곰이 생각해 봤다. 이 핵심 신념이 처음 기술되었을 때에는, 침례에 대한 부분이 빠져 있었다. 일곱 가지 핵심 신념을 검토하고 확정하기 위해 개최되었던 학회에서 여러 차례 토론한 끝에, 침례에 대한 부분이 결국에는 추가되었다. 이런 결정이 어떤 이들을 불쾌하게 만들 수도 있으며, 초기 아나뱁티스트 운동이 일차적으로 침례의 진정한 의미에 대한 불일치 때문에 일어났었다는 사실을 더 강화하는 반향을 일으킬 수도 있다. 16세기 당시에 상당히 중요한 논쟁 대상이었지만 지금 21세기에는 더 이상 신학적으로 사회적으로도 쟁점이 되지 않는 침례에 대한 언급을, 이 핵심 신념에 꼭 포함시켜야 할 필요가 있는지 의문이 들 수도 있다.77) 비록 침례라는 말과 관련된 '아나뱁티스트' ana-baptist 또는 '재침례교도' re-baptiser라는 호칭이 16세기 아나뱁티스트 운동을 표현하는 말이기는 하지만, 이 운동의 시작 배경에는 침례에 대한 불일치 말고도 여러 다른 요인들이 있었다. 크리스텐덤에 대한 거부, 예수의 중심성에 대한 강조, 사회 정의의 추구, 교회와 국가의 분리, 제자도와 공동체에 대한 강조, 평화 활동, 그리고 자원의 나눔과 같은 부분들이 침례에 대한 논쟁보다도 어쩌면 더 중요한 논쟁 대상이었다. 오늘날 많은 그리스도인들이 위와 같은 여러 쟁점에 대한 초기 아나뱁티스트들의 관점을 배우려고 한다.

이 침례에 대한 언급을 다섯 번째 핵심 신념에 포함시킨 이유가 있다.

침례가 신자를 위한 것이라는 확신은, 아나뱁티스트 전통의 교회에 대한 근본적인 이해와 밀접한 관련이 있기 때문이다. 아나뱁티스트들에게 있어서 교회란, 예수를 믿고 따르기를 원하는 자들로 이루어진다. 아나뱁티스트들에게 침례란, 공동체 앞에서 믿음을 표현하는 하나의 표시이며, 제자도를 기꺼이 실천하겠다는 의지의 표현이다. 유아들과 어린이들은 교회 공동체에 의해서 돌봄을 받고 자라지만, 이들이 성장하여서 충분히 자신의 믿음을 표현하고 침례받기를 선택하기까지 침례 주는 행위를 유보하는 것이다. 초기 아나뱁티스트들에게 있어서 이 신자의 침례believer's baptism 자체가 중심 쟁점이 아니었지만, 다른 중심 쟁점들 – 예수를 따르는 자가 된다는 것이 무엇을 의미하며, 그러한 제자도를 실천하기 위해서는 어떤 공동체가 되어야 하는가? – 의 상징적 의미를 지니고 있었다.

그 때나 지금이나 아나뱁티스트들은 유아세례 베푸는 것에 대해 반대하는 입장을 취해 왔다:

- 어떤 이들은 동의하지 않을지라도, 신약 성경 속에 유아세례를 뒷받침하는 확실한 증거가 없다. 그리고 유아세례와 구약시대의 할례가 유사하다는 주장도 인정하지 않는다.
- 목회적·정치적 이유 때문에 실시된 유아세례를 합법화하기 위해서 다양하고 정교한 신학적 정당성을 펼칠지라도, 그것들을 인정하지 않는다.
- 유아세례가 크리스텐덤과 같은 '이상적이며 성스럽게' 여겨지던 문화에서 실시될 수 있었을 지라도, 신자들의 교회believers' church와 포스트-크리스텐덤 환경 속에서는 부적절하다.

아나뱁티스트 전통에서 침례란 개인적 신앙의 분명한 표현일 뿐 아니라, 제자도 실천에 대한 맹세요, 상호 책임성으로의 초대이며, 교회 공동체 속에서의 활발한 참여에 대한 헌신의 약속이다.

침례에 대한 내용을 다섯 번째 핵심 신념 속에 포함시킨 것은, 결코 다른 기독교전통의 그리스도인들이 아나뱁티즘에 대해 혐오감을 느끼게 하거나 아나뱁티즘이 가진 다른 여러 유익한 것들을 배우지 못하게 만들려는 것이 아니다. 아나뱁티스트 네트워크 모임의 경험을 통해 발견한 것은 아나뱁티즘에 관심을 갖고 알고자 하는 사람들은 아나뱁티즘 전체에 대해 배우고 수용하기 보다는, 자신들에게 유익을 줄 수 있다고 판단되는 특정 요소들만을 선택해서 접목하는 경향이 있다. 초기 아나뱁티스트들에게 매우 중요했던 쟁점을 현대 아나뱁티스트 핵심 신념에 포함시키는 것이 옳다고 판단되며, 그리하여 크리스텐덤의 교회 모델을 따르는 교회들을 향해서 지속적인 도전을 주고자 하는 것이 현대 아나뱁티스트들의 의도이다.

빵과 포도주 나누기

침례에 대한 부분에 있어서 아나뱁티스트들과 이해를 달리했던 다른 종교개혁자들은, 그들 안에서도 성찬식에 대한 서로 다른 견해들 때문에 나눠졌다. 모든 종교개혁자는 미사를 통해 표현된 전통적인 가톨릭 이해를 거부하였으며, 루터와 쯔빙글리Ulrich Zwingli는 빵과 포도주를 나누는 행위를 어떻게 해석할 것인가를 두고 팽팽하게 다투었다. 일반적으로 아나뱁티스트는 쯔빙글리의 해석-빵과 포도주를 나누는 것은 그리스도의 죽음을 단순히 기념하는 행위임-을 따랐다. 네델란드를 비롯한 많은 곳에서 성찬 해석에 대한 '성체聖體 논쟁'이 일어났으나, 아

발타자르 후브마이어

나뱁티스트들은 이러한 이론 논쟁에 관심이 없었다.

성찬 예식에 대한 아나뱁티스트의 독특한 해석은 심오한 신학적 표현이 아니었다. 오히려 빵과 포도주를 나누는 것이 매일의 제자도와 공동체 안에서의 나눔의 삶과 밀접한 관계가 있음을 강조하였다.

이러한 성찬에 대한 아나뱁티스트들의 이해는, 스위스 아나뱁티스트 지도자였던 발타자르 후브마이어Balthasar Hubmaier가 기록한 '사랑의 맹세' the pledge of love에 잘 요약 정리되어 있다. 대체로 아나뱁티스트들의 예배는 형식적 절차가 없으며 자발적이었으나, 후브마이어는 자신의 사형 집행이 있기 얼마 전에 「주님의 만찬에 대한 양식」a Form for the Supper of Christ을 썼다. 이것은 아나뱁티스트 공동체의 지체들이 성찬 참여의 의미에 대해 깊게 생각하도록 도와주는 지침서이다. 빵과 포도주를 나누기 바로 직전에, 모든 지체들은 다 같이 일어서서 하나님을 향한 헌신과 서로를 향한 헌신을 새롭게 하는 시간을 갖는다. 후브마이어가 쓴 이 사랑의 맹세에는 아나뱁티스트 영성에 관한 특별한 많은 요소들을 포함하고 있어서, 이곳에 그 본문을 자세하게 다루는 것이 의미 있다:

> 형제 자매들아! 만약에 네가 하나님을 그 어떤 것보다도 사랑하고 그의 거룩하고 살아있는 말씀의 능력 속에 있기를 원한다면, 오직 하나님만을 섬기고 경외하며 그의 이름을 거룩하게 높여 드려라. 속세와 죄성에 물든 너의 의지를 하나님의 살아있는 말씀을 통해서 너의 속사람과 삶과 죽음 안에서 역사하시고 계시는 하나님의 거룩한 의지에 복종시켜라. 그렇게 하길 원하는 각 사람들은 '그러겠습니다' I will 하고 말할지어다.
>
> 만약에 네가 형제간의 사랑의 섬김으로 너의 이웃을 사랑하고 하나님을 섬기고자 한다면, 너의 삶과 생명까지도 내려놓고 육신의 아버지 어머니 그리고 하나님의 뜻에 따라 세워진 모든 권위자들에게 복종하라. 우리를 위해 자신을

버려 살과 피를 쏟으신 우리 주 예수 그리스도의 능력 안에서 복종하라. 그렇게 하길 원하는 각 사람들은 '그러겠습니다' 하고 말할지어다.

만약에 네가 너의 형제 자매된 자들에게 지체된 자로서의 훈계를 하고자 한다면, 먼저 관계 가운데서 평화와 하나 됨을 형성하며 너와 감정이 상한 이들과도 화목 하라. 서로서로를 향한 모든 시기와 증오와 악을 버리고, 너의 이웃에게 해로움과 불이익과 모욕을 주는 것들을 삼가라. 만약에 네가 너의 원수 된 자들을 사랑하며 그들에게 선을 행하기를 원하며, 또 그렇게 행하지 않는 자들을 '그리스도의 규범'에 따라서 출교하기를 결단한다면, 이 말을 들은 각 사람들은 '그러겠습니다' 하고 말할지어다.

만약에 네가 교회 앞에서 공적으로 이 사랑의 맹세를 확증하기 원한다면, 빵과 포도주를 나눔으로써 그리스도의 만찬에 동참하고, 우리 주 예수 그리스도의 고난과 죽음에 대한 생생한 경험의 능력 속에서 증인된 삶을 살아라. 그렇게 하길 원하는 각 사람들은 '하나님의 능력 안에서 그렇게 되길 원합니다'I desire it in the power of God하고 말할지어다.

하나님 아버지와 그 아들 예수와 성령의 이름 안에서 함께 먹고 마시라. 하나님께서 친히 우리 모두에게 능력과 힘을 주셔서 이 모든 일을 능히 실천하게 하시며, 당신의 거룩한 뜻을 따라서 구원하시는 열매를 맺게 하시기를 원한다. 주께서 은혜를 베풀어 주시길 원한다. 아멘.[78]

초대교회들이 그러했듯이 초기 아나뱁티스트들도 주의 만찬 즉 성찬을 주로 가정집에서 행하였기에, 식사의 맥락에서 빵과 포도주를 나누었다. 크리스텐덤 시대에는 성찬을 식사와 구별하도록 강요하였다. 오늘날의 아나뱁티스트 비전을 따르고자 하는 어떤 교회들은, 공동체가 다 같이 음식을 나누는 가운데 함께 빵과 포도주도 나눈다.

희망 유지하기

사라져가는 크리스텐덤과 새로 등장하는 포스트-크리스텐덤 사이에 있는 경계지대는 교회 생활 측면에서는 유쾌하지 않은 환경이다. 크리스텐덤이 남긴 흔적들과 유산들은 교회들을 뒤죽박죽으로 만들었으며 그리스도인들로 하여금 다가오는 새로운 시대가 주는 기회들을 보지 못하게 막는다. 교회의 수적 성장은 감소하고, 사회에의 영향력도 줄어들고, 앞으로의 전망도 우울하다. 간혹 교회의 신선한 모습이 우리에게 희미한 희망을 주기도 하지만, 여전히 그것이 지속가능한지 그리고 현재 그리스도인이 아닌 사람들에게 호소력이 있는지의 여부는 검증되어야 한다. 어떤 이들은 상황을 변화시킬 부흥에 대한 기대를 붙잡으며, 또 다른 이들은 서구 문화가 믿음이 소멸되어가는 암흑기로 접어드는 것은 아닌지 염려한다. 서구 사회가 아닌 다른 지역에서 교회들이 놀랍게 성장하는 것은 익히 알려진 현상이다. 하지만, 그런 곳에서 교회 부흥이 서구사회에 있는 그리스도인들에게 어떤 영향을 줄 수 있을까? 어떤 이들은 주장하기를 포스트-크리스텐덤이 완전히 도래하면 복음을 위한 새로운 문이 활짝 열릴 것이라고 기대한다. 하지만, 포스트-크리스텐덤이 주는 새로운 기회를 포착하기 위해서 언제까지 이 경계지대에서 기다릴 것인가?

아나뱁티스트 전통도 우리의 질문들에 대해서 해답을 쉽게 주지 않는다. 하지만, 이 전통은 우리로 하여금 이전 시대가 사라짐에 대해 아쉬워할 뿐 아니라, 새로운 시대의 도래에 대해 기뻐하며 하나님을 신뢰하도록 도와준다. 만약 크리스텐덤이 이 땅에 임한 하나님의 나라가 아니라 제국과의 변칙적인 결탁에 불과했다면, 우리는 이 체제의 몰락을 반가워하며 성경 속에 예언된 대로 도래하는 정의와 평화의 왕국을 맞이할 준비를 해야 할 것이다.

우리는 포스트-크리스텐덤에 어울리는 종말론, 즉 제국적 사상으로 오염되지 않은 미래에 대한 비전이 필요하다. 이 비전은 우리들로 하여금 다가오는 불확실성의 시대를 견디게 해 주는 희망이다. 그리고 하나님나라를 함께 추구하면서 이 희망을 붙들도록 서로서로 도와주고 변화에 대응하는 교회들이 필요하다.

종말론은 아나뱁티스트 신학의 다채로운 면들 가운데 하나였다. 그들의 동시대 사람들이 인정했듯이, 아나뱁티스트는 예수의 재림이 눈앞에 있는 마지막 때를 사는 사람들처럼 살았다. 그들은 역사의 절정기를 기쁘게 살았으며, 하나님나라의 도래를 기다리며 행복해 했다. 이 아나뱁티스트 운동이 평화주의를 추구했다는 것을 감안할 때, 이들 중 어떤 이들이 자신들의 적대자들에게 하나님의 진노가 쏟아질 것을 고대하고 있었다는 것은 놀라운 사실이다. 하지만, 대부분의 아나뱁티스트는 자신들을 핍박하던 자들을 기꺼이 하나님의 심판에 내어 맡기고, 예수 그리스도를 위하여 받는 고통 후에 있을 영원한 하나님나라에 들어가게 되길 고대했다.

오늘날의 아나뱁티스트들은 16세기 용어들과 이미지들이 의미전달에 그다지 도움이 되지 않았다는 것을 알고 있다. 현 시대의 우리들에게 조금 생소한 다. 하지만, 우리들은 심한 핍박과 좌절된 패기 속에서도 유지되었던 그들의 희망의 코드를 읽어 내고자 노력한다. 초기 아나뱁티스트들에게는 그들의 공동체가 바로 이 희망의 증거였다. 그들은 서로의 단점들이 무엇이었든지, 서로 용기를 주며 비전을 굳게 지켰다. 그들은 믿음의 이야기들을 서로에게 들려주었으며, 믿음을 지키도록 서로 격려했으며, 함께 찬송하고 기도했다. 사회 문화적 경향에 거슬러 살아가는 법을 찾아냈으며, 그리고 그들의 믿음을 다음 세대에게 물려주었다.

마지막으로 정리하고 싶은 것은 이 다섯 번째 핵심 신념이 결코 교회가 수용해야할 새로운 교회 구조나 형태나 프로그램에 대해서 언급하는 것이 아니라는 점이다. 물론 새로운 제안이나 프로그램들이 최근에 들어서 과도한 관심을 받고 있다. 아마도 크리스텐덤이 교회 생활을 지나치게 복잡하게 만들어 놓았는지도 모른다. 실제로 교회가 매우 단순한simple 기관일 수도 있다. 하나님나라에 대한 희망을 보여주며 또 이 희망이 가득한 공동체 세우는 것을 가능하게 할 가치관과 실천요소들을 보여주는 것이 아나뱁티스트 전통이다. 아나뱁티스트 교회들은 이런 영감을 전파하는 일에 실패할 수도 있다. 하지만, 아나뱁티즘은 포스트-크리스텐덤에서 많은 그리스도인들이 희망을 발견할 수 있는 그리스도인 공동체에 대한 확고하고 매력적인 비전을 제시한다.

6. 정의와 평화

Justice and Peace

아나뱁티스트 전통은 내면의 영성만 강조하며 교회 중심적이며 사회 변혁에는 무관심하다고 종종 비난을 받는다. 일부 아나뱁티스트 그룹들에게는 맞는 말이다. 하지만, 실제로 많은 초기 아나뱁티스트는 그들이 아나뱁티스트 운동에 동참하기 이전부터 사회적, 경제적, 정치적 정의의 실현을 위해 폭넓게 활동했었다. 사회 권위자들은 아나뱁티스트를 비정상적인 종교 집단일 뿐만 아니라 사회 질서도 위협한다고 보았다. 실패한 운동이었지만 여전히 근심거리였던 농민 반란 79)의 뒤를 이어서 나타난 아나뱁티즘은, 현상 유지를 원하는 그 당시 사회에 더 큰 도전을 던진 운동으로 널리 인식되었다.

가장 혼동을 주는 초기 아나뱁티스트의 가르침과 행위는 사유 재산을 부인하는 것과 무장하고 싸우는 것을 거부하는 것이었다. '식량' provision과 '안보' protection와 관련된 사항들은 모든 인간 사회의 질서 유지에 중요하다. 만약에 어떤 사람이 자신이 속한 사회가 외부의 적으로부터 방위를 위해 선택한 방법에 대해서 적합한지 의문을 제기하고, 또 어떤 사람이 사회 경제의 순환 구조에 타격을 준다면, 사회는 이런 이들을 사회를 전복시키려하는 말썽꾼들로 여길 것이다.

16세기 이후 수세기 동안 초기 아나뱁티스트들의 후예들은 선조들이

했던 것처럼 사유재산과 전쟁에 대한 쟁점들에 대해 항상 솔직하게 행동하지 않았다. 핍박 때문에 침묵하고, 강제이주 때문에 분열되고, 최근에 들어서는 점점 더 축적되어가는 경제적 부로 인해서 일반적인 사회 통념들과 타협하였다. 그래서 초기 아나뱁티스트가 목숨을 걸면서까지 지키려고 했던 확신들을 때때로 저버리기도 했고, 때로 그 확신들을 타인들 앞에서 주장하기보다는 조용히 자신의 공동체 안에서만 실천하였다. 그리고 때로는 그들의 확신과 반대되는 문화 속에서도 꿋꿋이 지키고 실천하는 교회 양성에 전력을 다하기도 했다.

여섯 번째와 일곱 번째 핵심 신념들은 현대 아나뱁티스트들이 초기 아나뱁티스트들의 정의와 평화에 대한 관점들을 재해석하고 적용하는 방식에 관한 것이다. 16세기 초기 아나뱁티스트들이 활동하던 때의 사회적 정치적 상황은 지금과는 다르다. 하지만, 그들이 겪었던 핍박과 같은 상황은 지금 없을지라도, '식량'과 '안보'에 대해서 대안적인 방법을 찾고 실천할 수 있다. 사유 재산이 불가침 영역에 속한다는 것과 자국의 이익을 보호하기 위해 무기에 의존해야 한다는 것은, 대부분의 사회가 가진 기본적 논리이다. 그렇지만 오늘날의 많은 사람들은 구시대의 통례적인 정책들이 사회와 그 구성원들에게 막대한 손상을 주었음을 깨달았으며, 대안을 찾아야 한다는 것에 의견을 같이 한다. 여섯 번째 핵심 확신은 다음과 같다:

영성과 경제는 상호 연관되어 있다. 개인주의와 소비지향적 문화, 경제적 불평등이 만연한 세상에서 살아가고 있지만, 우리는 단순한 삶, 관대하게 나누는 삶, 창조세계를 돌보며, 정의를 위해 일하는 삶을 추구한다.

구약과 신약 성경 속에서 영성과 경제는 서로 밀접히 연관되어 있다. 율법에 기술되어 있는 하나님과 이스라엘 간의 언약에 들어 있는 의무는 많은 경제 원리들과 실천사항들을 포함하고 있다. 이스라엘 백성들(특히 그들의 정치지도자들)을 향해서 구약의 선지자들이 경고한 바는 그들이 정의를 실천하지 않는다면 하나님께서 그들의 기도를 외면하신다는 것이다. 그들이 가난한 자와 곤경에 처한 자들을 돌보지 않는 한, 그들이 드리는 예배는 하나님을 화나게 만들 것이다.[80] 예수님은 '네 보물이 있는 그곳에 네 마음도 있느니라' 고 말씀하셨다.[81] 복음서들 속에는 부와 가난, 재산의 바른 사용과 악용 그리고 공동체의 필요들에 대한 예화와 교훈으로 가득하다. 신약 성경의 나머지 부분들 속에서도 경제와 관련된 사항들이 주요하게 다뤄질 뿐만 아니라, 특히 예루살렘의 초대 교회 이야기를 다루는 사도행전은 재산과 소유를 나눠주는 것이 믿음과 제자도와 깊은 관련이 있다고 증거 한다.

영성과 경제

영성과 경제 사이의 상호 연관성은 3세기까지의 초대교회 역사 속에서도 분명히 나타난다. 경제와 관련된 사항들이 설교 및 교회 지도자들의 서신서들과 학술논문의 주요 주제들 가운데 하나였고, 또 교회멤버가 되고자 하는 자들을 위한 가르침 속에도 포함되었다. 사도 바울이 고린도에 있는 그리스도인들에게 준 충고에서 볼 수 있듯이, 그 당시에도 만연한 사회불평등이 쉽사리 전복되지 않았다. 하지만, 제자도가 경제적 영역에 중대한 영향력을 끼친다는 확실한 기대가 있었다. 게다가 교회들이 사회를 섬기는 일들은 교회 일원이 아닌 자들을 포함한 많은 자들에게 유익을 주었다. 16세기의 아나뱁티스트처럼 초대교회 그리스도인들도 정치적 힘을 가지고 있지 않았기에, 사회의 구조적 변화를 효과적으로 일으킬 수 없었다. 하지만, 초대 교회들은 재산과 소유를 사용함에 있어서 당시의 문화적 통념과는 반대되는 방법을 따랐으며, 오히려 경제가 영성과 관련있다고 주

십일조의 관행

장하였다.

    4세기에 들어서 로마 황제가 기독교를 수용함에 따라 새로운 각본이 펼쳐졌다. 즉 교회들은 정치적 권력과 손을 잡았고, 경제 정의와 사회 변혁을 위해 보다 영향력 있게 일할 수 있게 되었다. 한편으로 교회들도 제국이 주는 특혜를 받게 되고, 부유한 자들이 점점 더 많이 교회에 참여하게 되었다. 이들 부유한 교회 일원들은 경제와 영성을 연관 짓기를 원치 않았으며, 재산을 나누어 주는 것에 인색하며 자신들의 부와 사회 지위를 지탱해 주는 사회 체제의 변화를 원하지 않았다. 교회들은 가난한 자들의 필요를 위해 자비로이 돕고 또 사회 체제의 희생자들을 위한 다양한 기관을 만드는 일에 앞장을 섰으나, 결국에는 사회 체제 자체의 변혁에 점점 관심을 두지 않게 되었다.

    수세기에 걸쳐 교회는 극도로 부유한 기관이 되었으며 사회 대부분의 토지를 소유하는 거부들이 되었다. 뿐만 아니라 크리스텐덤의 혁신적 제도였던 십일조의 도입은 사회의 최고 빈민층 사람들에게는 비참함과 경제

6장 • 정의와 평화 169

적 고통을 가중시켰다.82) 16세기의 농민 반란은 복음의 참 의미에 영감을 받은 자들이 교회와 사회 속에서 행해지던 경제적 악습에 대항한 필사적인 외침이었다. 종교개혁자들 또한 그 당시 교회 지도부의 부패하고 세속적인 경제관행(면죄부 판매도 포함)에 대해 분개하기는 하였지만, 그들마저도 크리스텐덤에 유착되어 있었고 정치권력자들이 경제 정의의 실현을 도울 수 있는 강력한 후원자라고 믿었다.

반대자들 운동에 뒤이어 일어난 아나뱁티스트들도 사회 전반에 깊이 퍼져 있는 경제적 강탈에 대해 신랄한 비판을 가했다. 이들은 현상 유지에 급급해 하지 않았으며 크리스텐덤에 대한 강한 의문을 품었다. 또한 이들은 예수의 가르침과 초대 교회들의 선례를 중요한 모범으로 삼았다.

이들의 비판은 교회 및 사회 지도부에 골칫거리로 여겨졌고 공식적인 경고를 받기도 했다. 영국 성공회의 39개 신조(1571년) 가운데서 38번째 조항은 다음과 같다: '그리스도인의 부와 재산은 그 권리와 명칭과 소유에서 아나뱁티스트들이 거짓 과장하여 말하는 것처럼 공유물이 아니다. 그러나 사람들은 자신의 소유물을 가지고서 자신의 능력에 따라 자유롭게 가난한 사람을 구제해 주어야 한다.' 이 조항에 따르면, 선한 성공회 사람들이라면 그들의 재산과 소유를 나눠주는 일에 너그러워야 하지만, 사유재산의 근본원리를 따르지 않는 아나뱁티스트의 파괴적이며 급진적인 사상을 배척했다.

공동 소유와 상호 부조

모든 아나뱁티스트가 재산의 공동 소유를 인정하고 실천했을까? 16세 영국에서는, 아나뱁티스트가 거의 없었을 뿐아니라 아나뱁티스트라는 이름이 수치와 두려움의 대상으로 여겨졌기에 이런 움직임이 없었다. 영국을 제외한 다른 대부분의 유럽 국가들 안에서 이런 공동 재정을 인정하는 아나뱁티스트가 있었던 것도 아니다. 하지만, 모라비안 후터라이트Moravian Hutterites들은 '공동 재정' common purse 제도를 실천하는 공동체를 이루었다. 이 공동체에서는 최소한의 소유물을 제외하고는 개인의 모든 재산을 공동으로 소유하고 관리하였으며, 사유 재산의 개념을 복음과 대치되는 것으로 이해했다. 박해를 피해 떠돌면서 또 서로 긴급히 도와가며 새로운 지역에 정착해야 했던 피난민 공동체였다는 상황이 공동 재산과 상호 부조를 가능하게 했을 것이다. 하지만 그 당시에도 이 정책에 대한 신학적 논쟁이 있었으며, 후터라이트들은 성경적 근거특히, 사도행전 2~4장를 주장하기도 했다.

공동 소유에 대한 하나의 악명 높은 예는 바로 아나뱁티스트 도시로 불렸던 독일의 뮌스터인데 이곳에서는 재산뿐만 아니라 아내까지도 공동 소유로 삼았다고 알려졌다. 이 도시에 대한 포위공격과 약탈 그리고 거주자들의 대학살로 인해 이런 돌발적인 공동체주의가 박멸되었지만, 도시 지도자들은 법질서를 해칠 수 있는 그러한 유사한 운동을 계속 금지시켰다.[83] 뮌스터 사건으로 인해, 유럽의 교회와 도시 지도자들은 아나뱁티즘을 잘못된 방향을 지향하는 위험한 운동으로 인식하였다. 모라비아가 아니라 바로 뮌스터 때문에 영국 성공회의 38번째 조항에 아나뱁티즘에 대한 공공연한 비난이 들어가게 되었다.

사실 대부분의 아나뱁티스트들은 '재산 공유'가 아니라 '상호 부조'를 실천하였다. 즉 그들은 자신들의 개개인 재산과 소유를 가지고 있었지만, 언제든지 어려움과 궁핍에 처한 사람들을 만날 때면 자발적으로 그리고 기꺼이 나누어주었다. 그리고 이런 방식의 경제관은 대부분의 아나뱁티스트 공동체들의 특징이었다. 후터라이트 공동체들은 끝까지 공동 소유의 원칙을 고수하였으며, 아나뱁티스트 전통에 영향을 받은 브루더호프 공동체와 같은 여러 공동 재정 공동체가 나타났다.[84] 하지만, 오늘날의 대부분의 아나뱁티스트는 공동소유 보다는 상호 부조를 응용 및 적용하는 방법을 찾고자 노력한다.

성공회의 38번째 조항에서 아나뱁티스트 경제관과 차별을 두기 위해서 강조된 자선 기부가, 상호 부조와는 어떤 면에서 다른가? 여섯 번째 핵심 신념은 몇 가지 함축적인 해답들을 내포하고 있다.

첫째로, 경제와 영성은 자선이 아니라 정의의 관점에서 서로 연결되어 있다. 세계 경제 질서는 심각하게 불공정하며, 세계 경제 체계 속에서 수많은 사람들이 가난에서 헤어 나오지 못하고 있으며 오직 소수의 부유한 자에게만 이익과 안전을 준다. 자선 기부가 이 불공평한 체계가 유발시킨 최악의 영향들을 상쇄시킬 수 있는 좋은 시도이기는 하지만, 이것은 근원적인 부조리에 대해 고민하며 갈등하는 양심을 잠잠하게 만들어서 더 정의로운 세상을 만들지 못하게 한다. 아나뱁티스트의 상호 부조에 대한 헌신은 자신들이 무엇을 가지고 있느냐 보다도 궁핍에 처한 이들의 필요에 우선순위를 두는 것으로 나눔의 동기가 자비의 실천보다는 정의의 실현에 있다. 이것은 종종 사람들의 마음을 불편하게 만드는 신약 성경 말씀에 근거하고 있다: '누가 이 세상 재물을 가지고 형제의 궁핍함을 보고도 도와줄 마음을 막으면 하나님의 사랑이 어찌 그 속에 거할까보냐'[85] 사도 요한은 하나님을 경험하는 영적 생활의 본질(또는 유효성)이 '경제영역에서의 제자도' economic discipleship와 깊은 연관 있음을 주장한다. 무수히 많은 필요들이 있는 현실 속에서 이 아나뱁티스트의 원칙을 어떻게 실천할지 고민할 수도 있다. 하지만, 정의를 향한 깊은 관심과 새로운 세상의 도래를 꿈꾸는 비전이, 우리로 하여금 그 원칙과 대면하도록 용기를 준다.

두 번째는, 상호 부조의 실천은 현대 서구 사회들 속에 널리 퍼져있는 개인주의와 맞서는 것이다. 그 어떤 영역보다도 경제적인 영역 속에 개인주의가 보다 더 분명하게 새겨져있다. 각자의 재산은 개인에게 속한 것이다. 우리의 소유물은 우리에게 속하였으며 소중하게 보호받는다. 우리의 집은 우리의 견고한 성들이며, 어떠한 침입자들로부터도 잘 방어해 준다. 대부분의 우리는 월급이나 저축된 액수에 대해서는 타인에게 밝히기를 꺼린다. 어디에 사는 것이 좋을지, 어떤 삶의 기준을 가져야 할지, 또는 우리가 가진 자원을 어떻게 유용하게 사용할지에 대해서 타인으로부터 조언 듣기를 싫어한다. 교회들이 이러한 문화적 규범들을 전혀 따를 필요가 없다. 만약 교회들이 자신의 정체성이 기관이 아니라 공동체라는 것을 인식한다면, 그리고 만약 그저 서로 돕기 위해서 선행하는 것이 아니라 현 시대 문화의 경제적 압력을 저항하기 위함이라는 것을 인식한다면, 진정한 상호부조의 필요성을 깨닫게 될 것이다. 상호부조는 단순히 자원을 나누는 것에서 그치는 것이 아니라, 예수의 제자로써 경제영역에서도 어떻게 살아야 할지를 고민하게 한다. 이러한 경제적 영역에서의 제자도 실천은 우리들의 영성에 깊은 영향을 줄 것이다.

세 번째로, 일반적으로 자선 기부 행위는 우리가 무엇을 가지고 있으며 우리의 삶의 방식이 어떠한지에 대한 심오한 질문들을 던져주지 않는다. 그 결과 우리는 소비주의consumerism에 쉽게 굴복하게 되며, 광고 회사에 의해 조장된 혼란-필요함과 원함을 구분하지 못하는-에 빠진다. 아나뱁티스트 공동체들은 기성 문화와 가치관을 거부하며, 단순함simplicity과 자족함contentment이라는 두 가지의 특징적 가치관을 추구한다. 이 가치관은 경제와 영성의 영역에 영향을 끼친다. 역사적으로 아나뱁티스트는 빌려준 돈에 대한 이자를 받는 것, 심지어 정당한 방법으로라도 부를 축적하는 것, 가치 창출을 위한 어떠한 노력도 없이 수익을 올리는 것판매 촉진 행위: merchandising이 그리스도인에게 정당한 삶의 방식들인지 의문을 제기해 왔다. 이러한 생각들은 현대의 경제 개념과 방식에 근본적인 도전을 준다. 단순함과 자족함의 영성a spirituality of 'enough'이야말로, 우리들을 기성 문화와 가치관의 족쇄로부터 진정으로 자유하게 하는 '반反문화' 적인 것이다.

네 번째로, 상호 부조는 상호 의존과 유대관계를 바탕으로 한다. 자원을 나누는 것은 그것을 받는 쪽을 종종 의존과 무력한 상태에서 벗어나지 못하게 만드는 일방적인 행위가 아니다. 서먹서먹한 상태에서 또는 비인격적인 방식으로 하는 것도 아니다. 아나뱁티스트 전통 가운데서 특이할 만한 것은 아미시들의 '헛간 준공식'과 같은 행사이다. 이것은 도움이 필요한 한 집을 도우려고 마을 사람들이 함께 모여서 일하고, 또 집집마다 돌아가면서 돕는 손길을 모으는 것이다.(한국식으로 하면, 일손이 모자라

아미시의 헛간 중공식

는 모내기 철에 집집마다 돌아가면서 모내기를 함께 도와주는 것과 같은 것이다.) 이것은 메노나이트들이 재앙을 당한 지역에 도움을 전하기 위해서, 구호물자만 보내는 것이 아니라 돕는 자들을 직접 보내는 것과 같은 맥락이다.

아나뱁티스트라고 해서 이 경제에 관련된 원칙들을 항상 채택하여 창

조적으로 실천한 것은 아니었다. 또한 이 원칙들이 꼭 아나뱁티스트 전통에만 유일하게 속한 것도 아니다. 하지만, 우리는 이 전통을 통해서 이 원칙들을 배웠으며, 현대 문화 속에서 제자도를 경제 영역에까지 확대하고, 경제와 영성 사이의 깊은 연관성을 배우고자 전념하고 있다. 영국과 아일랜드에 있는 현대의 아나뱁티스트에게 이 경제 영역에서 제자도가 미치는 영향은 무엇일까?

- 교회 공동체의 멤버들이 저당 잡히는 방식mortgages이 아닌 다른 대안적인 방법을 통해서 서로의 집을 구할 수 있게 한다.
- 십일조 제도에 대한 이해 가운데, 성경의 가르침을 왜곡한 부분이 있음을 지적하고 개인주의와 불평등의 문제들을 대처하도록 도전한다.
- 도심 내 가난한 공동체들 속에 교회개척 팀들을 보냄으로써, 그들과의 상호 협력을 다짐하며 그들의 자본 공급이 원활하도록 돕고 그들이 '단정한 삶' uncluttered lives을 살아가도록 돕는다.
- 교회와 사회를 위한 '희년Jubilee과 공동체koinonia'와 같은 성경적 원리들의 효과를 연구한다.86)
- 개인 소유 재산의 영역이 개인주의와 소비주의의 문화를 거스르도록 도울 수 있는 선구자적인 사람들을 세운다.
- 공동체를 세우는 한 방편으로 음식을 나누고 친절을 베푸는 것을 특별히 강조한다.
- 지역적 그리고 세계적인 정의 구현을 위해 일하는 기관들에 적극적 동참한다.(예: Jubilee 2000은 빈곤국의 채무 해결을 위해 노력하고 있는 국제비정부기구 연합체, 「빈곤을 역사의 박물관으로」Make Poverty History와 같은 세계빈곤퇴치운동단체에 동참함)
- 웨스트민스터에서 있었던 액션 데이the Day of Action와 같은 예언자적 행동들

은 에스겔서에서 얻은 영감을 바탕으로 불평등의 문제를 해결하고자 2006년에 스피크Speak에서 시작했다.

기독교 다른 전통들의 그리스도인들에게 영향을 주었던 초기 아나뱁티스트들의 증언은, 부와 안전의 추구가 개인 및 조직의 영적 성장을 저해할 수 있다. 어떤 아나뱁티스트 포로들은 바깥세상에서보다도 감옥에 있을 때에 더 깊은 기도를 할 수 있었다고 증거 했다. 마음을 흐트러뜨릴 세상 근심이 없고, 고문과 사형 집행에 대한 두려움 그리고 목마름과 배고픔의 상황은 그들로 하여금 열렬하고 필사적인 기도의 자리로 이끌었으며 하나님과의 친밀함을 회복하게 해주었다. 어떤 아나뱁티스트 작가들은 국가로부터 월급을 받으며 안락한 생활을 하는 설교가들이 하나님의 말씀을 마음으로부터 바르게 분별하고 설교할 수 있는지 의문을 제기했다. 이들의 증언은 가난하고 위협받는 삶이 안락하게 설교 듣고 예배 드리고 영성수련회에 가는 것만큼이나 진정한 영적 성정에 도움이 되는지 생각해 보게 한다.

이 여섯 번째 핵심 신념의 또 다른 측면을 보면 역사 속의 아나뱁티스트 전통과 관련이 전혀 없는 것처럼 보인다. 특히 창조 세계를 돌보는 것은 16세기의 아나뱁티스트 또는 그 당시 다른 그리스도인들에게는 관심 밖의 일이었다. 하지만, 대부분의 아나뱁티스트들은 수세기를 내려오는 동안 땅에 관련된 일을 하면서 살았고, 그리고 오늘날의 많은 아나뱁티스트 공동체들은 땅에 대한 책임과 영성 사이의 연관성을 강조한다. 창조 세계 보호에 관심이 많은 그리스도인들은 아나뱁티스트 전통 속에서 공통 관심사를 발견한다. 진정으로 아나뱁티스트 가치관은 창조 세계 보호에 대해 진지하게 생각해 보도록 우리를 이끌어 준다. 친환경-공동체Eco-congregation 프로그램[87])의 책임자와 선도적인 환경 단체의 대표자는 최근까지 아나뱁티스트 네트워크의 운영팀 멤버들이었다.

최근 들어서 주목받고 있는 두 개의 아나뱁티스트 중심 가치들이 창조 세계를 보호하고 돌보는 것의 중요성을 표명한다. 첫 번째 가치는 아나뱁티스트 전통이 예수의 인성을 강조한다는 것이다. 성육신은 '물질이 중요하다' matter matters는 것을 보여준 예이다. 두 번째 가치는 이제부터 다루려고 하는 주제인 평화에 대한 헌신이다. 하나님의 선교 목적이 화해일진대, 이것은 인간 세계 뿐만 아니라 전 창조세계에도 적용된다. 현대 아나뱁티스트들의 일곱 번째 핵심 확신을 소개하면 다음과 같다:

> 평화는 복음의 핵심이다. 이 세상에 비록 분열과 폭력이 난무한다 할지라도, 우리는 예수를 믿고 따르는 자로서 개인 간에, 교회들 간에, 사회들 간에, 그리고 국가들 간에 평화를 만들어 가는 비폭력적인 대안을 찾는 일에 전념한다.

아나뱁티즘은 소위 '역사적 평화 교회'와 관련 있다. 평화 교회들은 어떠한 형태의 폭력이든지 반대한다. 뿐만 아니라 평화를 부수적이거나 조건적이거나 주변적인 사항으로 보지 않고, 복음의 중요한 토대를 이룬다고 믿는다. 수세기 동안 내려온 아나뱁티스트 교회들의 특징은 평화에의 헌신에 있다.

아나뱁티스트와 비폭력non-violence

경제적 부분에서의 강조점들(공동 재정과 상호 부조)이 동시대의 그리스도인들의 마음에 들지 않았던 것처럼, 전쟁에서 무기를 들고 싸우기를 거부하는 대부분의 아나뱁티스트들의 행동도 마찬가지로 골칫거리로 비춰졌다. 모든 유럽 국가들의 시민들에게는 가정과 사회를 보호하고 전쟁에 동참하며, 터키 사람들이나 다른 이주자들을 쫓아내야할 의무가 있었다. 아나뱁티스트 평화주의는 그러한 통상적인 폭력적 행동방식을 거부할 때에 비겁자와 배신자로 치부된다는 것까지도 예상하고서 선택하는 것이었다.

비록 이 평화주의에 대한 신념은 아나뱁티스트 운동 초기부터 주장되었지만, 모든 일세대 아나뱁티스트가 받아들이지는 않았다. 어떤 아나뱁티스트들은 막대기를 들기 보다는 무기를 들고 다니면서 싸움을 대비하기도 했다. 하지만, 대부분의 아나뱁티스트는 교회와 국가의 확실한 분리가 필요하다고 주장하고, 예수의 제자들이 국가공공기관에서 함께 일할 수 없다고 생각했다. 왜냐하면, 공공기관의 경우에 사형의 집행과 폭력의 사용을 정당화하는 일을 하기 때문이었다. 하지만, 어떤 아나뱁티스트들은 신실한 그리스도인들이라면 행정 장관과 같은 역할을 맡는 것이 가능하다고 생각했다.

16세기 중반까지 평화주의는 아나뱁티스트 전통의 핵심 가치로 확고히 자리 잡았다. 모든 아나뱁티스트 교회의 멤버들은 성경 해석과 신학적 논의를 바탕으로 세워진 이 가치를 지지하도록 요구받았다. 비록 오늘날에는 이런 원칙적인 평화주의가 종종 높이 평가되지만, 과거에(특히 전쟁이 있을 때에는) 아나뱁티스트들은 싸우기를 거부하는 행동으로 인해 혹평을 듣고 징벌을 받았다. 어떤 아나뱁티스트 교회의 일원들은 사회 압력에 굴복하거나 자신들의 평화 전통을 따르지 않고서 때로는 전쟁에 동참하기도 했다. 그리고 오늘날 어떤 아나뱁티스트 교회는 자신들의 평화에 대한 주장으로 인해서 다른 이들에게 혐오감을 줄까봐 염려하기도 한다. 하지만, 대부분의 아나뱁티스트들은 지속적으로 평화주의를 채택하고 따르고 있다.

아나뱁티스트는 어떠한 형태로든지 종교적인 강압을 반대한다. 그들 자신들이 소외당하고, 차별 대우 받으며, 핍박을 받았기 때문에, 다른 소수자 그룹들의 반응에 민감하다. 초기 아나뱁티스트들은 모든 사람-다른 의견을 가진 그리스도인들뿐만 아니라 유대인들과 회교도인들도 포함-을 위한 종교 자유를 옹호하기 위해서 싸웠다. 모든 종교의 자유를 주장하는 것이 복음 전도와는 상반된다고 할 수도 있지만, 16세기 아나뱁티스트는 분명히 열정적인 전도자들이었다. 현대의 모든 아나뱁티스트가 이런 두 가지 차원의 전도 비전을 동시에 붙들지 못할 수 있다. 하지만, 최근에 어떤 이들은 특별히 회교도들과의 관계 형성을 위해, 그리고 종교적으로 다원화되고 나눠진 세상 속에서 교회의 전도사명을 다하기 위해 평화적으로 증인된 삶을 사는 방법을 모색하고 있다.[88]

평화에 대한 헌신을 복음의 본질적 차원으로 회복시키고자 하는 아나뱁티스트의 끊임없는 노력은 아나뱁티스트 전통을 다른 여타 운동으로부터 구분시켜 준다. 왜냐하면, 다른 운동들의 경우에, 초기에는 '평화의 증인'이 되고자 하였으나 그 이후 세대들에 가서는 변질되고 말았다. 이런 경향을 가진 교단들로는, 그리스도인 교회the Disciples of Christ, 플리머스 형제교회the Plymouth Brethren, 하나님의 성회the Assemblies of God가 있다. 신약성경의 가르침을 순수하게 따랐던 첫 세대들의 공동체들은 평화가 복음의 중심이라고 믿지만, 시간이 지남에 따라 소수 공동체들만이 이 신념을 지속적으로 유지한다. 이것은 주요 교단들의 가르침과 행동이 어떠한지를 안다면 그리 놀랄 일이 아니다. 수세기 동안 교회는 치명적인 폭력의 사용을 지지하고, 전쟁에 사용될 무기를 축복하고, 군대의 승리를 위해 기도하고, 예배 의식 중에 전쟁에서의 승리를 축하하며, 선교사들을 싸우러가는 군대와 함께 보냈다. 그래서 교회들은 제국적 또는 국가적 세력의 이미지와 동일시되었기에, 나중에는 교회들은 정치적 방식과 영적인 방식을 구별하는 일로 고심하였으며, 그리고 편재해 있는 무력을 옹호하는 생각들에 도전을 주고자 노력하였다. 물론 교회들의 결정에 반대하는 주장을 소신껏 펼쳤던 소수의 사람들이 있었지만, 서구 교회들의 지배적인 목소리는 폭력의 사용을 정당화하고 지지하였다.

평화, 전쟁 그리고 크리스텐덤

아나뱁티스트 전통 속의 평화의 증인peace witness에 대한 가르침은 초대 교회들의 가르침과 실천으로 거슬러 올라간다. 콘스탄틴의 회심 이전과 이후의 전쟁과 평화에 대한 이해는 다르다. 주후 170년경까지 교회는 주로 평화주의 노선을 취하였다. 그 당시의 상황을 보면 이해가 된다: 보편적인 징병제도가 없었으며, 군대 군인들 가운데 회심자도 없었으며, 그리고 교회는 주류 사회에 속하지 못한 소외된 공동체였다. 전쟁하도록 자극을 주는 동기도 없었다. 그때 전쟁을 반대했던 근본적인 이유는 사랑과 살인하는 것이 양립될 수 없다는 일반적인 인식 때문이었으며, 교회도 자신들의 정체성을 예수의 가르침과 본보기를 따르는 평화의 모델로 인식하고 있었다.[89]

주후 170년과 313년 사이에는, 약간의 변화가 있었다. 교회들이 점점 더 규모면에서 성장하고, 사회 속에서 점차 더 자리 잡게 되고, 광범위한 영역의 사람들이 회심하게 되고, 또 군인들 가운데도 회심자들이 생김에 따라서, 많은 사람들이 좋은 그리스도인이 되는 것과 좋은 로마 시민이 되는 것을 동시에 추구하게 되었다. 동시대의 이교도들은, 그리스도인들을 향해서 로마제국의 도움을 입으면서도 제국의 안전을 위해 싸우기를 거부한다고 비난하였다. 그러자 어떤 그리스도인들은 그러한 비난을 무마하기 위해서 군대에 입대하기 시작했다. 하지만, 이러한 타협은 교회 지도자들에게 강한 저항을 불러 일으켰고, 결국에는 전쟁에서 죽이는 것을 거부하는 자들을 사형당하게 하는 빌미를 제공하였다.

콘스탄틴의 개종은 교회와 전쟁의 관계에 광범위하고도 급격한 변화를 가져왔다. 십자가는 군대를 대표하는 하나의 상징이 되었다. 많은 수의 군인들은 빠르게 성장하는 교회들의 일원들이 되었으며, 어떤 그리스도인들은 제국 군대에 입대하여 소위 '기독교 사회Christian society'를 보호하는 책임을 맡았다. 교회 지도자들은 전쟁에서 사람을 죽이는 것을 승인했고, 무기를 버리고 싸우지 않는 군인을 협박하기 위해 교회에서 제명시키기도 했다. 주후 416년에는 오직 기독교로 입교한 사람만 군대에 입대하도록 규정되었다. 즉 교회는 전쟁과 평화협정을 맺었다.

크리스텐덤 시대 동안, 교회와 국가가 협력함에 따라 전쟁과 평화에 대한 새로운 해석이 필요했다. 이 새로운 상황 가운데서, 평화주의는 전적으로 비현실적이었다. 하지만, 초대교회들이 300여 년 동안 쌓아 놓은 평화에 대한 증언들이 순식간에 사라지지는 않았다. 그렇다면 교회들은 교인들이 전쟁에 참여하는 것을 정당화하려고 어떻게 대응했을까?

그 해법은 초기 크리스텐덤 시대의 가장 영향력 있는 신학자였던 히포의 성 어거스틴Augustine, bishop of Hippo에 의해 제안되었다. 어거스틴은 이교도들의 철학적 견해를 그리스도인들의 입맛에 맞게 변화시켜서 적용하였다. 그는 이후에 '정의로운 전쟁'Just War으로 알려진 교리를 주창하였다. 이 교리는 발발한 전투가 정당한지 아닌지를 구분하는 지침서와 판단의 기준을 교회에 제공했다. 이 교리는 전쟁 자체를 미화하지 않지만, 난무하는 불법이나 침략자들이 승리하도록 내버려 두는 것보다는 전쟁을 하는 편이 낫다고 주장한다. 이 교리는 성경이나 초대교회의 가르침에 근거하지 않았다.(어거스

히포의 어거스틴

틴이 난해한 신약 성경 구절들을 들어서 변명을 늘어놓은 것을 보면, 그도 이 점을 불안하게 여겼던 것으로 보인다.) 하지만, 교회 지도자들은 새로운 사회 환경과 타협하는 과정 속에서 이 교리를 아무런 거리낌 없이 수용하였으며, 적대적인 이교도 귀족사회에 동화되고자 하였다. 교회의 이러한 태도는 지금까지도 유력한 방법으로 받아들여져 왔다. 이 교리에 의하면, 만약에 전쟁에 대한 정당한 이유가 있고, 만약에 의도하는 목적이 선하며, 만약에 전쟁의 승리를 기대해야 할 정당한 이유가 있고, 만약에 전쟁의 수단이 적절하며, 그리고 만약에 합법적인 권위자에 의해서 전쟁이 선포되고 싸우도록 격려된다면, 전쟁에 동참하는 것이 정당하다고 결론내린다.

어떤 그리스도인들은 이 정의로운 전쟁 교리가 타락한 세상 속에서 여전히 유용하며 현실적인 접근법이라고 믿는다. 이론상으로 모든 항목들이 충족될 때에 전쟁이 합법화될 수 있으며, 이 교리의 적용을 위한 지침들은 상당히 엄중하다. 만약 엄격하게 모든 항목들이 충족되었는지를 따져 본다면, 아마도 역사상의 거의 모든 전쟁들이 불법으로 판명될 것이다. 하지만, 그 어떤 교회도 자신이 속한 나라가 선포하는 전쟁에 대해서 부정당하다고 선포하지 않았다! 이러한 역사적 사실이 드러나고, 또 그 당시의 방법을 현 시대에 적용되는 것이 거의 불가능함을 인식하면서부터, 점점 더 많은 현대 그리스도인들은 전쟁에 대한 이 낡은 교리를 부인하고 있다.

크리스텐덤 시대에 제기 되었던 또 다른 전쟁에 대한 접근법인 십자군 또는 성전holy war-악한 적들을 물리치고, 복음 전파를 목적으로 합법화된 전쟁-에 대해서 찬성을 표하는 사람들이 있다. 논리적으로는, 이 방법이 '정의로운 전쟁' 보다는 더 확실한 성경적 근거(적어도 구약 성경 안에서)가 있지만, 그것 이외에는 더 내세울 것이 없다.

화해하는 방법 배우기

오늘날 많은 그리스도인들이 아나뱁티스트들도 동조했던 역사적 평화교회 전통에 관심을 갖는 것은 놀라운 일이 아니다. 어떤 이들은 강압적인 조취가 취해지기까지는 여전히 부정이 번성할 것이라고 생각하고, 또 비폭력 중재의 방법이 주장하는 것과 달리 효과적이지 못할 것이라고 생각한다. 다른 이들은 평화주의pacifism와 소극적 저항주의passivism를 혼동하기도 한다. 하지만, 현대식 전쟁의 공포감, 20세기 초에 고조된 '전쟁들을 종식시키기 위한 전쟁'과 같은 끊이지 않는 폭력의 악순환 고리, 그리고 정치가들이 늘어놓는 전쟁의 이유들에 대한 회의감의 고조 등과 같은 현상들은 오랫동안 받아들여져 오던 전쟁에 대한 가정과 지침에 변화를 요구하였다. 즉 크리스텐덤이 남겨준 가장 유해한 유산들 중의 하나가 위협받고 있는 것이다.

한 사회 속에는 많은 종류의 믿음을 가진 사람들이 있지만, 특정 그룹이 옳다는 가정 하에 치명적인 폭력이 행해지는 사회에 이 아나뱁티스트 전통은 대안적인 관점을 제시한다. 이 전통은 세속적인 인본주의secular humanism-평화주의의 다른 형태를 지지하는의 자유주의적인 가치에서 유래된 것이 아니라, 예수의 가르침과 모범을 바탕으로 한다. 그렇기에 아나뱁티스트 평화주의는 문화적 세력에 대항하는 교회의 일시적인 반응이 아니라, 박해의 불 시험 속에서 검증되어지고 500여 년 동안 이어져온 그들의 뿌리 깊은 확신이다.

아나뱁티스트 전통에서 평화에 대한 증언은 다른 많은 기독교 전통들에 속한 그리스도인들에게 흥미로운 부분이다. 아나뱁티스트들 모두가 자신들을 평화주의자라고 소개하지 않는다. 하지만, 이들 대부분은 '평화가 복음의 핵심'이며 그리스도인들이라면 정의 실현뿐만 아니라 평화도 추구해야 한다고 확신한다. 뿐만 아니라 가장 진지한 마음으로 원수까지도 사랑하라고 하신 예수의 가르침을 따라야 한다고 주장한다. 이 일곱 번째 핵심 신념은 현대의 아나뱁티스트들이 평화에 대해서 믿는 바가 무엇인지를 표명한 것이며, 삶의 모든 영역에서 평화를 추구하도록 촉구한다.

만약 우리들이 구약 성경 속의 평화를 뜻하는 말인 '샬롬' shalom이 가진 여러 의미를 알고 있다면, 평화라는 말이 가진 다양성을 이해할 수 있다. '만물의 회복' universal restoration, 90)이라는 성경적 비전은 다양한 관계들 속의 평화를 포함한다: 하나님과 사람 사이의 평화, 적들 사이의 화해, 분열된 인격의 치유, 전쟁의 무기들이 해체되어져서 농업을 위한 기구들로 변형, 부정과 억압의 제거, 번영하는 공동체들, 속박으로부터 자유해진 창조 세계, 그리고 병듦과 사망의 철폐이다. 이러한 평화는 복음의 핵심에 있다. 왜냐하면, 하나님의 선교적 사명은 온 창조세계에 평화를 가져오는 것이기 때문이다.

비폭력에 대한 아나뱁티스트들의 헌신은 사람들이 서로에게 친절해지도록 설득될 수 있다는 순진한 기대에서 시작되는 것이 아니다. 우리는 이 분열되고 폭력이 난무하는 세상 가운데서 예수를 따라가는 자들이다. 우리는 악의 존재에 대해 인식하고 있으며, 그것이 우리의 사랑하는 사람들의 마음속과 우리의 마음속에 잠복해 있기도 하고, 또한 극악한 폭력의 행동 가운데 악의 존재가 영향력을 주는 것도 안다. 하지만, 우리는 평화의 왕이신 예수를 따르는 자들이며, 폭력을 행하는 것보다도 예수의 비폭력적이며 사랑을 행하는 방식이 더 현실적이라는 것을 안다. 평화 교회들의 비폭력적인 대안들이 중·단기적으로 효과적인가 아닌가를 떠나서, 평화 교회들은 도래하는 하나님의 나라에 대한 표징이다. 우리는 하나님의 역사의 시간표 속에서 다가오는 미래에 초점을 맞추길 원한다.91)

비록 아나뱁티스트들이 일관되게 전쟁과 형사법제도에서의 치명적인 폭력 사용을 반대해 왔지만, 다음 두 개의 질문들에 대해 설득력있게 대응하는데 있어서 종종 어려움을 겪었다: 만약에 폭력의 수단이 제거되었다면, 대부분의 경우 부정을 그냥 방치해도 무관하지 않을까? 그리고 비폭력 대안법들이 역사 속에서 효과를 인정받았는가?

수세기를 걸쳐 아나뱁티스트들은 눈앞에 펼쳐진 부정에 대해서 소극적으로 반응했던 것, 사회참여로부터 이탈, 비폭력non-violence을 무저항non-resistance과 혼동했던 것, 전쟁을 반대하는 것에서 그치는 것이 아니라 대안을 적극적으로 찾고 실천하는 일에 실패했던 것, 무책임한 관념주의, 그리고 비현실적인 형태로 영성을 추구했던 지난 날에 대한 일종의 죄책감을 가지고 있었다. 하지만, 일곱 번째 핵심 신념에서 보여주듯이, 많은 현대의 아나뱁티스트들은 '평화를 만들고 화해하는 것'을 그들에게서 배우며 '비폭력적 대안'들을 찾는 일에 전념하고 있다. 이것들은 혁신적인 헌신이며, 우리들로 하여금 사회에 참여하게 하고 또한 수동적 태도를 벗어버리게 해 준다. 실제로 현대 아나뱁티스트들은 평화주의에 대한 상투적인 관념들을 대신할, 창조적이며 실천가능한 대안들을 개발하는 일에 선두자적 역할을 하고 있다. 그 예들은 다음과 같다:

- 그리스도인 평화운동가 그룹Christian Peacemaker Teams; CPT은 충돌이 있는 지역에 가서, 그곳 공동체 안에서 평화와 정의를 위해 일하고 있는 사람들을 위해 조직적인 지원을 한다.92) 이 책의 원고를 거의 마치던 시점에, 아나뱁티스트 네트워크의 핵심 멤버들 중의 두 명은 라틴 아메리카에 있는 이 팀을 도우려고 떠났다.
- 갈등 전환은 개개인과 공동체들이 갈등을 파괴적인 방법으로 다루는 것이 아니라 창조적이며 변화 가능한 것으로 다룰 수 있도록 훈련시키는 것에서 시작한다. 런던 메노나이트 센터the London Mennonite Centre에서 시작한 브릿지 빌더the Bridge Builders라는 프로그램은 이 갈등 전환 영역에서 많은 전문

가들을 양성하였다.[93]
- 아나뱁티스트 네트워크 회원들에 의해 시작된 어린이들을 위한 공휴일 모임인 '평화운동가' Peacemakers는, 다문화 도심 지역 공동체 형성의 선두자 역할을 하였다. 다른 종교 집단들에 속한 어린이들이 화해와 평화를 만드는 것이 무엇인지를 배우고 있으며, 최근에는 지역 학교들도 이 프로그램을 도입하고 있다.
- 피해자와 가해자 사이를 중재하는 프로그램과 회복적 정의restorative justice 프로그램들은, 죄와 형벌에 대해 응보적retributive이거나 애매모호한 접근법이 아닌 건설적인 대안들을 제시한다.[94] 호주와 뉴질랜드의 아나뱁티스트 단체의 회원들은 이러한 프로그램 계발에 열정적으로 참여하고 있다.

이러한 평화를 위한 진취적인 시도들은 선한 의도를 넘어서 지나치게 순진하다는 이유로 때때로 비난 받는다. 전통적인 방법에 대한 대안을 제시하는 선구자들은 이 과정 가운데서 실수를 유발했었다는 것과 그들의 대안들이 여전히 개발 중이라는 것을 인식한다. 그리고 최근에 시도된 대안들의 장기적인 유효성은 아직 분명하게 검증되지 않았다. 하지만, 어떤 프로그램들은 잠재력을 충분히 인정받을 만큼 실시되었으며, 그 원리들은 많은 다른 이들에 의해 수용되었다.[95] 군사적이며 응보적인 체제와 비교해서 자료가 거의 없음에도 불구하고, 이 평화를 만들어 가고자 하는 시도들은 결실을 거두기 시작했다.

사실상 점점 더 많아지는 증거들에 의하면, 비폭력 저항이 정치적·사회적 변화를 앞당길 수 있다는 것이다. 뿐만 아니라 범죄와 불법에 대한 회복적restorative이며 관계 중심적인relational 접근은 희생자들과 사회의 회복에 더 큰 기여를 한다. 비록 전통적인 생각과 방식을 고집하는 사람들이 있지만, 응보적이며 폭력적인 방법이 비효과적일 뿐 아니라 추가적인 폭력과 범죄 행위를 유발할 수 있다는 많은 증거들이 있다. 과연 이 평화와 화해를 추구하고자 만들어진 대안들이 어떤 가능성들을 가지고 있는지 살펴보자.

전통적인 관습 대신에 대안적 방안들을 택하는 데에는, 용기와 창조력과 인내가 필요하다. 사회 문화 속에 깊이 아로새겨져 있는 것은 바로 월터 윙크Walter Wink가 지적한 '구속적 폭력의 신화' the myth of redemptive violence이다.96) 이 신화는 크리스텐덤을 통해 널리 퍼졌고 또한 신학적으로도 확고한 기반을 가지고 있다. 크리스텐덤의 종말은 이 신화와 이것을 뒷받침하던 신학에 도전을 가할 기회를 뜻한다. 또한 분열과 폭력에 염증을 느끼며 갈등 해결을 위한 새로운 방법을 찾고자 하는 세상에게 희망을 줄 수 있는 창조적인 대안들을 개발할 기회를 의미한다.

갈등이 다양한 면을 가지고 있기에, 갈등에 반응하며 접근하는 방식도 유동적이어야 하며, 다양한 관계들-개인과 개인 사이, 교회 내부 및 교회들 사이, 사회 내부, 국가들 사이-속의 갈등 해결을 위한 다양한 전략들을 찾아야 한다. 비록 우리의 교회들이 갈등 해결을 위한 창조적인 방법을 배우는 일에 더딜지라도, 먼저 우리의 각 가정들 안에서 어떻게 하면 갈등을 이해하고 해결할 수 있는지 경험하고 실천해야 한다. 수세기를 걸쳐서 아나뱁티스트들도 적지 않게 내부 갈등을 겪었으며, 때때로 그들 안에서 분열과 증오를 낳기도 했다. 그렇기에 아나뱁티스트 전통은 현대의 평화와 갈등 중재 영역에 있어서의 고무적인 예시들뿐만 아니라 유익한 경고들도 준다. 다른 기독교 전통들에 속한 그리스도인들과 다른 점이 있다면, 아나뱁티스트들은 자신들과 의견이 다른 자들을 핍박하고 죽이지 않았다. 그리고 현대의 평화운동가들에게 이 아나뱁티스트 전통이 주는 특별한 유익은 비폭력 저항과 적을 사랑하는 것과 신실한 믿음을 지키고자 몸부림치는 삶의 역사적 실례들을 보여준다는 점이다. 아나뱁티스트 전통은 우리가 예수의 삶과 가르침을 배우는 자리로 되돌아가도록 이끈다.

원수를 정말 사랑하고 자비를 베풀 수 있을까? 더크 윌렘스Dirk Willems는 아나뱁티스트 전통의 상징적 인물들 가운데 한 사람으로, 16세기 후반부에 네덜란드 아스페렌Asperen 지역에 있는 지하교회의 일원이었다. 재침례를 받고 행한 것으로 인해 가톨릭 교회에 의해 고발되어 체포 투옥되었다가, 탈옥할 기회를 우연히 얻었다. 얼어붙은 호수를 가로질러 도망치던 중에 그를 뒤쫓던 간수가 깨진 얼음 아래로 호수에 빠지자, 뒤돌아가서 그 간수를 차가운 호수에서 건져내었다. 이렇게 온정을 베푼 더크에게 돌아온 것은 다시 체포되어 화형되는 것이었다. 아나뱁티스트들은 이 이야기를 숙고하면서 왜 더크가 간수를 구해주러 되돌아갔는지 의아해했다. 분명히 그 순간에 더크에게는 득과 실을 주의 깊게 분석할 시간적 여유가 없었다! 이러한 자비와 사랑에 대한 본능적인 반응은 적까지도 사랑하는 것을 예수의 제자 된 증거로 여겼던 공동체에 의해서 고취된 것임이 틀림없다.

원수를 사랑하고 너희를 저주하는 사람을 축복하라(더크 윌리엄스)

따라서 평화와 화해를 조성하고 비폭력적 대안들을 찾아가는 첫 번째 단계는, 바로 '평화 교회'들을 계발하고 확장하는 것이다. 이 평화 교회는 전통적인 틀에 얽매이지 않는 새로운 시도에 대해 개방적이며, 새로운 가능성을 탐구하는 창조력을 허용하는 교회이다. 나는 때때로 이런 질문을 받는다: '만약에 어떤 외부인이 당신의 집을 부수고 들어와서 당신이 사랑하는 사람을 위협한다면, 당신은 어떻게 행동하시겠습니까?' 나의 분명한 한 가지 대답은, '내가 행동에 옮기지 않을 몇 가지가 있는데 그 중의 하나는, 내가 총을 가지고 있지 않기에 그들에게 총을 쏘지 않을 것이다' 이다. 하지만, 나는 내가 그런 상황에 실제로 어떻게 대처할지 모른다. 성경과 아나뱁티스트 전통을 통해서 평화와 화해를 만드는 법을 배워왔기에, 내가 그런 위급한 상황 가운데서도 창조적이고 비폭력적인 방법으로 대응하게 되길 소원한다.

몇 가지 작은 시도들을 통해 첫 발을 내디딤으로, 더 크고 더 가치 있는 단계들에 대해서 영감을 얻게 된다. 내 사무실 벽에는 '평화를 위한 겸손한 제안' a modest proposal for peace이라고 쓰인 문구가 걸려 있다. 아나뱁티스트 지도자인 존 스토너John Stoner는 1984년에 이렇게 제안하였다: '세상에 있는 그리스도인들은 서로 죽이지 않겠다고 동의하라.' 이 제안을 많은 상황들에 적용할 때 생기는 반응들은 흥미로웠다. 대체로 마음을 심란하게 하고 동요를 일으키는 제안의 진가를 인정하기까지 상당한 시간이 걸린다. 대부분의 사람들은 자신들의 교회에 속한 일원들을 죽여서는 안 된다는 것에 동의한다. 나아가서는 자신들과 같은 교단에 속한 교회들의 일원들에 대해서도 똑같이 적용한다. 그렇다면 전쟁 지역에 있는 다른 나라의 그리스도인들 또는 적군 속에 있는 그리스도인 전투원들에 대해서는 어떻게 해야 하는가? 그리고 전쟁을 치르는 중에, 누가 그리스도인 군인들이고 누가 그리스도인 시민들인지 어떻게 구별할까? 더군다나, 우리가 왜 그리스도인 군인들과 시민들에게 차별적인 특혜를 줘야 하는가? 점점 더 이 '겸손한 제안'이 던져주는 도전의 의미를 생각해 보게 된다.

결론

'식량'과 '안보'에 관련된 부분들은 모든 사회 안에서 중요하게 다루어진다. 그것들이 우리의 가장 기본적인 필요들이 충족되는 데에 영향을 미치기 때문이다. 특히 기존에 수용되던 주요한 가치와 전제들이 도전을 받을 때에, 이런 부분에 대한 논쟁은 강한 반향을 일으킨다. 하지만, 그러한 논쟁들이 우리가 속한 사회에게 시기적절하고 절대 필요한 것이다. 왜냐하면, 사회 속에서 폭력의 위협적 사용과 효과에 대한 오랜 신뢰가 더 이상 받아들여지지 않고, 또 사유재산과 이기주의에 바탕을 둔 자유 시장 방식의 자치 능력이 자명하게 틀렸다는 것이 드러났기 때문이다. 결국 군사적 소비주의에 기반을 둔 문화는 불안정하다. 그리고 크리스텐덤의 붕괴로 말미암아, 서구 사회 그리스도인들은 사회의 쟁점들을 재고찰하며 또 부와 폭력과의 결탁을 끊을 수 있는 기회를 갖게 될 것이다.

만일 그렇게 된다면, 아나뱁티스트 전통은 우리에게 도움이 되는 많은 영감들과 자료들을 제공할 것이다. 물론 이 변화무쌍한 세상 속에서 예수를 따르는 자로써 살아가는 것이 무엇을 의미하는지 알고자 하는 우리에게 도움을 줄 수 있는 전통들은 많이 있다. 일곱 번째 핵심 신념을 통해서 살펴보았듯이, 이 아나뱁티스트 전통은 그런 많은 전통들 가운데 하나일 뿐이다. 그리고 아나뱁티스트 전통은 흠도 많고 약점도 많다. 그래서 아나뱁티스트 전통에 적극적으로 동참하고자 하는 이들은, 이 전통이 가진 약점들을 직시해야 하며, 또한 다른 전통들이 가진 장점들에도 감사할 줄 알아야 한다.

다음 장에서는 아나뱁티스트 운동의 역사적 개관을 다루고, 이 책의 마지막 장에서는 아나뱁티즘의 단점과 불완전한 면모의 일부를 열거할 것이다. 다음 장의 역사적 개관을 건너뛰고 싶다면 바로 마지막 장으로 가라. 하지만, 다음 장이 어떤 이들에게는 3장부터 6장 사이에서 언급되었던 아나뱁티스트들에 대한 이야기들을 하나로 엮어줄 유용한 뼈대를 만들어 줄 것이다.

7. 1세대 아나뱁티스트

The Original Anabaptists

앞서 3장에서부터 6장까지 아나뱁티스트 전통에 깊이 공감하는 그리스도인들의 확신과 헌신이 담긴 일곱 가지 핵심 신념들에 대해 상세히 설명하였다. 이 핵심 신념들은 21세기 초반에 영국과 아일랜드에 있는 예수를 따르는 자들이 아나뱁티스트 전통과 가치를 어떻게 해석하고 이해했는지를 보여준다. 역사 속 아나뱁티스트들의 본질을 정제해 내고, 그렇게 벌거 벗겨진 아나뱁티스트들의 가치를 현 시대의 상황 속에 적용해 보고자하는 시도이다. 하지만, 이러한 접근법이 신뢰할만한가 하는 부분은 검증이 필요하다. 500여 년 동안 다른 사람들이 아나뱁티스트들의 삶과 공동체들을 바라본 시각과 조화를 이루는가? 그리고 오늘날의 해석이 원래 아나뱁티스트들의 비전과 가치를 충실하게 반영하는가?

현대 아나뱁티스트들은 아나뱁티스트 비전의 재해석 과정이 가진 위험성–우리가 원하는 방식으로 그들의 비전을 해석할 수 있는–을 인지하고 있으며, 우리라고 해서 그 덫에 빠지지 않으리라는 보장이 없다. 그래서 몇 가지 예방조치를 취했다. 우리는 유럽과 북아메리카에 있는 메노나이트 교회들과 유대관계를 유지하고 있으며, 영국에 있는 후터라이트 연계 공동체를 종종 방문하여 교류를 갖는다. 아나뱁티즘의 역사적 표현인 이들과의 교류는 우리가 원래 아나뱁티스트 비전을 변질시켰는지 아닌지 그리고 이 비전에서 벗어났는지 아닌지를 식별하게 도와준다. 그리고 16세기 아나뱁티스트들의 이야기들을 반복해서 들음으로써, 우리의 확신과 신념이 그들의 원래 비전에서 어긋났는지 아닌지를 검증할 수 있다.

메노나이트, 후터라이트, 그리고 아미시 공동체들은 아나뱁티즘을 각각 다른 방식으로 해석했기 때문에 생겨났다. 이들 공동체들은 수세기를 지나오면서 아나뱁티즘의 어떤 부분들은 유지하고, 또 변화하는 환경에 적응하기 위해 다른 부분들을 접목하기도 했다. 우리는 이들 공동체들이 행하는 모든 것들을 모방하거나 그들의 모든 해석에 동의해야 한다고 생각지 않는다. 하지만, 그들로부터 배우기 원하고 그들의 경험들을 소중하게 여긴다. 대화를 통해 점검을 도와주는 이들과 같은 동료들이 없다면, 현대의 새로운 아나뱁티스트들은 아나뱁티스트 전통을 이상화시키고 공상적으로 다루게 될 것이다. 이 장의 마지막 부분에서 이들 공동체들에게 감사를 표할 것이며, 그들이 영감을 주고, 도전을 주며, 심지어는 우리를 동요시킨 부분이 무엇인지 말할 것이다.

제일 먼저 이들 공동체들의 시초인 최초 아나뱁티스트들에게로 거슬러 올라가야 한다. 최초의 아나뱁티스트들은 누구인가? 그들은 무엇을 믿었는가? 그들의 소망과 꿈은 무엇이었는가? 왜 그들은 박해를 받았는가? 왜 그들은 반대와 고통에 직면해서도 저항하였는가? 미래에 다가오는 세대에게 어떤 유산을 남겨 주는가?

현대의 새로운 아나뱁티스트들

16세기 전반부에 걸쳐서, 여러 곳에서 독립적으로 시작된 움직임들이 점차 하나로 연합하면서 아나뱁티스트 운동의 윤곽이 형성되었다. 각 지역적 요소들의 영향으로 인해, 개개의 움직임들은 결코 획일적인 양상을 지니지 않았다. 하지만, 이 움직임들이 다른 지역들로 계속 퍼져 나가고 또 각 대표자들이 서로의 공동체를 방문하면서, 그들 사이에 지역적 다양성 너머로 많은 공통된 확신들과 근본적인 일치됨을 발견했다.

그들 사이에 공통된 확신들이 있었다는 점은 여러 다른 방식으로 이해될 수 있다: 각 지역에서 일어난 움직임들이 성령의 영감에 의한 것이다; 사람들이 전통적인 교회의 방식을 거부하고서, 감독자 없이 직접 성경을 읽어나감으로써 생긴 것이다; 전 유럽을 휩쓸었던 사회적, 경제적, 정치적 혼란에 대한 반응이다; 또는 대적자들이 주장하듯이 그들 모두가 잘못된 지식에 현혹된 결과이다.

아나뱁티스트들이 나타나기 이전 세대에 활동했던 반체제자들도 공인받은 성경해석가의 도움 없이 성경을 읽었으며, 이들의 확신과 아나뱁티스트들의 확신들 사이에는 주목할 만한 유사성이 있다. 크리스텐덤 시대를 걸쳐서 이들 모두를 없애려는 당국의 단호한 노력에도 불구하고, 이들의 '이교도적' heretical 움직임들은 반복적으로 표면 위로 떠올랐다. 앞서간 반체제자들의 손으로 베껴 쓴 문헌들은 상대적으로 쉽게 진압되었지만, 아나뱁티스트들의 경우에는 그들이 원하는 만큼 인쇄할 수 있는 새로운 기술의 덕을 보았다. 비밀리에 운영되었던 인쇄기는 그들의 주장들이 담긴 문서들을 지속적으로 퍼뜨리고, 견해 차이를 보이는 그룹들 사이에 대화의 연결고리를 만들어 주고, 그들에게 침묵할 것을 요구하는 자들의 시도를 좌절시킴으로써, 아나뱁티스트의 영역을 확장시켜 주었다.

아나뱁티스트 운동의 의미는 16세기의 이야기들에만 국한되지 않는다: 16세기가 되기 수세기 전에 이미 진정한 제자도의 회복을 갈망하던 많은 사람들의 정신을 계승한 자들이 아나뱁티스트이다.[97] 하지만, 16세기 상황 속에서의 아나뱁티즘을 이해할 필요도 있다. 그 당시 전 유럽은 한창 문화적 큰 변화를 겪고 있었을 때이며, 그로 인해 수세기 동안 정치적 경제적 사회적 그리고 종교적 체제의 혼란이 지속되었다. 특별히 아래와 같

은 점에서 그러했다:

- 중세 봉건 제도는 몰락하고 자본주의가 일어나기 시작했고, 도시 중산층이 형성되면서 그 영향력으로 인해 전통 사회 권력 구조가 위협을 받았다.
- 민족주의는 막강한 힘을 지니게 되었으며, 수백 명의 군주들과 독립 국가를 이룬 자유 도시들은 권력을 차지하기 위해서 옛 신성 로마 제국 체제와 경쟁하였다.
- 이러한 경제적, 정치적 변화들은 농민들에게 심각한 고초를 주었으며, 이로 인해 1520년대 중반에 유럽 전 지역에서 농민들의 반란이 일시적으로 일어났다.
- 비록 부유층, 관료층, 부패한 제도적 교회를 개혁하려는 시도는 성공적이지 못했으나, 개혁에 대한 요구는 끊임없이 일어났다.

아나뱁티즘은 교회와 사회에 변혁을 일으키려는 두 개의 서로 다른 시도들에 뒤이어 일어났다.

1517년에, 마틴 루터는 95개조로 된 논제를 작성해서 배포함으로써, 로마 가톨릭 교회 안에서의 대규모의 개혁과 면죄부 판매와 같은 권력 악용의 철폐를 촉구하였다. 알려진 바에 의하면, 루터는 비텐베르크Wittenberg의 성채 성당 문에 그 논제를 게시하였으며, 인쇄라는 혁신적인 기술을 사용하여 그 논제의 복사본들을 전 유럽으로 퍼뜨렸다. 작센의 프레드릭Frederick of Saxony이라는 선제후는 대

마틴 루터

학 때 그가 가장 좋아하던 신학자인 루터를 변함없이 지지하고 보호해 주었으며, 그리하여 황제와 교황이 루터를 로마로 소환하려던 모든 시도를 중단하게 하였다. 이것이 16세기 개신교 종교개혁의 출발이었다. 이 개혁의 물결은 유럽 전역으로 빠르게 확산되었으며, 크리스텐덤의 붕괴의 시작으로 이어졌다. 하지만, 이것은 원래 루터가 의도한 바가 아니었다. 그가 원했던 것은 가톨릭 교회 안에서의 개혁이었지, 개신교와 가톨릭교회로의 분열이 아니었다. 그러나 가톨릭 교회가 개혁을 요구하는 목소리들에 신속하고 적극적으로 대응하지 못하였으며, 그로 인해 분열을 미연에 방지하지 못했다: 1560년대부터 소위 '반종교개혁' counter-Reformation이라고 해서 종교개혁에 자극받은 가톨릭 내부의 개혁 운동이 가톨릭 진영의 곳곳에서 일어나기는 했으나, 유럽이 이미 개신교와 가톨릭 진영으로 나누어진 이후였다.

1520년대 초반에 개혁에 대한 열망들이 퍼져 나가면서, 농민 지도자들은 교회의 개혁과 함께 경제적·사회적 개혁을 요구하기 시작했다. 10여년 후에 일어난 아나뱁티스트 운동과 마찬가지로, 여러 곳에서 일어난 농민들의 개혁운동은 점차 공동 전선을 형성하였다. 농민들은 신약성경의 가르침에 바탕을 둔 요구사항들을 권위자들에게 제시하였으며, 시민 불복종과 같은 비폭력 형태를 취하였다.[98] 운동

메밍헴 육전법규(Article of War, 1525)

이 점차 퍼져가고 소규모의 저항들이 지역적인 규모로 커지자, 권위자들은 점차 이 운동을 성가시게 여기게 되었으며 제거하기 위해 더 강력한 조치를 취하였다. 농민들은 루터와 그의 동료들의 지지를 기대했으나, 반대

로 루터는 권위자들에게 이 운동에 대한 강력한 응징을 촉구하면서 「강도와 살인을 일삼는 농민들을 반대하며」Against the Robbing and Murdering Hordes of Peasants라는 가혹한 공개 서한을 발표하였다. 루터와 처음에는 뜻을 같이 하다가 나중에 적대적인 입장을 취한 몇 명의 개혁자들-가장 잘 알려진 사람은 토마스 뮌처Thomas Müntzer임-은 이 농민 봉기에 동참하였다. 그러나 1525년에 있었던 프랑크하우젠Frankenhausen에서의 전투에서 뮌처와 농민들이 무력에 의해 진압됨으로 이 봉기는 패하고 말았다.

초기 아나뱁티스트 지도자들 가운데 몇 명은 루터의 개혁 운동에 동참하였으나, 스위스 취리히Zürich의 울리히 쯔빙글리와 그의 몇몇 동료들은 독자적인 노선을 취하였다. 이들은 느리게 진행되는 루터파 개혁에 실망하며, 보다 더 급진적인 비전을 추구하였다. 초기 아나뱁티스트 지도자들 가운데 어떤 이들은, 프랑크하우젠에서의 재앙을 피하여 도망한 자들을 도우면서 농민 봉기 노선에 깊이 동조하게 되었다. 정치·경제적 변화가 구현될 가망이 전혀 없음을 인식하고, 이들은 그들만의 비전이 실현될 수 있는 정의롭고 화목한 공동체를 추구하게 되었다. 아나뱁티즘은 여러 흩어진 그룹들을 통해 시작되었으며, 개혁을 위한 여러 대안적인 방법들을 고안해 내었다. 교회와 사회의 개혁을 위한 많은 다른 시도들에 실망한 사람들에게 이 대안적인 방법들은 새로운 희망이 되었다.

스위스의 아나뱁티스트들

1525년 1월 21일 저녁, 개신교 종교 개혁이 시작된 지 8년이 미처 지나기 전에, 취리히에 있던 소수의 그리스도인들이 비밀리에 모여서 함께 기도하며 대화를 나누었다. 이들은 취리히의 가장 큰 성당인 그로스뮌스터Grossm Münster의 사역자이자 취리히 도시와 교회의 개혁을 동시에 시도했던 울리히 쯔빙글리를 한때 열렬히 따르던 자들이었다. 이들은 쯔빙글리

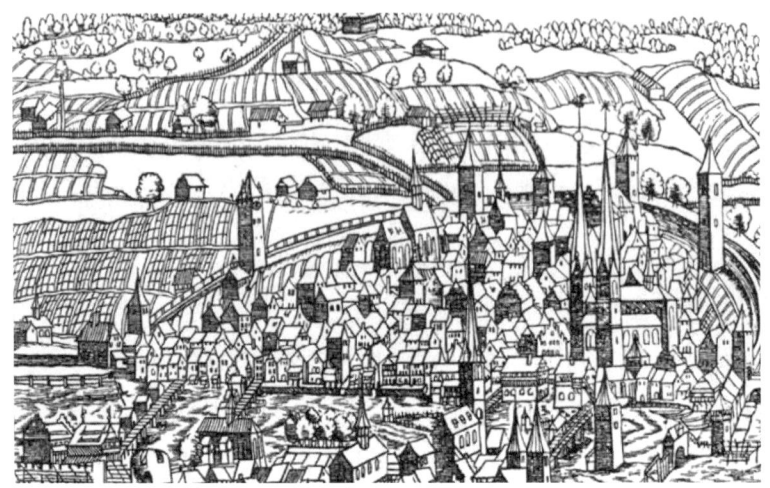
16세기의 취리히

와 함께 성경을 연구하였으며, 그의 설교를 경청하였다. 또한 그의 개혁에 대한 신념들을 공유하였고 그의 개혁 시도들을 지지하였다. 하지만, 이들은 점점 쯔빙글리가 자신이 가르치고 설교하는 바들을 실천하기를 꺼려하는 부분이 있다는 것을 인식하게 되었다. 특히 '신자의 침례'와 같이 여러 성경적 가르침들이 분명한 것에 대해서도 미온적 태도를 보이자 깊이 갈등했다.

쯔빙글리는 전 도시에 걸친 개혁을 꿈꾸었기에 도시 의회의 지지가 필요하였다. 그는 성경에 입각한 개혁을 주장하였으나, 어떤 방식으로 그리고 언제 그러한 개혁을 단행할 지에 대해서는 시 의회가 결정해야 한다고 믿었다. 게다가 쯔빙글리는 도시의 권력자들을 강압적으로 그리고 너무 성급히 움직이도록 강요하길 거부했다. 그의 추종자들 중 일부는 그처럼 느린 속도로 개혁을 진행하는 것을 반대하였으며, 또한 개혁을 위한 시 의회의 승인이 정말 필요한지 의문을 제기했다. 2년이 넘는 시간 동안, 이들은 더 신속하며 더 급진적인 개혁이 실천되어야 한다고 주장하였다. 그러자 시 의회는 대중 토론을 통해 이러한 급진적인 주장을 공론화하였으며,

결국에는 쯔빙글리에 의해 제안된 점진적 개혁 프로그램에 당연한 듯이 손을 들어 주었다.

하지만, 급진주의자들은 이런 결정에 순복하지 않았으며, 시 의회를 따르는 것과 하나님께 순종하는 것 사이에서 선택해야할 때가 이르렀음을 확신했다. 1월 21일에 있었던 회동은 여러 달 동안의 성경 연구와 토론의 정점이었으며, 침례의 이슈가 부각되었던 때였다. 그 모임에 참석한 어떤 이들은 이미 그들의 갓난아기들에게 세례 주기를 거부함으로써 처벌받을 각오를 하였을 뿐만 아니라, 그보다 더 급진적인 개혁을 시행하기로 작정하였다. 그들은 성경이 신자들에게 베푸는 침례에 대해 가르친다고 믿었다. 그들은 자신들이 받은 유아세례를 비성경적이며 무익한 것으로 여겼다. 그래서 그곳에 모인 남녀들은 예수의 제자가 되기로 기꺼이 결정하고서, 제자도의 대가를 귀중히 여기는 신자로서 침례를 받기 원하였다. 이러한 급진적인 행동은 실로 커다란 희생을 수반했다. 자신들이 받은 유아세례의 효력을 도외시하자, 도시 권력자들은 이들이 하는 행동을 '재침례' re-baptism를 베푸는 것으로 여겼으며 이는 사형에 처해져야 할 죄목이었다.

왜 재침례를 베푸는 것이 그토록 중한 형벌을 수반했을까? 그 이유는 그러한 행동이 크리스텐덤 체제의 핵심에 타격을 주고, 태어나면서부터 모든 시민들이 속하게 되는 영역교회a territorial church 체제를 뒤흔들면서 사회 분열을 조장하기 때문이었다. 이것은 이교도적이었으며 또한 사회의 반역 행위이었다. 이미 수세기 전에 북 아프리카에서 도나티스트the Donatist 운동을 무마하기 위해 제정된 법률이 겁없이 재침례를 행하던 이들을 처벌하는 데에도 적용되었다. 아나뱁티스트들은 자신들의 행동이 두 번째 침례를 받는 '재침례' re-baptism가 아니라, 처음으로 진정한 '침례' baptism를 받는 것이라고 주장하였으며, 이 때문에 처벌을 피할 수 없었다.

그렇기에 그 당시에 기존의 세례에 대한 인식에 반기를 드는 것은 감히 쉽게 취할 수 있는 행동이 아니었다.

그럼에도, 1월 21일에 모인 이들은 마음을 감찰하면서 뜨거운 기도의 시간을 가진 후에, '조지 블라우록George Blaurock은 그들 가운데 일어선 후에 콘라드 그레벨에게 자신의 믿음과 마음을 살펴보고서 진정한 그리스도인에게 주는 침례를 베풀어 주기를 간청하였다. 그리고 그가 간절한 마음으로 무릎을 꿇자, 그레벨은 그에게 침례를 주었다.' 후터라이트 형제파의 연대기the Chronicle of the Hutterian Brethren는 종교 개혁 시대에 있었던 신자의 침례에 대한 가장 첫 번째 일화를 담고 있으며, 바로 이것이 후에 아나뱁티스트재침례 rebaptising 운동의 시작이 되었다.

조지 블라우록과 콘라드 그레벨은 스위스 형제회의 초창기 리더들 중의 두 사람이었다. 이 스위스 형제회는 스위스 취리히에 기반을 둔 아나뱁티스트들로 종종 알려졌다. 콘라드는 시 의원의 아들로 그의 아버지는 쯔빙글리의 핵심 그룹의 일원이었다. 블라우록은 전직 가톨릭 신부였다. 또 다른 중요한 인물로는 펠릭스 만쯔Felix Manz가 있는데, 이는 성경 학자이며 쯔빙글리 제자들 중의 한 사람이었다. 펠릭스는 도시 권력자들에 의해 리마트 강the Limmat river에서 강제로 수장당한 최초의 아나뱁티스트이다. 그 외에도 주목할 만한 인물들이 여럿 있다: 홍지Höngg 마을의 목사인 시몬 스텀프Simon Stumpf는 자신의 교구 교회 안에 있던 우상 숭배 초상화들과 신상들을 산산이 부수도록 선동하였다; 졸리콘Zollikon에서 온 은사주의적 복음 전도자인 마가렛 호팅거Margaret Hottinger는 그녀의 믿음에 대한 신념으로 인해 투옥되었다가 결국에는 수장되었다; 그리고 비티콘Witikon에서 가까운 마을에 있는 목사인 빌헬름 로이블린Wilhelm Reublin은 자신의 교구민들에게 십일조를 내는 것을 중단하도록 권하였다.

아나뱁티스트 무리들 가운데서 첫 번째 침례식이 있은지 2년이 채 지나기 전인 1527년 1월에 펠릭스 만쯔가 처형되었는데, 이는 도시 권위자들이 더 이상 급진적인 운동을 좌시하지 않겠다는 의지의 표현이었다. 아나뱁티스트들이 어디를 가든지 박해가 뒤따랐다. 하지만, 이 운동은 이미 도시 너머의 지역으로까지 퍼져나갔으며, 시골 지역에서도 뿌리를 내리기 시작했다. 그 이유는 취리히에서 모이던 사람들이 다른 지역에서도 복음 전도하기로 결정했었고, 또 도시에서 추방당한 아나뱁티스트들이 가까운 시골 마을로 옮겨갔기 때문이었다. 취리히 바로 외곽에 있는 졸리콘Zollikon에서는 많은 이들이 깊은 확신과 영적인 부흥을 경험한 가운데 침례를 받았으며, 비록 핍박과 투옥이 있었지만 이곳에서도 아나뱁티즘이 흥왕하였다.

몇 개월이 지나서 이 운동은 동쪽으로는 상트 갈렌St. Gall과 아펜첼Appenzell까지, 서쪽으로는 바젤Basel과 베른Bern까지, 북쪽으로는 할라우Hallau와 샤프하우젠Schaffhausen과 발츠후트Waldshut지역까지 퍼져나갔다. 이미 발츠후트 지역에서는 전직 가톨릭 신부였던 발타자르 후브마이어 Balthasar Hubmaier의 지도력 하에 개혁을 향한 움직임들이 일어나고 있었으며, 그는 취리히에서의 대중 토론에 나섰던 아나뱁티스트 운동 초창기의 중요한 신학자이었다. 또한 이 도시는 농민 봉기에도 연루되었는데, 농민 운동가들에게 필요한 물품들과 병력까지 지원하였다. 그레벨과 로이블린은 여러 차례에 걸쳐 후브마이어를 방문하였으며, 1525년 부활절 주일에 로이블은 후브마이어에게 침례를 베풀었다. 그 이후에 후브마이어는 300여명의 사람들에게 침례를 주었으며, 머지않아 그 도시의 대부분의 시민들과 시의원들은 모두 침례를 받았다. 잠시나마 발츠후트는 '아나뱁티스트들의 도시'가 되었다.

할라우 지역도 농민 운동가들에게 동조하였으며, 이 도시에도 아나뱁티즘에 대한 대중적 지지가 있었다. 이 도시의 대부분의 시민들도 로이블린과 그의 동료인 요하네스 브로틀리Johannes Brötli에 의해서 침례를 받았다. 여러 지역에서 아나뱁티스트 운동은 농민 봉기와 교차하였으며, 이 두 운동 사이에는 공통된 관심이 있었고 서로 지원을 아끼지 않았다. 많은 사람들에게 알려진 바와 달리, 아나뱁티즘은 그 초창기에 결코 분리주의자 노선을 취하거나 사회로부터 격리되고자 의도하지 않았다.

슈라이트하임 신앙고백서의 표지

하지만, 1525년 말기에 농민 봉기가 봉쇄되어지면서, 권력자들은 추가적인 농민 봉기의 도발을 원천봉쇄하고 아나뱁티즘의 기세도 완전히 꺾기로 작정하였다. 더 이상 아나뱁티스트의 도시들을 만들어 가는 일이 불가능한 것처럼 보였다. 후브마이어는 모라비아Moravia에 있는 니콜스브르크Nicholsburg로 옮겨간 이후 그곳에서 사역과 저술 활동을 통해 아나뱁티스트의 꿈을 다시 펼쳐 보려고 노력하였다. 하지만, 이미 대부분의 아나뱁티스트들은 사느냐 죽느냐의 현실 앞에서, 세상과 분리되어 비밀리에 활동하는 공동체들을 만들어서 그 안에서 자신들의 비전을 추구하는 것이 유일하게 남겨진 방법이라는 것을 깨달았다.

1527년 2월, 흩어진 아나뱁티스트 공동체들의 대표자들은 스위스와 독일 국경에 있는 슐라이트하임Schleitheim에서 회합을 가졌다. 그 회동의 결과, 스위스 형제회의 독특한 신념들을 피력한 7개의 조항들로 이뤄진 '슐라이트하임 신앙고백서' the Schleitheim Confession를 발표하였다.99) 그 당시의 상황을 감안할 때, 이 조항들이 단호한 분리주의자적 색채를 띠었다는 것은 놀라운 일이 아니다. 그들은 철두철미하게 평화주의자들이었다. 비록 후브마이어를 포함한 어떤 이들은 동의하지 않았을지라도, 이 신앙고백문은 대부분의 스위스 아나뱁티스트들에게는 신앙회복의 계기가 되었

화형으로 처형   수장으로 처형

다. 미카엘 자틀러Michael Sattler가 이 고백문의 저자로 추정되는데, 그는 프라이부르크Freiburg 근방의 수도원의 수도사이었으나 1526년에 아나뱁티스트 지도자가 되었다.

만일 아나뱁티스트로 살아가는 것이 위험했다면, 아나뱁티스트 지도자가 되는 것은 더욱 큰 위험을 초래했다. 적대적인 권력자들이 지도자들을 주요 대상으로 공격했기에, 아나뱁티스트 진영에는 오래 활동하는 지도자가 거의 없었다. 그레벨은 1526년에 죽었으며, 만쯔도 이미 처형당했다. 자틀러는 1527년 5월에 고문당한 후 로텐부르크Rottenburg에서 화형 당했다. 후브마이어는 비엔나Vienna에서 투옥되고 고문당하다가, 1528년 3월에 산채로 불태워졌다. 티롤Tyrol 지방에서 복음 전도와 목회를 하던 블라우록은 1529년에 그곳에서 처형되었다. 그 어디에도 안전한 곳은 없었다. 가톨릭과 개신교 지도자들 모두 같이 앞장서서, 아나뱁티스트들을 구금하고 처벌하며 고문하고 처형시켰다. 가톨릭 쪽에서는 주로 태형을 실시했고, 개신교도 쪽에서는 수장하거나 목을 베었다.[100]

몇몇 스위스 아나뱁티스트들은 지하로 숨거나 먼 시골지역이나 깊은 산 속으로 피신하여 살아남았으며, 아주 소수의 모임들이 지금까지 존속하고 있으며 이들은 스위스 메노나이트로 알려져 있다. 하지만, 대부분의 아나뱁티스트들은 결국 더 안전한 곳을 찾아 도피하였다. 많은 이들은 동쪽 모라비아로 도망하였으며, 그곳에서 유럽의 각처에서 피신해 온 다른 아나뱁티스트들과 조우하였다. 또 다른 이들은 북쪽이나 서쪽으로 이동하여 독일과 네덜란드 지역에 정착하였는데, 옮겨가는 곳마다 자신들의 믿음에 대해서 전파하였다. 하나의 유명한 일화는, 스위스 선교사들을 통해서 아나뱁티즘을 접하였던 독일 사람인 마가레트 헬워트Margaret Hellwart가 종종 그녀의 부엌 바닥에 사슬로 결박되곤 했는데, 그 이유는 그녀가 자신의 아나뱁티스트 견해에 대해 이웃 사람들에게 말하였기 때문이었다.[101]

독일과 네덜란드로 망명해 온 스위스 형제파들은 다른 아나뱁티스트 공동체들과 조우하게 되었는데, 차이점도 발견했지만 궁극적으로 같은 운동에 동참하는 자들임을 인지하게 되었다. 이들 지역들은 단지 일시적인 피난처 역할을 했을 뿐이었으며, 결국 북아메리카에 있는 펜실베니아Pennsylvania와 그외 다른 지역으로 이주하고 나서야 스위스 형제파들은 자유로이 자신들의 신앙을 펼칠 수 있게 되었다. 이들 중 대부분은 현재 메노나이트들로 알려졌으며, 이 호칭은 네덜란드에서 아나뱁티스트들에게 붙여진 이름이었다. 17세기 말에 있었던 분열 이후에, 보수적인 이들은 창시자인 야코브 암만Jakob Ammann의 이름을 따서 '아미시' Amish파를 형성했다.

독일 남부와 오스트리아의 아나뱁티스트들

아나뱁티스트 운동이 스위스 시골 마을들로 확산되기 전에, 취리히에서 첫 침례가 시행된 후 머지않아, 독일 남부와 오스트리아에서 아나뱁티스트 공동체들이 생겨나기 시작했다. 이 공동체들은 스위스 형제파에 대해 들어 알고 있었다. 한스 뎅크Hans Denck가 독일 남부 아나뱁티즘 형성에 있어서 중요한 역할을 했다. 그는 침례를 받기 전에, 스위스 상트 갈렌 지역에 있는 아나뱁티스트들을 방문하였다. 1525년에 그는 독일 아우크스부르크Augsburg에서 발타자르 후브마이어를 만났으며, 1526년에는 미카엘 자틀러를 스트라스부르크Strasbourg에서 만나 교류를 가졌다. 하지만, 독일 남부 지역과 오스트리아에서의 아나뱁티즘은 스위스 아나뱁티즘과는 그 시작 동기와 강조점에 있어서 뚜렷이 달랐다.

앞서 언급하였듯이, 토마스 뮌처는 마틴 루터와 반대 입장을 취하면서 점점 더 급진주의적 성향을 지녔던 종교 개혁자였다. 뮌처는 유아세례의 합법성에 대해 의문을 가졌지만, 아나뱁티스트가 되기로 결심하지는 않았다. 스위스 형제파들이 뮌처의 행적에 대해서 듣고 서신으로 교류를 가지곤 했지만, 뮌처는 스위스 아나뱁티즘에 거의 영향을 주지 않았다.

독일 남부 지역 아나뱁티즘에 있어서의 뮌처의 영향력은 달랐다. 뮌처는 농민 봉기 때에 리더십을 맡았으며, 사로잡히고 처형당하기 전까지 많은 문서들의 초안을 쓰고 농민 노동자들이 싸움의 자리에까지 나아가도록 이끌었다. 그의 영향력은 그를 따르던 자들을 통해 지속되었는데, 그들 중에 전쟁터에서 탈출한 다음에 아나뱁티스트 모임을 세웠던 한스 후트Hans Hut와 멜히오르 링크Melchior Rinck와 같은 이들이 있다. 뮌처로부터 영향을 받은 이들도 사회정의에 대한 남다른 관심과 깊은 신비주의 영성과 역사적 종말이 가까움에 대한 확신을 가졌다. 바로 이러한 혼합 요소들로 인해 뮌처로부터 시작된 독일 남부의 아나뱁티즘이 스위스 공동체와 다른 형태를 띠게 되었다.

한스 뎅크는 독일 남부 아나뱁티즘의 또 다른 줄기가 형성되는데 기여했다. 이 새로운 그룹은 뮌처로부터 영향 받은 열정적인 선동자들과는 기질적으로 매우 달랐지만, 신비주의에 대해서는 공통된 관심을 가졌다. 뎅크는 종교개혁 움직임에 찬성하는 고전학자였으며, 뉘렘부르크Nuremburg에서 가르치도록 임명되었다. 비록 1524년에 뮌처를 그곳에서 만났을 수도 있지만, 뎅크는 농민 봉기에 가담하지 않았다. 하지만, 그의 애매모호한 태도로 인해 급진주의자로 알려졌고 그리하여 결국은 도시로부터 추방당했다. 이후에 아나뱁티스트 운동이 확연히 전개되고 있던 스위스를 방문하고 유아세례에 대해 이의를 제기한 것으로 인해 투옥된 다음에, 그는 독일 영토로 돌아왔다. 1525년 말까지 아우크스부르크에서 아나뱁티스트 지도자 역할을 하였으며, 어느 시점에 이르러서 그도 침례를 받았다.

1527년 11월에 뎅크는 전염병으로 인해 죽었지만, 그가 독일 남부 지역에서 아나뱁티스트 지도자로 있었던 2년 동안에 이 운동의 기초를 다졌다. 1526년 5월에 뎅크는 가장 중요한 복음 전도자였던 한스 후트에게 침례를 주었다. 그해 말에 스트라스부르크에서 수백 명의 사람들 앞에서 종교개혁자 마틴 부처Martin Bucer와 열띤 토론을 하였다. 보름스Worms 시에서 뎅크와 멜히오르 링크가 아나뱁티스트 공동체를 세웠으며, 그 지역에서 사역하던 두 명의 젊은 루터파 설교가들보다 더 큰 성공을 거두었다. 사역의 마지막 시기에 그는 이 아나뱁티스트 운동 안에서의 분열로 인해 환멸을 느낀 듯이 보였다. 믿음을 고백하는 그리스도인들 사이에 적대적인 대립이 있던 그 당시에, 외적인 종교의식과 명확한 교리보다도 내적인 말씀inner word 또는 영적인 경험을 더 중요하게 여기고, 또 사랑과 수용성을 강조하던 그의 주장은 특별한 것이었다.

한스 후트는 전적으로 다른 성향을 지녔다. 토마스 뮌처를 만나기 전과 후에도 책 판매원을 하면서 여러 지역을 다녔다. 그의 자녀가 유아세례 받는 것을 거부하였다는 이유로 비브라Bibra에서 추방당한 후에, 그는 뮌처의 가까운 친구가 되었다. 프랑크하우젠에서의 전쟁터 근처에서 체포되었으나, 그가 싸움에 동조

한스 후트

했던 것이 아니라 책을 팔고 있었다고 주장함으로써 처벌을 면하였다. 비브라로 돌아온 후, 비열한 성직자에게 내려진 거룩한 형벌이 무엇인지를 다루는 등 다소 선동적인 설교를 하였다. 그 이후에 다시 비브라에서 추방당하였다.

아우크스부르크에서 침례를 받은 후트는 그 후에 수천 명에게 침례를 베풀고, 독일 남부와 오스트리아에 있는 도시들과 마을들에 아나뱁티스트 교회들을 세우면서 여러 곳을 돌아 다녔다. 세 명의 주목할 만한 회심자들로는 레온하르트 쉬머Leonhard Schiemer, 한스 슐라퍼Hans Schlaffer, 그리고 암브로시우스 스피텔마이어Ambrosius Spittelmaier가 있는데, 이들은 오스트리아에서 아나뱁티즘이 퍼져나가는 데 큰 역할을 했다. 하지만, 후트의 열정적인 사역은 18개월 정도만 가능했다. 그는 아우크스부르크에서 체포되고 고문받다가, 처형당하기 전에 1527년 감옥에서 죽었다.

뎅크와 뮌처와 마찬가지로 후트도 신비주의 전통으로부터 깊이 영향을 받았다. 비록 독일 남부와 오스트리아 아나뱁티즘이 루터파 개혁 운동의 급진파에게 영향을 받았지만, 중세 독일 신비주의—에크하르트Eckhardt, 타울러Tauler, 그리고 독일 신학신비주의적 경건주의—으로부터 더 큰 영향을 받았다.102) 독일 아나뱁티즘이 가진 이러한 신비주의의 영향—때로는 은사주의적이며, 때로는 정적주의자quietist 같으며, 하나님의 뜻에 순복하는 것을 매우 강조하는 성향—은, 성경 중심적이며 이성적인 색채의 스위스 형제파와 구별된다. 뎅크와는 달리, 후트는 뮌처처럼 성경의 계시 부분을 중시하였다. 이러한 성향이 후트의 활동에 긴박성을 더해 주었을 뿐만 아니라, 그의 가르침에도 영향을 주었다. 그는 마지막 날을 위해 '선택받은 자를 인장으로 봉하는 것'을 침례의 의미로 표현하였으며, 다른 아나뱁티스트들처럼 사악한 자들에게 응징이 내려지기를 고대하였다.

독일 남부 아나뱁티즘의 창시에 공헌한 사람들 중에 비교적 덜 알려진 세 번째 지도자는 멜히오르 링크Melchior Rinck이다. 독일의 헤세Hesse 주에서 태어난 고전학자로서 루터파 설교가였던 링크는, 프랑켄하우젠 전투에서 싸우다가 대학살로부터 피신하였으며, 대략 1527년 1월경에 뎅크에 의해 침례를 받은 후 뎅크와 함께 보름스에서 사역하였다. 링크는 1528년에 헤르스필드Hersfeld에서의 신학적 논쟁에서 자신의 의견을 피력한 후에, 그 지역에서 추방당하였다. 그는 이러한 추방을 불합리적인 것으로 여기고, 1531년에 체포되어 투옥될 때까지 설교하고 침례를 주면서 헤세와 작센Saxony 지역을 순회했다. 특이하게 헤세 지역의 후작 필립Margrave Philip의 관대한 처우로 인하여, 링크는 처형되는 대신에 그의 남은 여생동안 아나뱁티스트 신념을 견고히 지키며 감옥에서 보내었다.

후트나 뎅크에 비하면, 링크의 신학적 그리고 영적인 관점들은 비교적 덜 알려져 있다. 링크가 초기에는 뎅크와 뮌처에게서 영향을 분명히 받았으나, 여러 가지 증거들에 의하면 그는 신비주의, 종말론, 그리고 계시에 대해서 비교적 관심이 적었다. 사실상 그의 가르침은 스위스 형제파의 성향과 비슷하였으며, 회개, 믿음, 침례 그리고 제자도와 같은 기본적인 부분들에 중점을 두었다.

독일 남부와 오스트리아 아나뱁티즘은 스위스 형제파와 일치하는 바가 거의 없었다. 스위스 형제파들이 겪었던 것처럼 이들도 아나뱁티스트 운동 초창기에 핵심 지도자들을 잃는 고통을 당하였다. 하지만, 스위스 형제파들과는 달리, 이들은 어떤 공통된 믿음의 고백을 찾아내어서 그것을 중심으로 연합하지 않았다. 뎅크, 후트, 그리고 링크의 성품과 다양한 신념들, 그리고 외적인 것보다 내면의 실재를 강조했던 점에 비추어 보면, 이러한 분파는 당연한 현상이었다. 독일 남부와 오스트리아의 초기 아나뱁티스트들로부터 네 개의 그룹들이 갈라져 나왔다: 하나는 후트의 종말론적 비전을 따랐고, 두번째 그룹은 뎅크의 신비주의적 영성을 받아들였고,

세 번째 그룹은 후트와 뎅크의 강조점들을 혼합했으며, 그리고 네 번째 그룹은 분리주의자적 비전을 심화하였다.

독일 남부와 오스트리아 아나뱁티스트 운동에 있어서의 또 다른 중요한 인물은 필그람 마르펙Pilgram Marpeck이며, 그는 1528년까지 라텐버그Rattenberg의 전직 시장이자 광산업 기술자이었다. 원래 그는 루터파 종교개혁에 관심을 두었으나, 루터파 교회들이 교인들 안에서 제자도를 고취시키는 데 실패한 것을 보고서 환멸을 느낀 나머지, 아나뱁티스트가 되기로 결심했다. 그가 기술자로 일했던 스트라스부르크로 이주한 뒤, 마르펙은 1532년에 추방될 때까지 그 도시에 있는 아나뱁티스트 공동체에서 지도자 임무를 맡았다. 스위스와 모라비안 아나뱁티스트들과 교류하면서 유랑의 시기를 보낸 후에, 마르펙은 아우크스부르크에 다시 정착하였고 1556년에 그가 죽을 때까지 그곳에서 아나뱁티스트 공동체를 이끌었다. 아나뱁티스트 지도자들 가운데 아주 소수만이 특별한 어려움 없이 오랫동안 사역을 하고 생애를 마쳤는데, 마르펙은 그러한 이들 중 한 사람이다. 마르펙은 자신의 사회적 지위의 영향으로, 그의 아나뱁티스트 가치를 손상시키지 않는 가운데 얼마만큼 사회 권력 구조에 관여할 수 있는지에 대해서 심각하게 고민하였다.

마르펙과 관련된 그룹들 중에 여전히 존속하고 있는 것은 없지만, 아나뱁티스트 운동에 있어서의 그의 영향력은 여러 곳으로 퍼져나갔다. 저술 활동을 광범위하게 펼쳤을 뿐만 아니라, 다른 지역의 아나뱁티스트들과 서신 왕래에도 적극적이었으며, 아나뱁티스트 운동 초기 30여 년간 있었던 아나뱁티스트들 간의 내부 토론에 대한 성찰도 기록으로 남겼다. 마르펙은 아나뱁티스트들을 중재하는 역할을 감당했는데, 성경을 절대적으로 직역해야 한다고 믿는 스위스 아나뱁티스트들과 보다 더 신비주의적 성향을 띤 독일 남부 아나뱁티스트들로 하여금 서로에게서 배우도록 장려하였

16세기의 아우크스부르크

다. 현대의 아나뱁티스트들에게 있어서 첫 세대 지도자들 가운데 마르펙이 가장 매력적이며 이해하기 쉬운 인물로 꼽힌다.[103]

예를 들어 스트라스부르크와 아우크스부르크 같은 도시에서는, 아나뱁티스트 교회들이 모임을 갖고 또 그들의 생각들을 토론하는 것이 다소 자유로웠다. 그럴지라도 그곳에도 박해의 위협은 늘 도사리고 있었다. 도시 권력자들로부터 압력이 거세어지자, 많은 독일 남부와 오스트리아의 아나뱁티스트들은 체코 모라비아의 호의적이며 관대한 토지 소유자들을 의지하기 시작했다. 결국에 그곳으로의 망명 행렬이 이어졌다. 비록 스위스 형제파 피난민들도 이 망명 행렬에 합류하였고 또 스위스 아나뱁티스트 지도자인 발타자르 후브마이어가 모라비아에서의 초기 공동체 형성에 영향을 끼쳤지만, 독일 남부와 오스트리아 아나뱁티스트들이 모라비아에서 빠르게 늘어나고 있는 아나뱁티스트 공동체들의 주류를 이루었다. 모라비아에서의 아나뱁티스트 공동체들은 초창기 지도자들 중의 한 사람이었던 야코브 후터의 이름을 따서 나중에 '후터파'로 알려졌다. 아나뱁티스트 운동 속의 이와 같은 공동체주의적 분파communitarian branch 때문에, 아나뱁티스트 전통이 흥미롭고 도전적인 인상을 준다.

독일 북부와 네덜란드 아나뱁티스트들

이 아나뱁티스트 운동에 대해서 배우고자 할 때에, 오직 지도자들에게

만 초점을 두면 이 전통을 제대로 알 수 없다. 왜냐하면, 신실하게 살고자 하고 또 용감한 증언을 했던 무수히 많은 '평범한' 신자들이 이 아나뱁티즘을 이루고 있기 때문이다. 이들은 진심으로 예수를 따르고자 하는 자에게 방해와 고통이 당연히 뒤따를 수 있다고 받아들였다. 현존하는 재판 기록 등을 통해서 이들 중의 어떤 이들의 이름과 이야기들이 알려져 있다. 또한 아나뱁티스트 후예들에게 전해 내려

멜키오르 호프만

온, 살아 있는 역사인 순교자들의 방대한 이야기를 담고 있는 『순교자의 거울』Martyrs' Mirror을 통해서도 순교자들을 만날 수 있다.104) 하지만, 여전히 많은 수의 순교자들—공예가들, 시골 사람들, 순회하던 교회 개척가들, 지역 목사들, 농부들, 아낙네들, 그리고 상인들 등—에 대한 기록은 전무하다.

독일 북부와 네덜란드에서의 아나뱁티즘의 시초는, 은사주의적이며 공상적인 지도자였던 멜키오르 호프만Melchior Hoffman으로 거슬러 올라간다. 독일의 쉬봬비쉬-할Schwäbisch-Hall에서 온 모피 상인이었던 그의 삶의 여정은, 개혁을 열정적으로 꿈꾸는 한 사람이 어떠한 과정을 거쳐서 관점과 행동이 급진적으로 변모해 가는지를 보여준다.

호프만은 처음에는 루터파 운동에 동참하였으며, 그가 추방되던 1523년까지 독일 리보니아Livonia에서 평신도 설교가로 사역하였다. 1525년 비텐베르크Wittenberg에서 루터와 회동을 가진 이후에, 호프만은 도르팟Dorpat으로 이주하였다. 그의 반反성직주의와 사회 정의를 외치는 설교는 도르팟의 빈민들 사이에서 그를 유명하게 만들었으나, 다른 루터파 동료들과 사

이가 틀어지는 계기가 되었다. 그 이후, 루터파 선교사로 스웨덴 스톡홀름Stockholm으로 갔으며 그곳에서도 다시 논쟁을 유발시켰다. 그는 1527년에 독일 슐리스비히-홀슈타인Schleswig-Holstein으로 거처를 옮겼으며, 이곳에서 루터와 단호하게 단절하고 그의 이전 루터파 동료들을 거짓 선지자들로 낙인찍었다. 1529년에 그의 재산은 몰수되었고 그는 다시 한 번 추방당했다.

스트라스부르크로 옮긴 후, 그는 '영성주의자' 105)로 알려진 종교개혁자들과 다양한 형태의 아나뱁티스트들과의 교류를 통해 얻은 여러 요소들을 자신의 신학 속에 접목하였다. 그 지역에서 침례를 받았으나, 어떤 교회 모임에 속하기 보다는 자신의 독자적인 모임을 형성하였다. 이 모임에는 영향력 있으며 예언의 은사를 가진, 우르술라 요스트Ursula Jost와 바르바라 레브슈톡Barbara Rebstock 같은 많은 여성 사역자들이 있었다. 하지만, 호프만의 혁명적이고 반反성직주의적 견해들은 도시 권력자들에게 위협적으로 느껴졌으며, 결국에 그는 체포되는 것을 피하여 도망하였다. 그 다음 3년 동안, 많은 곳을 여행하면서 복음을 전하고 수백 명의 사람들에게 침례를 주었다. 그가 네덜란드에 있을 때 성찬의 본질에 대한 격렬한 논쟁이 일어났으며, 호프만의 가르침이 가장 우세하게 받아들여졌다. 많은 수의 사람들이 멜키올파 아나뱁티즘Melchiorite Anabaptism에 끌렸는데, 이것은 신비주의적, 계시적, 혁명적, 그리고(정도는 덜하지만) 성서주의적 요소들을 종합한 것이었다.106) 이로 인해 박해가 도발되어 몇 명이 처형되었으며, 그 후에 호프만은 침례 주는 것을 일시 중단하도록 명하였고 이들의 운동은 지하로 숨었다.

1533년에 호프만은 투옥되었는데, 이는 새 예루살렘이 스트라스부르크에 도래하기 위해서 자신의 투옥이 필요하다는 판단 하에 자발적으로 체포되었다. 그는 남은 여생을 감옥에서 보냈으며, 자신의 예언이 성취되는 것을 기대하다가 10여 년 뒤에 죽었다. 그가 시작한 운동은 점점 더 네덜란드와 독일 북부에서 확산되어 갔으나, 그가 투옥되어 있었던 기간에 적절한 지도자가 나오지 않았다. 그 후 2년 동안, 유럽 전역의 도시 권력자들이 아나뱁티스트들은 위험한 사회 파괴자들이라고 떠벌리는 핍박이 있었다.

하를렘Haarlem에서 빵 굽는 일을 했던 쟨 마티스Jan Matthys가 계시적 메시지에 부응하여 이 운동의 지도자 역할을 맡았다. 그는 복음 전파와 침례 주는 일을 위하여 열두 명의 사도들을 내보냈다. 이들이 방문한 곳들 가운데 독일의 한 마을인 뮌스터가 있는데, 이곳에서 이 12명은 환대를 받았다. 이 소식을 접한 마티스는 호프만이 주장한 새 예루살렘의 도래가 임박했다는 예언이 옳았다고 확신하게 되었지만, 스트라스부르크가 아니라 바로 뮌스터 지역에서 그 예언이 성취된다고 주장했다. 대부분 네덜란드에서 온 한 무리의 아나뱁티스트들은 그 지역 유권자들의 지지를 얻었으며, 가는 곳곳마다 사람들이 뮌스터로 가서 새 예루살렘의 시민이 되도록, 소위 '아나뱁티스트로의 부르심'을 공포하였다. 비록 대부분의 사람들이 도시 권력자들에 의해 원래 살던 도시로 되돌려 보내졌지만, 수천 명이 뮌스터에 가고자 했다.

그 지방 주교의 지휘 하에 뮌스터는 즉시로 군대에 의해 포위되었다. 두 차례에 걸친 아나뱁티스트들의 돌격이 실패하고 난 후, 그 지역이 모두 항복할 때까지 굶주리도록 봉쇄당하였다. 마티스는 하나님이 그를 인도하신다고 믿고서 필사적인 탈출을 시도했으나, 그는 죽임을 당했다. 그를 뒤이어 젊은 재봉사인 얀 바 레이덴Jan van Loiden이 지도자가 되었으며, 자신을 다윗 자손의 왕으로 여겼다. 멜키오르파 운동의 주요 신학자인 베른하르트 로트만Bernhard Rothmann의 지지를 힘입어, 레이덴은 맹렬하고 폭력적인 개혁을 실행하였다. 구약 성경 속의 법률을 자신의 명령의 근거로 삼았으며, 일부다처제를 도입하였고, 사소한 위반을 한 사람도 사형에 처하였으며, 그리고 새 예루살렘이 내려오기를 고대했다. 장기간의 포위 끝에 도시 뮌스터는 함락되었고 시민들은 대량 학살되었다.107)

이 뮌스터 사건은 초기 아나뱁티스트 역사 속에 가장 큰 재앙이었으며, 이전에 아나뱁티스트들에게 관대했던 지역까지 포함하여 전 유럽에 걸쳐 박해를 심화시키는 원인이 되었다. 비록 다른 지역의 아나뱁티스트들이 뮌스터 사건을 지지하지 않았을지라도, 이 도시를 공포에 떨도록 만들었던 뮌스터의 아나뱁티스트들을 아나뱁티스트 이야기에서 떼어낼 수 없다. 그들은 계시적 광란에 사로잡힌 과격주의자였을 수 있으며, 그들의 성경 해석이 이례적이며 괴상한 것이었을 수 있다. 그리고 그들은 다른 대부분의 아나뱁티스트들의 평화주의적 신념과 전혀 맞지 않는 폭력을 사용했다. 하지만, 그들도 아나뱁티스트들이었다. 역사가들이 그들을 이 운동의 대표자들로 간주하지 않듯이, 그들을 이 운동에서 제외시키는 것도 정당하지 못하다.

독일 북부와 네덜란드에서의 아나뱁티즘은 뮌스터의 몰락에도 불구하고 존속되었지만, 이 사건으로 인해 아나뱁티스트 운동의 일치성을 잃었다. 이 사건에 대한 다른 반응들로 인해 여러 개의 공동체들로 나뉘어졌다. 비록 얀 반 바텐부르크Jan van Batenburg의 주도 하에 작은 무리의 사람들이 여전히 새 예루살렘의 도래가 임박했음을 주장하며 그 길을 예비하기 위해 단발성의 파괴적인 행동을 일삼았지만, 대부분의 공동체들은 모든 형태의 폭력을 거부하였다. 그 다음 5년 동안에 가장 중요한 지도자는 데이비드 조리스David Joris이며, 그는 평화주의를 강력히 주장하였고 내적인 영성을 강조-아나뱁티즘의 외적인 표식은 중요하지 않은 것으로 간주함-하였다. 그를 따르는 공동체들은 수십 년 동안 존속하였다. 그는 자신의 지도력 하에 이 운동을 다시 통합시키려는 시도를 하였으나 실패하였고, 결국에는 그 지역을 떠났다.

　네덜란드에서의 아나뱁티즘의 미래는, 뮌스터 사건을 처음부터 거부하면서 평화주의적 입장을 견지했던 이들에게 달려 있었다. 이 시기에 네덜란드에서 중요한 역할을 담당한 지도자들은 다음과 같다: 호프만에 의해 침례 받은 오베 필립스Obbe Philips와 그의 형제 더크 필립스Dirk Philips; 전직 가톨릭 주교였던 메노 시몬스Menno Simons는 메노나이트들이 그의 이름을 땄으며 그리고 후기에는 리느에르트 보우웬스Leenaert Bouwens가 있다.108)

　메노는 1536년에 오베 필립스에 의해 침례를 받은 후 아나뱁티스트 운동에 동참하였으며, 그 이듬해에 장로로 안수 받았다. 그는 남은 여생 동안 흩어져 있던 아나뱁티스트 공동체들을 순회하였으며, 그들을 가르치고 목양하는 가운데 그들을 하나의 일관된 운동 형태로 점차 연합시켰다. 이들 공동체들은 다양한 고민거리들을 가지고 있었는데, 특히 교회 규율, 성경 기록에 대한 성령의 역할과 문자적 의미 사이의 관계, 그리고 아나뱁티스트 운동 속에서 일어난 파괴적인 분열에 대한 논쟁들이었다. 하지만, 메노의 방대한 저술들과 끈기 있는 사역은 네덜란드 아나뱁티즘을 지속적으로 번성하게 해 주었다. 그는 지명 수배를 여러 차례 피하였으나, 마침내 1561년에 병으로 평온한 가운데 죽었다.

　오베 필립스는 곧 아나뱁티스트 운동과 결별하였으나, 더크 필립스는 메노의 동료로 오랫동안 목회적 지도자 역할을 효과적으로 수행하였으며 또한 상당한 저술도 남겼다. 2세대의 지도자들 중의 중요한 인물인 보우웬스는 1556년에 메노에게서 안수 받았으며, 그가 남긴 기록에 의하면 16세기 후

네덜란드 아나뱁티스트들의 선상 만남

반부에 광범위한 지역을 여행하면서 1만 명 이상의 사람들에게 침례를 주었다.

박해에도 불구하고, 독일 북부와 네덜란드 아나뱁티스트들은 많은 곳에서 존속하였다. 네덜란드 북부의 프리스란드Friesland 지역은 많은 이들의 피난처이었으며, 네덜란드의 암스테르담 이외의 여러 곳에도 활기찬 공동체들이 많이 있었다.109) 이 당시에 '둡스게진데' Doopsgezinde로 알려진 네덜란드 메노나이트들들은 실로 '황금 시기'를 맞이했다. 그들 가운데 유명한 예술가들, 의사들, 상업인들, 정부 관료들, 학자들 그리고 기술자들(내륙 바다에 제방을 설계한 기술자도 포함)이 나왔다. 비록 현시대의 네덜란드 메노나이트 교회가 고군분투하고 있을지라도, 메노나이트들은 현재까지도 네덜란드의 많은 영역에 영향력을 끼치고 있다.

집단 이주를 하도록 압력이 거세어지기까지, 아나뱁티즘은 또한 플랑드르Flanders: 벨기에, 네덜란드 남부, 프랑스 북부에 걸친 중세의 나라의 앤트워프Antwerp와 그외 다른 지역에서도 번성하였다. 아나뱁티스트들은 북쪽 방향으로는 발트 연안the Baltic coast을 따라서 퍼져나갔으며, 단치히Danzig: 현 폴란드 북부의 항구 도시, 프로이센Prussia: 옛 독일 연방의 왕국과 폴란드Poland에까지 이르렀다. 18세기에 많은 메노나이트들이 동쪽 방향으로 더 퍼져 나가면서 우크라이나와 러시아에 일시 정착하였으며, 결국에는 중앙아메리카, 북아메리카, 그리고 남아메리카로까지 이주하였다.

운동의 전개

아나뱁티즘의 여러 갈래가 스위스, 독일 남부/오스트리아, 그리고 독일 북부/네덜란드 아나뱁티즘에서 각기 일어났지만, 서로 연관을 가지고 있었다. 아나뱁티즘의 다양한 표현들 사이에는 중요한 신학적 그리고 문화적 차이가 내포되어 있다. 즉 각각의 아나뱁티즘은 개혁에 대한 광범위한 관심뿐만 아니라 각 지역적 요소들에 대한 반응으로 시작되었다. 하지만, 서신들, 방문, 그리고 대화를 통해서 서로의 생각을 교류할 수 있었으며, 격렬한 토론도 가졌다. 앞서 살펴 본 바와 같이, 스위스와 독일 남부 아나뱁티스트들 사이에도 상호 교류가 있었으며, 스트라스부르크에 있던 여러 아나뱁티스트들과 멜키오르 호프만Melchior Hoffman 사이에도 대화가 있었다. 이 운동의 전개 초기 30년 간에는, 여러 지역에서 나타난 아나뱁티스트들이 여러 곳에서 모임을 가졌다. 하나의 감동적인 예는 1527년에 아우크스부르크에서 열렸던 '순교자 회의' Martyrs' Synod인데, 이 명칭에 '순교자'가 들어간 이유는 이 모임에 참석했던 대부분의 사람들은 자신이 곧 순교자가 될 것을 알았기 때문이었다. 이 모임에서 스위스 형제파와 독일 남부 아나뱁티스트들이 교회 안의 다양한 쟁점들을 함께 모색했다.

아나뱁티스트들이 박해를 피하여 여러 지역으로 도피함에 따라, 다양한 그룹들을 더욱 혼합시키는 결과를 초래했다. 특히 여러 아나뱁티스트 공동체들이 한동안 안전한 피난처로 삼았던 스트라스부르크와 같은 지역에서 그러했다. 1550년대에 스트라스부르크에서 독일 북부/네덜란드 아나뱁티스트들과 스위스 아나뱁티스트들 사이에 또 다른 대화의 장이 열렸다. 이러한 토론들이 즉각적으로 각 그룹들을 균일하게 만들지는 않았지만, 형태를 갖춘 단일 운동으로 변모시키기 시작했다. 그리고 신비주의적, 계시적, 그리고 혁명적인 성향을 띤 그룹들이 점차 사라졌는데, 이는 이러한 요소들이 이 전통이 성장하는 과정 속에서 배제되기 시작했음을 의미한다.

비록 여러 그룹들로 시작된 이 운동이 혼란과 분열을 겪었을지라도, 통합의 과정은 동쪽으로 모라비아와 그 너머 지역까지 이주하면서도 계속되었다. 이 지역들에서 바로 후터라이트들이 그들만의 공동체를 세움으로써 아나뱁티스트 전통의 독특한 색채를 표현하였다.

후터라이트 가족(1588)

후터라이트는 그들이 현존해 온 거의 475년 동안, 공동 재정을 실천하는 공동체를 이루어 왔다. 오스트리아, 독일 남부, 그리고 유럽의 다른 지역들에서 온 피난민들은 현재 체코 공화국 으로 알려진 지역에서 일시적으로 박해로부터의 자유를 얻었다. 공동체 형성 초기에 자신들의 재원을 공동으로 사용하고 상호의존적인 삶을 살았던 것은 긴급 조치적 행동이었을 수 있다. 하지만, 이것은 곧 그들의 성경 해석-특히 사유 재산과 하나님에 대한 궁극적인 헌신 사이의 관계에 대한 해석-에 뿌리를 둔 영성과 제자도의 특징이 되었다.

이들이 동쪽으로 루마니아, 헝가리, 우크라이나와 러시아로 이주했지만, 박해는 여전히 이들 공동체들을 뒤따랐다. 결국에는 북아메리카에 이르러서야 박해로부터 자유로워졌다. 『후터라이트 형제단의 연대기』 the Chronicle of the Hutterian Brethren는 이들이 외부 압력과 내적 불화로 인해 받은 고통과 고뇌와 그리고 자신들의 비전을 지키려는 집요한 인내가 어떠했는지를 담고 있다. 또한 이 책은 수세기 동안 그들의 공동체들을 이끌어 준 원칙들과 행동양식들을 설명해 준다.[110]

아나뱁티스트 운동의 여러 기원은 유럽과 북아메리카와 그 외 지역에 있는 현대 아나뱁티스트들 속에서도 여전히 그 흔적을 찾아 볼 수 있다. 아나뱁티스트 전통에도 문화적, 언어적, 그리고 민족적 요인들이 영향을 미친다. 여러 가지 쟁점들에 대한 불일치로 말미암아, 몇몇 교단으로 나누어 졌다. 비록 메노나이트, 후터라이트, 그리고 아미시들이 공통의 전통을 유산으로 물려받았을지라도, 그 유산을 오늘날 어떻게 해석하고 적용하는가 하는 부분에 있어서 각 그룹들이 전혀 의견을 달리한다.

그럼에도 불구하고, 이들을 아울러서 아나뱁티스트 운동, 아나뱁티스트 전통, 또는 아나뱁티스트 비전이라는 용어로 표현하는 것이 적절하다. 이 전통에 대해 설명한 유명한 시도는, 1944년에 메노나이트 학자인 헤롤드 밴더Harold S. Bender의 논문인 『아나뱁티스트 비전』the Anabaptist Vision, KAP역간이다. 그의 주장에 의하면, 이 전통의 핵심 요소들은 제자도, 형제애 또는 공동체, 그리고 무저항이다. 스위스 형제파와 메노나이트만을 중점적으로 연구한 후에 이 같은 결론을 내렸으나, 벤더의 이 논문은 막대한 영향을 끼쳤다.[111] 그 이후의 저술가들은 역사적 자료들을 다른 방식으로 해석하고 또 그들 자신의 상황과 신념이 묻어 있는 대안들을 제시하였다. 가장 유력한 해석들 중의 하나는, 아놀드 스나이더의 권위 있는 책인 『아나뱁티스트의 역사와 신학』Anabaptist History and Theology이다.[112]

16세기 말까지 활동했던 아나뱁티스트들 사이에 의해 널리 공유되었던 확신들은 다음과 같다:

- 그리스도인들은, 어떠한 결과가 기다리든지 예수의 모범을 따르고 그의 가르침에 순종한다.
- 성경은 신학뿐만 아니라, 윤리와 교회의 문제들에 대해서도 권위를 가진다.
- 교회와 국가 모두는 신성하게 제정된 기관들이지만, 이 둘은 지속적으로 분

리되어야 한다.
- 교회는 침례받은 제자들의 공동체이며, 이들은 공동체 안에서 서로에 대한 책임을 다해야 한다.
- 출교를 포함한 교회의 징계는 교회의 순수성과 특색을 유지하는데 필수적이다.
- 예수를 따르는 자들은 자신들이 가진 소유물을 자유롭게 서로 나누어야 한다.
- 비폭력과 진실을 말하는 것은 제자도의 본질적 면모이므로, 그리스도인들은 싸우거나 맹세를 하지 말아야 한다.
- 고통을 당하는 것은 신실한 제자들에게 통상적인 것이며 진정한 교회의 표식이다.

하지만, 위의 모든 신념들이 모든 첫 세대 아나뱁티스트들의 지지를 받았던 것은 아니다. 많은 초기 아나뱁티스트들은 위의 사항들 이외에도, 교회 안에서의 성령의 역사, 개별적인 성경 해석보다는 공동체 안에서의 성경 해석의 필요성, 복음 전도의 긴급성, 그리고 그리스도 재림의 임박성을 강조하였다. 앞서 살펴보았듯이 어떤 그룹들은 상호부조보다는 오히려 재산의 공유를 실천하였다. 다른 그룹들은 세족식을 그들 예배와 공동체 생활에 있어서 중요한 한 요소로 실천하였다. 이 전통이 발전해 가면서, 어떤 요소들은 버려지고, 어떤 요소들은 재해석되고, 그리고 본질적인 것으로 여겨졌던 것들이 다시 강조되기도 했다.

초기 아나뱁티스트들 중에 여러 다양함이 있었지만, 당국자들은 교회와 국가 모두에게 심각한 위협을 가해오는 분명한 '하나의 운동'으로 인식했다. 이 운동에 활발히 가담한 사람들의 숫자는 확인하기 어렵지만, 첫 세대 가운데 수만 명이 있었음은 확실하다. 더 많은 숫자의 사람들이 아나뱁티즘에 이끌렸지만, 정식 일원이 되는 데에 따른 대가가 무엇인지를 인식하고서는 침례를 받지 않았다. 사실 16세기에 수천 명의 아나뱁티스트들이 희생당하였다.

이 운동은 유럽의 전 인구 중의 아주 일부분의 사람들에 의해 일어났고, 그들마저 유럽 전역으로 흩어져야 했다. 하지만, 아나뱁티즘에 대한 두려움은 곳곳에 만연했다. 심지어 아나뱁티스트 운동이 정착되기 전에, 영국으로 건너온 아나뱁티스트 피난민들이 체포되고 투옥되고 또 처형되거나 추방되었으나, 이들에 대한 두려움은 영국에도 널리 퍼져 있었다. 아나뱁티스트들의 행위는 영국 국교회의 39개의 신조에서 명백하게 비난받았다. 그리고 수세기동안 아나뱁티스트가 된다는 것은 어느 누구를 막론하고 신학적인 오류나 사회적 일탈죄가 있는 것처럼 폄하 및 비난의 대상이 되었다. 심지어 오늘날에도 영국과 아일랜드에서 많은 그리스도인들이 기꺼이 자신들을 아나뱁티스트라고 자랑할 때, 이 호칭은 어떤 무리의 사람들을 경악케 할 수 있다.

오늘날의 아나뱁티스트들

오늘날의 아나뱁티스트들은 4개의 공동체들로 나눠질 수 있다. 첫 번째 그룹은 초기 아나뱁티스트들의 후예들인 메노나이트, 후터라이트, 그리고 아미시이다. 두 번째 그룹은, 이후에 시작된 다른 교단들이지만 아나뱁티즘에서 영감을 받은 이들로서 다양한 형제파 그룹들, 브루더호프 운동, 그리고 일부 침례파이다. 세 번째 그룹은, 메노나이트와 형제파 선교사들의 활동으로 말미암아 많은 나라에서 새로 생겨난 아나뱁티스트 교회들이다. 그리고 마지막으로 네 번째 그룹은 새로운 아나뱁티스트들인데, 이들은 다른 기독교 전통들에 뿌리를 두고 있지만 자신들의 삶과 신앙의 형성과정에 아나뱁티즘의 영향을 받았음을 인정한다.[113]

이들 각 공동체들은 아나뱁티스트 전통을 각기 나름대로 해석한다. 어떤 그룹은 이 전통에 대한 확고한 확신을 가지고 있으며, 다른 이들은 이 전통의 현대적 적용을 놓고 계속 숙고한다. 신참자들—새로운 아나뱁티스트들—은 이 전통을 참신한 방식으로 해석하기에, 다른 그룹들을 불안하게 만드는 도전들을 일으킬 수 있다. 이 책은 아나뱁티스트 전통에 대해 유일하거나 가장 정통에 가까운 해석을 내 놓았다고 주장하지 않는다. 이 책의 근간이 되는 일곱 가지 핵심 신념들은 단순히 영국과 아일랜드의 새로운 아나뱁티스트들이 발상한 하나의 시도일 뿐이다. 영국과 아일랜드의 현시대적 상황 가운데서 예수를 더욱 신실하게 따르고자 하는 의도 하에, 아나뱁티스트 전통의 본질을 정제하고, 그 얻은 영감들을 피력한 것이다.

새로운 아나뱁티스트들은 특별히 아나뱁티스트의 첫 세대로부터 영감을 받았으며, 그렇기에 7장에서 역사 속의 그 세대를 집중적으로 다루었다. 하지만, 수세기를 거쳐 오면서 이 전통을 다양한 방식으로 해석했던 다른 아나뱁티스트들과 오늘날의 아나뱁티스트 공동체들에게서도 배울 점이 물론 많이 있다.

아미시와 후터라이트

영국과 아일랜드의 아나뱁티스트들은 이곳에서 오직 가장자리에 존재하는 아미시와 최소한의 교류를 가져왔다. 아일랜드 남부에 '비취 아미시 공동체' Beachy Amish community가 있다. 주로 서적들을 통해서 그들에 대해 배웠으며, 그들에 대해 알려진 이야기들도 들었다. 영국과 아일랜드에 있는 우리들과 아미시들 사이의 커다란 문화적 차이에도 불구하고, 우리들 중 어떤 이들은 그들의 강한 공동체 정신에 매료되기도 했다. 또한 그들의 제자도에 대한 전인격적 접근에 도전을 받기도 했고, 기계문명과 현대 문화에 관해 그들이 분별하여 선택하는 방식에 호기심을 갖기도 했다. 더욱

이 2006년 8월에 니켈 마인즈Nickel Mines 지역에서 그들의 어린아이들 중 다섯 명이 총기 난사에 희생되었던 비극적 사건에 대해 보여준 그들의 엄청난 용서의 능력에 숙연해지기도 했다.114)

하지만, 아미시의 삶과 믿음의 다른 면모들은 비교적 덜 매력적이다. 그들의 공동체들은 문화적 시간이 정지된 상태 속에 갇혀있는 듯하다. 예를 들어, 그들은 제한적이고 진부한 복장 규정에 복종할 것을 주장하고, 공동체 내의 여성들에게 남성들의 권위 아래에 종속될 것을 요구하고, 신선하게 준비된 원고로 설교하기 보다는 오래된 설교문을 낭독하고, 그리고 비록 하나님의 심판의 손에 맡긴다고 하면서도 공동체 밖의 사람들의 믿음이 진실한지 의심한다.

우리는 후터라이트의 한 부류와 약간의 교류를 가졌다. 나는 여러 차례 영국 서섹스Sussex 동부의 로버츠브릿지Robertsbridge 외곽에 있는 후터파 브루더호프 공동체를 방문하였다. 그곳 공동체의 일원들과 시간을 보내면서 그들의 삶의 방식을 배우기도 하였다.115) 1993년에는 그곳에서 첫 번째로 아나뱁티스트 네트워크 모임이 주관하는 회의가 열렸으며, 참석자 모두는 그 공동체의 후한 대접에 깊은 감사를 표했다. 우리들은 공동체 일원들과 같이 농장에서 일하고 또 회의도 같이 진행하였다. 그들의 집을 방문하고, 그들과 같이 먹으며, 그들의 예배에도 참여하였다. 이 공동체 방문들을 통하여 경험한 것은 두 가지의 상반된 느낌이다. 한편으로는, 그 공동체를 떠나올 때마다 내가 안도의 숨을 내쉬었다는 것이다. 그 공동체에 대한 인상은 내향적이고 가부장적이며 비판적이고 그리고 경직된 영적/문화적 전통에 사로잡혀 있다는 것이었다. 또 다른 한편으로는 이 공동체가 보여준 제자도에 대한 전인격적 접근방식에 도전을 받으며, 반문화를 지향하는 공동체가 주는 매력에 빠지기도 한다.

하지만, 아미시나 후터라이트의 매력적이지 않은 모습 그 이면을 깊이 살펴본다면, 이 두 전통들이 우리들에게 던져주는 도전-현대 문화의 강력한 우상들과 그리고 그것들과의 결탁과 타협의 위험성을 직면하게 하는-을 발견하게 될 것이다. 사실 아나뱁티스트들의 확신들과 행동양식들은 그들의 가장 솔직하고 꾸며지지 않은 모습 속에서 살펴보는 것이 좋다. 예를 들면:

- 아나뱁티스트들은 인생의 모든 것을 거룩하게 여긴다. 수세기 동안 대부분의 기독교 전통들에 속한 그리스도인들이 얽매였던 '거룩한 것/세속적인 것을 양분하는 방식'을 거부한다. 아나뱁티스트들은 하나님나라를 준비하기 위해 그리스도인 제자들의 공동체들을 가꿀 뿐만 아니라, 이 세상 속의 일부 영역도 변화시키고자 노력한다.
- 아나뱁티스트들은 그리스도인들 사이에 광범위하게 수용된 전제를 받아들이길 거부한다. 예를 들어, 가장 수치스러운 직업이 아니라면 모든 직업들이 선택가능하다는 것과 그리스도인들이 대부분의 직장영역에서 일할 수 있다는 가정들이다. 대신에 아나뱁티스트들은 자신의 공동체 일원에게 제자도와 상반되는 상업과 직업을 택하지 말라고 조언한다. 예를 들어, 전쟁과 관련되는 일들뿐만 아니라, 인간의 허영심을 채우는 데 일조하는 일들과 어떠한 유용한 결과를 창출하지 않은 채로 돈을 버는 일을 거부한다.
- 아나뱁티스트들은 새로운 기술을 통해 얻는 이점이 손실보다 더 크다는 사실을 깨달을 필요가 있다. 하지만, 이러한 신기술들이 삶을 더 편하게 만들어 줄지는 모르지만, 그것들이 공동체를 약화시키거나 파괴시킬 수도 있다. 또한 개인의 영적 성장과 제자도의 기회들을 제한하고, 그들의 확신과 충돌을 일으키는 사회문화적 가치들과 결탁하도록 하는 유혹을 줄 수도 있다.
- 비록 '제비뽑기'에 대한 선례가 성경에 있지만, 아나뱁티스트들이 지도자를 선정할 때에 이 방식을 사용하는 것은 특이하게 다가온다. 게다가 이것이

그들의 공동체가 무엇이 최선인지를 항상 안다고 주장하기를 꺼려한다는 예시이기도 하다. 사람의 손으로 후보자들을 선정하지만, 그 다음에 하나님으로 하여금 그 후보자들 중에서 선택하시도록 권한을 내어드리는 이들의 방법은 일련의 선택의 과정들을 지배하고 조정하려는 성향을 지닌 우리의 욕망에 도전을 준다.

- 후터라이트들이 자신의 소유물을 공동체 안에서 나누는 행위는 성경적 선례를 가지고 있을 뿐 아니라, 현시대의 사회 속에서 완전히 반문화적인 태도이다. 우리들이 살고 있는 사회 속에서 사유 재산은 세계 경제 체제의 바탕이며 그리고 개인의 기본적인 욕망이자 동시에 근심거리이다.
- 격심한 논쟁들, 근접한 영역에서 함께 살 때 생기는 스트레스, 고통스런 분열, 그리고 인간적인 연약함들, 이 모든 부정적인 부산물들에도 불구하고, 후터라이트 공동체는 비폭력을 추구해 왔으며 단 한 번의 살인도 일어나지 않았다.

메노나이트

오늘날의 영국과 아일랜드에 있는 아나뱁티스트들은 이 운동의 한 지류인 메노나이트들과 상당히 많은 교류를 가졌으며, 그들로부터 가장 큰 유익을 얻었다. 아나뱁티스트 네트워크에 참여하는 많은 이들이 런던 하이게이트Highgate에 있는 런던 메노나이트 센터London Mennonite Centre의 사역과 도움을 통해서 아나뱁티즘을 접하게 되었다. 이 센터는 50년이 넘는 기간 동안 많은 이들을 환대해 주었으며, 사람들 사이에 연결 고리와 대화의 창구를 만들어 주었고, 그리고 아나뱁티스트 전통에 대해 알고자 하는 모든 자들에게 영감과 아낌없는 도움을 주었다. 북아메리카의 메노나이트 공동체로부터 이 센터로 파송된 직원들과 자원봉사자들은 아나뱁티스트 전통을 몸소 구체적으로 표현해 준다. 뿐만 아니라, 제자도, 공동체, 평화와 정의, 예배, 영성, 환대, 그리고 생활방식에 있어서의 그들만의 독특한 통찰력을 나누어준다. 아나뱁티스트 네트워크는 런던 메노나이트 센터에서 시작되었으며, 지속적으로 이 센터와 밀접한 관계를 가지고 있다. 아나뱁티스트를 지향하는 어떠한 그룹들도 이 센터의 공간에 와서 다른 사람들과 교류할 수 있다.

오래 전에 메노나이트들은 영국과 아일랜드에서 교회를 개척하지 않기로 결정하였으며, 어떠한 식으로든 교단적 실재를 형성하지 않기로 했다. 이러한 비경쟁적 전략법은 런던 메노나이트 센터가 다양하고 폭넓은 관심자 그룹들을 섬길 수 있었던 원동력이었으며, 그리하여 많은 다른 기독교 전

런던 메노나이트 센터 로고

통들에 속한 그리스도인들에게 아나뱁티스트 가치와 영감이 전해지고 있다. 그러나 이러한 정책으로 인해서 아나뱁티스트 본질이 개 교회 차원으로 적용되고 다른 교회들로 확산되는 데에 제약이 생겼다. 런던 메노나이트 센터와 오랜 기간 동안 긴밀한 관계를 형성하고 있는 우드 그린 메노나이트 교회the Wood Green Mennonite Church는 작은 규모의 교회이며 영국에서 있는 유일한 메노나이트 교회이다. 이 책이 저술되는 동안, 현존하는 아나뱁티스트 교회들과 새로 형성되는 아나뱁티스트 교회들을 이어주는 연결망을 형성할 필요가 있음이 제기되었다. 이들 교회들 중의 아주 극소수만이 대외적으로 아나뱁티스트 또는 메노나이트 교회로 알려져 있지만, 이 모든 교회가 각 교회가 처한 다양한 상황 속에서 아나뱁티스트 원리들을 성취할 수 있게 서로 돕기 위해서이다. 세계 각 처에 있는 메노나이트 교회의 경험이 이 연결망에 속한 교회들에게 중요한 자원이 될 것이다.

영국과 아일랜드에 있는 아나뱁티스트 네트워크 모임에 속한 많은 이

들이, 북아메리카에 있는 메노나이트 교회들과 신학교들을 방문하였다. 이러한 교류를 통해 유서 깊은 아나뱁티스트 공동체들로부터 직접 배우고자 하였으며, 포스트-크리스텐덤 시대의 유럽에서 이 전통에 대한 관심이 고조되는 이유를 파헤쳐 보고자 했다. 이렇게 대서양을 가로지르는 교류는 매우 중요하다. 또한 유럽 내의 다른 지역들에 있는 메노나이트들과의 교류도 가치가 있는데, 그 이유는 16세기의 그들의 역사를 간직한 교회들과 아메리칸 메노나이트 선교사들에 의해 개척된 교회들을 만날 수 있기 때문이다. 그리고 아일랜드 북부 지역에서의 평화 증진을 도운 메노나이트들의 큰 기여에 감사를 표한다.116)

오늘날의 우리들에게 아나뱁티스트 전통을 소개해 주는 역할을 한 것은 바로 북아메리카와 유럽과 영국과 아일랜드에 있는 메노나이트들이다. 이들 메노나이트들은 아나뱁티스트의 가치가 그들의 삶과 교회 가운데서 어떻게 실천되었는지, 그리고 이 전통이 오는 다음 세대에게 어떻게 전달될 수 있는지를 보여준다. 때로는 메노나이트들 속에서 우리의 기대에 어긋난 면모들―소비지상주의consumerism와의 결탁, 전통적인 예배 형식, 번거로운 의사결정과정, 다른 이들에게 그들의 믿는 바를 증거하기를 주저하는 등―을 발견하기도 한다. 하지만, 메노나이트들과 교류를 가진 자들은 아나뱁티즘을 이상적인 것으로 미화하지 않으면서도 메노나이트 전통이 가진 많은 특색들을 높이 평가하게 되었다:

- 많은 메노나이트들의 삶에 배어있는 아나뱁티스트 핵심 가치들은, 겸손, 친절, 평화로움, 그리고 단순함의 추구이다.
- 비방 받고 경시받았던 아나뱁티스트 전통을 심도 깊은 역사 연구와 이 전통 속의 이야기를 들려주는 창조적인 방식을 통하여 회복시켰다.
- 이들의 환대하는 전통의 상징은, 함께 먹으며 공동체를 복돋우는데 사용하

- 는 공간이다.
- 전쟁과 사형제도와 모든 형태의 파괴적인 폭력을 집요하게 반대해 왔다.
- 메노나이트들이 오랜 세월동안 개발하고 다듬어 온 평화를 조성하려는 태도와 기술들은 억압과 다툼이 있는 우리 삶의 많은 영역에서 실제적인 대안들을 제시한다.
- 실천을 중시하는 제자도, 믿음에 대해 많은 말을 하기보다는 삶으로 믿음을 보여주고자 하는 태도, 그리고 예수를 따르고자 하는 태도는 많은 귀감을 준다.

이 책을 쓰는 저자인 나는 후터라이트도, 아미시도, 메노나이트도 되지 않을 것이다. 하지만, 내가 감사하는 부분은 '불완전한 아나뱁티즘' naked Anabaptism의 원리들이 후터라이트, 아미시, 그리고 메노나이트라는 모습을 통해서 각기 다양하게 표현되어졌다는 사실이다. 오랜 시간을 통해서 예수를 신실하고 철저하게 따르는 것이 어떤 것인지를 시도해왔던 그들의 노력에 경의를 표한다. 아나뱁티스트 전통은 결단코 하나로 균일화된 적이 없다. 전통이 시작되던 때부터 다양한 강조점들과 행동 양식들이 있었다. 오늘날의 아나뱁티스트들은 이 전통이 현재의 상황과 문화에 적용될 수 있도록 아나뱁티스트 비전을 재해석할 것이다. 하지만, 분명히 기억해야 할 것은 긴 역사 속에서 이 전통을 형성 및 유지해 온 근본적인 통찰력, 깊은 확신, 그리고 지속되어 온 가치들이 있으며, 이것들이 바로 첫 세대 아나뱁티스트들이 '아나뱁티스트'라는 호칭으로 인해 기꺼이 목숨까지 내 놓으면서 지키고자 했던 것들이라는 사실이다.

8. 오늘날의 아나뱁티즘

Anabaptism Today

앞서 6장의 마지막 부분에서 언급했듯이, 이 책의 마지막 장인 이곳에서 아나뱁티스트 전통의 단점들과 한계들의 일부분을 먼저 다룰 것이다. 우리가 비록 옷을 단정히 입을지라도, 우리 마음 안에는 가까운 친구들에게조차 숨기고 싶은 온갖 종류의 오점과 결점이 들어 있다. 사실상 우리들은 우리 몸의 보기 흉한 부분을 감추기 위해 무엇을 입을지 고민한다. 게다가 다른 이들 앞에서 최대한의 호감을 주기 위해 노력한다. 이 장을 기술하는 이유는 아나뱁티스트 전통의 흠들을 드러내고 그리고 솔직하고 거리낌 없이 논하기 위해서이다.

이 책의 저술 과정에 기여했던 이들과 그외 많은 이들은 아나뱁티스트 전통을 매력적이고 영감이 넘치는 것으로 발견한다. 뿐만 아니라 다른 많은 기독교 전통들과 마찬가지로, 이 전통에도 고유한 단점들이 있음을 인식한다. 솔직히 말해서, 아나뱁티스트 전통의 매력들 중의 하나는 바로 내재되어 있는 겸손과 교정과 새로운 영감에 대한 열린 자세이다.[117] 따라서 이 장의 내용은, 현대 아나뱁티스트들이 아나뱁티즘에 접근하는 방식과 연관 있다!

아나뱁티즘 – 결점도 포함한 있는 그대로의 모습

이 책의 앞 장들에서, 16세기 아나뱁티스트들과 그들의 운동이 당대의 반대자들에게 주었던 깊은 두려움이 무엇인지 기술하였다. 아나뱁티스트들을 대표한다고 볼 수 없는 자들 때문에 최악의 비난을 받았더라도, 그 두려움이 전적으로 부당하거나 근거없는 것이 아니었다. 대부분의 아나뱁티스트들이 정직하고 성실하며 평화를 사랑하고 온유하며 겸손하고 그리고 환대하는 자들이었고 또 나체 행렬에 참여하거나 무력 통치를 하지 않았다는 점을 들어서, 그들이 받은 비난을 무마시키려고 할지 모른다. 반대자들에 대하여 무력을 행사했던 대부분의 다른 그리스도인들과 비교하면서, 아나뱁티스트들을 옹호하려 들지 모른다. 또는 아나뱁티스트들이 받은 박해의 상황을 참작하여, 그들의 극단주의extremism적 성향에 대한 핑계거리를 만들어 낼 수도 있다. 또는 이 전통이 발전되어가는 과정 가운데서 첫 세대들의 불안정한 상태가 상당히 개선되었고, 더욱이 오늘날의 아나뱁티즘은 보다 더 성숙한 상태라고 주장할 수도 있다.

하지만, 이 장에서, 아나뱁티스트 전통이 가진 심각한 흠집들을 발견해 낸 사람들의 목소리를 청종하길 원한다. 그들은 확산되는 이 전통의 영향력이 현대 그리스도인들에게 진정한 도움이 못된다고 여긴다. 과연 그들이 발견한 것들이 무엇일까?

율법주의

아나뱁티스트들처럼 제자도를 대단히 중요하게 여기면서 일반적인 도덕 기준보다 더 높은 기준을 성경 속에서 찾아내는 운동이라면, 율법주의라는 수렁에 빠지기 쉽다. 이러한 근거를 바탕으로 16세기 종교개혁자들은 아나뱁티스트들을 '행위로 말미암는 의'를 추구하는 자들로 비난하였으며, '새로운 수도사들new monastics' 이라는 별명을 붙여주었다. 다른 종교

개혁자들은 종교개혁의 근본적인 개혁 부분인 오직 은혜로 구원받는다는 원리가 이 아나뱁티스트들에 의해 심각하게 손상될 위험에 처했다고 믿었다. 그리고 특히 제자도가 문화적 보수주의와 혼동되거나, 또는 율법주의가 성경문자주의biblical literalism와 동일하게 간주되는 때에, 아나뱁티스트들이 율법주의를 따른다는 비난을 반복적으로 들어왔다. 어쩌면 박해로 인해 가중되는 압력이 그들의 이러한 성향을 더 악화시켰는지도 모른다. 생존에 위협을 받는 상황가운데서는, 어떠한 그룹이든지 생존을 위해 엄격한 훈련을 강조한다.[118] 아나뱁티스트 전통 속에 존재했던 끊임없는 위험으로 인해, 도덕성이 영성보다 우선되었으며 이로 인해 제자도가 은혜의 영역으로부터 멀어지게 되었다. 현대 아나뱁티스트들 중 어떤 이들은 이러한 율법주의적 성향에 대해 우려를 표한다.[119]

선택하려는 성향

초기 아나뱁티스트들은 그 당시 종교개혁자들이 너무 선택적으로 성경 본문을 해석하고 적용한다고 비난했다. 아나뱁티스트들은 종교개혁자들이 예수를 구원의 규범으로 삼으면서 왜 제자도와 교회 생활양식의 규범으로 삼지 않느냐고 의문을 제기했다. 하지만, 아나뱁티스트 전통도 유사한 성향을 가지고 있기에 똑같은 비난을 받는다(아마도 모든 그리스도인 전통들도 당연히 이러한 비난을 받을 수 있다). 특별히 아나뱁티스트는 예수의 말씀에 너무 무게를 실은 나머지, 구약 성경이 단순히 신약을 위한 준비 단계 수준이며 직접 신앙인의 삶에 적용할만한 가치가 없다는 인상을 종종 심어주었다. 16세기 종교개혁자들이 엄연한 예수의 가르침들-예를 들어 비폭력, 침례, 그리고 맹세의 부분에 대한-을 부인할 목적으로 구약 성경을 사용하자, 그것에 실망한 아나뱁티스트는 성경에 대한 예수 중심적 접근법을 채택했다. 이것이 급진적이고 해방케 하는 개혁을 위한 아나뱁티스트의 해결책이었으며, 구약성경을 오용하는 방식에 대한 효력 있는 항변이었다. 하지만, 이것으로 인해 아나뱁티스트 전통은 구약성경에 대한 적합한 평가를 하지 못하였다. 게다가 위험스러우리만큼 과도하게 예수를 내세우는 그 어떠한 전통도 선택적 성향의 위험을 피할 수 없다: 아나뱁티스트는 그들이 예수의 도덕적 가르침을 선택적으로 경청했듯이, 같은 방식으로 예수의 치유 사역에 대해서는 거의 관심을 두지 않았다.

지성주의/반지성주의

수세기를 걸쳐서, 아나뱁티스트는 종종 반지성주의적이라는 비난을 받아왔다. 이는 그들이 전문지식과 교육의 가치를 존중하기 보다는, 성경과 신학에의 단순한 접근 방식을 선호했기 때문이다. 초기 아나뱁티스트 세대에게는 외부의 압력에 의해 대학교육의 기회가 닫혀졌으며, 게다가 교육받은 초기 지도자들이 체포되고 처형되는 경험을 했다. 따라서 초기 아나뱁티스트 세대가 남겨준 유산의 영향이 이러한 반지성주의적 성향에도 남아있다. 초기 아나뱁티스트들은 모든 그리스도인들이 교육의 유무에 무관하게 성령의 도우심을 따라서 성경을 해석할 능력을 가지고 있다고 믿었으나, 비평가들은 이 주장을 부인하였다. 그렇기에 오늘날의 아나뱁티스트들이 너무 지성주의를 추구한다고 때로 비난받는 것이 역설적이다! 이것은 또한 아나뱁티스트 네트워크 모임이 겪는 문제들 중의 하나이다. 저술활동과 학술회의를 통해서 아나뱁티스트 가치와 확신을 실제적으로 적용하기 위한 방안을 모색할 때면, 모임 참가자들이 충분히 현실적이지 못한 경우가 있다. 한 원인을 꼽자면, 20세기에 와서 메노나이트 학자들의 학문적 연구와 수고에 의해 아나뱁티스트 비전이 재발견되고 조명을 받기 시작했고, 또 이 학자들의 연구를 통해서 많은 이들이 아나뱁티즘에 주목하기 시작했다. 현대의 아나뱁티스트들이 당면한 과제는 이 역사적 전통이 현 시대에 실질적으로 적합하다는 것을 어떻게 보여주느냐 하는 것이다.

분열

모든 그리스도인들에게 성경 해석에 대한 책임을 지도록 독려하는 것은 일종의 자유를 부여하는 것이지만, 이것은 또한 위험을 내포하고 있다. 종교개혁자들은 자신들의 교회로부터 이 자유를 곧 회수하였으나, 아나뱁티스트는 이것을 지속했다. 이로 인해 아나뱁티스트는 교회 안에서 그리고 교회들 사이에서 성경해석과 적용에 대한 견해 차이로 분열을 겪게 되었다. 물론 16세기부터 크리스텐덤의 붕괴가 진행된 이후로, 아나뱁티즘이 유일하게 분열을 겪은 전통은 아니다. 종종 사소한 문제로 여겨졌던 교단의 확산과 교회의 분열은 그리스도인 공동체를 황폐케 하였다. 하지만, 아나뱁티즘은 예상외로 많은 불화와 분열을 겪었으며, 출교시키는 관례로 인해 반대의견을 가진 교회 일원들을 배척하고 또 교회들끼리도 서로 출교하는 일이 생겼다. 비록 현재에는 조정과 화해와 원수를 사랑하는 것을 매우 강력히 주장하는 대표적인 전통으로 인식이 바뀌었지만, 원래 아나뱁티스트들은 과도하게 많은 논쟁을 하였다. 가톨릭이나 다른 개신교 교회들과 달리 아나뱁티스트의 교회의 징계에도 물리적 혹은 파괴적인 폭력의 사용은 없었지만, 심리적인 폭력은 상당히 많이 사용되었다. 한 메노나이트 친구의 말에 의하면, 메노나이트들이 갈등 해결 영역의 전문가들로 알려진 이유가 바로 해결해야 할 너무도 많은 갈등이 있었기 때문이라고 설명한다.

분리주의

첫 세대 아나뱁티스트는 자신들의 신념으로 인해 사회로부터 거절당하고 배척되었기에, 사회에 활발하게 건설적으로 참여할 기회를 거의 얻지 못하였다. 이러한 억압이 수그러든 이후에, 아나뱁티스트는 사회참여에 대한 다른 관점을 어떻게 수용할지 고심하였다. '슐라이트하임 신앙고백문'과 같은 이 전통의 기초가 되는 문서들이 보여주었듯이, 분리주의자적 성향은 이 전통 속에 내재화되어 있다. 극단적인 경우 아나뱁티스트 분리주의는 광역 사회에 대해 무관심하며, 오직 자신들의 가족들과 교회 공동체들의 생존과 유지에만 관심을 둔다는 인상을 주었다. 초기 아나뱁티스트들이 가졌던 경제 개혁과 사회 정의 회복에 대한 깊은 관심은 그들의 많은 후세대들에게 제대로 전수되지 않았다. 현시대의 늘어나는 아나뱁티스트는 이러한 분리주의자적 성향을 인식하고, 그것을 거부했다. 그리고 정치적, 사회적, 경제적 그리고 문화적 영역에서 독창적이면서 용감하게 동참하는 방안을 모색한다. 그러나 아나뱁티스트 운동 전반에 널리 퍼져 있는 '반反문화적으로 살고자 하는 헌신'은 다른 이들과의 공동협력을 방해하며, 적극적인 사회참여를 부정적으로 만든다.

침묵주의

초기 아나뱁티스트들은 자신의 믿음에 대하여 알고자 하는 어떤 사람에게든지 열정적으로 증거 하였고, 그들도 회개하고 예수를 따르는 자들이 되도록 촉구하였다. 이러한 증거로 인해 그들은 종종 위험에 처해지게 되었고, 권력자들은 두려움에 휩싸인 나머지 그들을 잠잠하게 만들려고 혀를 입안에 고정시키는 철기구를 고안하기도 했다. 하지만, 핍박의 압력이 고조되는 가운데, 대부분의 아나뱁티스트들이 생존을 위해 택할 수 있는 유일한 방법은 그들의 믿음에 대하여 침묵하는 것이었다. 어떤 이들은 심지어 사회 속에서 평화롭게 살기 위해 침묵하겠다고 맹세하며 문서에 서명했다. 그리하여 이들은 '땅의 침묵자들' the quiet in the land로 알려졌다.

분리주의적 성향처럼, 이 침묵주의도 그들이 처한 상황을 고려하면 충분히 납득이 되지만, 아나뱁티스트 전통에 깊이 스며들어 있다. 자신의 믿음에 대하여 공공연히 말하지 않는 것에 대해서, 현대의 어떤 아나뱁티스트들은 이것을 억압의 역사로부터 내려온 유물이라기보다는 겸손의 표식으로 옹호한다. 아나뱁티스트들은 믿음에 대해 말하는 것보다는 그 믿음을 삶으로 표현하는 것을 강조한다. 하지만, 이런 방식은 포스트-크리스텐덤 시대를 살아가는 우리들에게는 심각하게 불충분하다. 왜냐하면, 이 세대의 문화 속에는 그리스도인들이 무엇을 믿는지에 대한 지식이 거의 없고, 또 그리스도인들의 삶의 방식을 해석해 주는 도구들이 거의 없기 때문이다.

타성Inertia

모든 운동들은 적당한 때가 되면 제도화되는 경향이 있으며, 아나뱁티즘도 예외가 아니었다. 첫 세대의 역동적이고 급진적인 선교사 운동이 시간이 지남에 따라, 후세대들 속에서 점점 더 확립된 교단적 형태로 변화되어 갔다. 사도들과 예언자들의 시대는 지나고, 주교들과 목사들의 시대로 변모했다. 평화주의에 대한 헌신은 소극적passivity으로 변질되었다. 개종자들에게 침례를 주고 새로운 교회를 개척하고자 하던 열정은 쇠퇴했다. 성경 말씀의 의미에 대한 흥미로운 토론 대신에, 의심할 바 없이 확립된 해석들에 의존하게 되었다. 다른 기독교 전통들처럼 아나뱁티스트 전통도 주기적인 부흥 사역을 통해서 신실한 믿음을 가지도록 활기를 더해 주곤 했으나, 현시대에 남아있는 역사적 아나뱁티스트 교단들과 교회들은 문화적 순응과 타성으로 특징지어진다. 이것의 한 증상은 지도자들에게 모임을 주도적으로 이끌어 가도록 전적으로 맡기기를 꺼려하는 것이다. 그래서 집요하게도 '선한 과정' good process을 통해, 모든 의견들과 모든 가능한 선택사항들을 고려하길 원한다. 이 방식은 의사 결정 과정의 속도를 지나치게 느리게 만든다. 한 메노나이트 친구가 말하기를, '과정은 선택을 위한 메노나이트식 처방전이다!'라고 한다.

아나뱁티스트 전통에 있는 이러한 결점들이 얼마나 심각한지 이해가 가는가? 그 결점들이 아나뱁티즘에 대해 더 알아가고 싶은 당신의 마음을 빼앗아 가는가? 아니면 그저 주의를 기울여서 알고 보류해 둘 수 있는 정도인가? 다른 기독교 전통들이 가진 단점들보다도 더 우려가 되는가? 현대의 아나뱁티스트들이 이러한 흠집들을 인식하고 밝히 드러내는 것이 도움이 되었는가?

아나뱁티즘을 지지하면서…

아나뱁티스트 네트워크의 회원들과 이 책의 저술과정에 기여한 모든 자들은 아나뱁티스트 전통이 단점을 가지고 있음에도 불구하고 어떤 배울 만한 점이 있다고 확신한다. 그 외에도 많은 자들이 우리와 동일한 의견을 가진 듯하다. 아나뱁티스트 네트워크의 회원들과 역사적 아나뱁티스트 교회들의 일원은 최근에 다른 기독교 전통들의 대표자들이 평가한 아나뱁티스트 전통에 대한 확고한 가치에 대해 듣고서는 깜짝 놀랐다. 예를 들어, 이머징 교회 지지자층의 한 주도자적 인물인 브라이언 맥클라렌Brian McLaren은 다음과 같은 글을 썼다:

점차 그리스도인 지도자들은 교회를 떠난 수백만 명의 젊은이들이 기독교를 하나의 실패한 종교로 여긴다는 사실을 깨닫기 시작했다. 왜 그럴까? 육체적·사회적 필요를 배제한 채로, 기독교가 '영적인 필요'만을 전문적으로 다루는 종교로 인식되었기 때문이다. 기독교가 '나'와 '나의 영원한 생명'에만 초점을 맞추었기에, 주요 사회문제들과 국제 현황–구조적 불평등, 기아, 그리고 사회 역기능 등–에 대처하는 일에는 실패했다. 세상에서 가장 기쁜 소식이라고 알려져 있는 기독교 메시지가 보다 더 나은 모습을 보여줘야 하지 않을까? 개개인들과 사회들 그리고 전 세계를 향하여 하나님의 은혜에 대해 말할 수 있는 믿음, 또한 전인적이며 통합된 그리고 균형 잡힌 그리스도인 믿음의 표현방법이 필요하다. 우리가 이 다가오는 새로운 문화 속으로 들어갈수록, 그저 교회에 가는 사람이 아니라 그리스도의 삶의 방식을 배우고 따르기를 원하는 사람이 더 절실히 필요하다. 그 어느 누구보다도 아나뱁티스트들은 이것에 대한 해답을 더 많이 알고 있다. 그리고 당신 자신도 아나뱁티스트라고 생각한다면, 당신이 알고 있는 것의 유익을 다른 이들과 나누길 바란다.[120]

평판 있는 미래학자이자, 겨자씨협회Mustard Seed Associates의 회원이며 『새로운 음모자들』The New Conspirators,[121]이라는 책의 저자인, 톰 사인Tom Sine도 아래와 같이 말한다(아래 글에 나오는 짐 월리스와 잡지 「소저너스」 Sojourners는 아나뱁티스트 영향을 받았음):

하나님은 아나뱁티스트 특색을 뚜렷이 가진 새로운 세대를 통해서 이 불확실한 시대에 뭔가 놀라운 일을 하신다. 이러한 젊은 주동자들은 세상과 교회 안에서 구별되어 살아가는 새로운 방식을 고안하면서, 우리들에게 보다 더 급진적이며 전 생애를 변화시키는 믿음을 가지도록 초청한다. 뿐만 아니라 세상을 향한 선교적 사명에 더 초점을 맞추는 교회를 만들어 가도록 권유한다. 짐 월리스가 발견했듯이, 이들 젊은 행동주의자들은 사회 변혁을 향해 보다 성경적이며 진취적인 계획을 실천하고자 기존 종교적 권리의 영향력을 외면했다. 그들은 자신들이 과거에 속해 있던 교회들보다도, 사회 정의와 급진적인 화해 그리고 하나님의 선한 창조물을 돌보는 일을 위해 더욱 부단히 노력한다. 이러한 새로운 아나뱁티스트 음모자들 new Anabaptist conspirators은 아나뱁티스트 전통에 속하지 않은 많은 젊은이들의 시선과 관심을 끌 수 있는 힘을 가지고 있다. 그리하여 삶, 믿음을 위한 증인됨, 평화/정의를 위한 증인됨, 그리고 피조물을 위한 보살핌에 대해 더 성경적이며 급진적인 접근법이 무엇인지에 대해 젊은이들에게 소개하며 동참을 호소한다.122)

그리고 복음주의 대회의 강사이자 저자이며 Christus Victor Ministries의 의장인, 그레고리 보이드Gregory Boyd도 아래와 같이 열정적으로 주장한다:

그리스도인들의 아름답고 능력 있는 하나님나라 운동 Kingdom movement이 세계 전역에서 일어나고 있다. 수백만의 사람들이 더욱 진정한 예수의 제자가 되고자, 전통적인 그리스도인의 믿음을 지배하던 크리스텐덤의 사고방식을 버린다. 이머징 교회 운동에서부터 도심지역 수도원운동에 이르기까지 천여 개의 독립적인 단체들과 운동들이 일어나고 있다. 이 운동들에 참여하는 사람들은 하나님나라가 예수 안에 있다는 사실과 그리고 기독교의 핵심이 진실하게 그를 따라가는 것이라는 사실을 깨닫는다. 이들은 예수를 따르는 자라면, 마음에 들지 않는 사람들까지 사랑하며, 억압받는 자들을 도와주며, 가난한 자들과 연합하여 살아가며, 길 잃은 자들에게 좋은 소식을 전파하며, 그리고 적대자들을 위해서도 우리의 목숨을 기꺼이 포기하는 데까지 나아가야 한다는 사실에 직면한다. 또한 하나님나라의 구별되는 표식은 모든 종류의 증오와 폭력을 완강히 거부하는 것이며, 사랑의 힘을 신뢰하고 가장 악한 적대자들까지도 섬겨야 함을 배운다. 예수를 따르는 자들이 알아야 할 또 다른 진실은 세상 속에서 다른 사람들을 지배하고자 안간힘을 쓰기 보다는, 다른 사람들을 섬기는 자기희생적인 사랑의 힘을 발휘함으로써 세상방식을 이겨야 한다는 사실이다.

이 운동에 적극 참여하는 많은 이들에게서 결핍된 것은 민족별 고유성과 역사적 근원에 대한 인식이다. 포스트모던 시대의 주요 특징들 중의 하나가 바로 자기 자신보다 더 큰 '이야기' 속에서 살기를 갈망하는 것이다. 그래서 많은 이들은 자신들이 일체감을 느낄 수 있는 전통을 찾고자 한다. 하나님나라를 추구하는 이 급진파 무리들을 통합할 수 있는 오직 유일한 전통이 바로 아나뱁티스트 전통이다. 이 전통은 유일하게 정치적 권력과 폭력을 일관적으로 거부하였다. 겸손과 자기희생적 사랑의 실천을 예수를 따라가는 삶의 중심적 의미로 이해한 유일한 전통이다. 폭력의 피에 젖념하지 않은 유일한 전통이며, 간접적으로나마 예수가 누구인지를 보여주는 전통이다. 16세기 아나뱁티스트 운동의 초창기 지도자들 중 대부분은 크리스텐덤에 불복종한 대가로 순교 당하였다. 이 전통은 소중히 여김을 받을 가치가 있다. 게다가 이 전통이 앞으로 다시 일어날지도 모른다. 왜냐하면, 오늘날 수백만의 사람들이 각성하고 회복하고 있는 하나님나라를 향한 비전이 정확하게 이 전통 속에 이미 있었기 때문이다.[123]

이 세 명의 해설가들이 공통적으로 확언하는 바가 이것이다. 오랫동안 지속되어 온 제도화된 기독교가 고군분투하며 쇠퇴하는 이때가 포스트-크리스텐덤이다. 그러한 때에 많은 그리스도인들에게 영감과 소속감을 줄 수 있는 것은 바로 아나뱁티스트 전통이다. '아나뱁티스트'라는 호칭을 달고지 히건 아니건 간에, 이 소외되었던 전통 속에서 우리가 새 힘을 얻을 수 있는 공동체를 발견한다. 여러 결함들을 가지고 있음에도 불구하고 이 전통이 독특하고 이례적인 기여를 할 수 있다고 보기 때문에, 많은 사람들은 아나뱁티즘을 '다시 일어날 하나의 전통'으로 여긴다. 그레고리 보이드 이외에도 많은 이들이 그런 생각을 한다.

알렌 크라이더는 다양한 기독교 전통들을 합창하는 목소리들에 비유한다. 합창 중에 오랫동안 침묵했었던 어떤 목소리들이 다시 한 번 들려오고 있다는 증거들이 있다.

또한 우리는 오케스트라에서 연주하는 악기들을 비유로 들 수 있다. 전체 오케스트라가 연주하는 음악 속에는 각기 악기들이 고유한 방식으로 기여한다. 다른 모양의 악기들은 다른 방식으로 소리를 내며 다양하게 동참한다. 물론 음악의 일부분에서 어떤 악기들은 다른 악기들에 비해서 주목을 더 끈다. 단일 악기의 개별 소리뿐만 아니라, 여러 소리들의 상호작용으로 인해 음악소리의 아름다움은 더욱 풍부해진다. 이 아나뱁티스트라는 악기는 한동안 오케스트라에서 빠졌었거나 소리를 내지 못했다. 그렇더라도 음악 연주는 계속되어 왔다. 실제로 이 악기가 소리를 내지 않고 있었다는 사실조차 오랫동안 감지하지 못했었다. 하지만, 연주 속에서 뭔가가 빠져있었다는 것을 드디어 알게 되었고, 그리고 음악의 완성도를 높이기 위해서는 이 빠져있던 악기가 그 어느 때보다도 더욱 필요한 시점이라는 것을 깨달았다. 이 악기는 단독 연주용이 아니라, 그저 오케스트라 중의 한 악기일 뿐이다. 이제 이 악기가 오케스트라에 등장해야할 때가 이르렀고, 자신만의 특색 있는 기여를 당당하게 그러나 다른 악기들과의 조화를 이루면서 해야 할 것이다.

이 비유가 적절한 이유는 이것이 이 책에서 주장하는 세 가지를 효과적으로 보강해 주기 때문이다. 그 첫 번째는, 아나뱁티스트 전통은 특색 있고 영향력이 있다는 점이다. 두 번째는, 이 전통이 모든 것을 충족시킬 수 있거나 완전하지 않다는 것이다. 세 번째는, 이 전통이 여러 많은 전통들 가운데 하나이기에, 다른 기독교 전통들과 공통점이 있다. 오늘날 이 전통과 유대감을 갖는 많은 이들은 많은 다른 기독교 전통들이 이 전통에 엄청난 기여를 했음을 발견한다. 뿐만 아니라 이 소외되었던 아나뱁티스트 전통도 다른 전통들에게 나눠 줄 뭔가를 가지고 있다.

영성과 제자도

앞에서 아나뱁티스트 네트워크가 제안한 일곱 가지 핵심 신념을 통해 보았듯이, 아나뱁티즘이 포스트-크리스텐덤 시대를 살고 있는 우리에게 줄 수 있는 많은 선물들을 가지고 있다. 하지만, 이 핵심 신념들이 아나뱁티스트 비전을 완전하게 표현하지 못했으며, 아직도 진행 중인 작업이다. 이 책을 쓰는 동안 핵심 신념들을 숙고해 본 결과, 아나뱁티스트 전통에 대해서 배워가는 길목에서 만들어진 것들이기에 언젠가 다시 수정해야할 필요가 있음을 느꼈다.

아나뱁티스트 전통에서 더 집중적으로 언급되어야 할 중요한 두 가지는, 바로 영성과 제자도이다. 비록 제자도는 이 핵심 신념들 속에서 세 차례나 언급이 되었으나, 아나뱁티스트 전통이 가진 제자도의 독특한 특성에 대해서는 상세히 설명하지 않았다. 그리고 핵심 신념들을 통해 아나뱁티스트 영성이 어떤 것인지 추론해 볼 수 있겠지만, 영성에 대해서도 오직 한번만 언급이 되었다. 하지만, 제자도는 아나뱁티즘의 중심부에 있으며,

그 제자도를 강화시키고 풍성하게 하는 것이 아나뱁티스트 영성이다.

실제로 영성과 제자도를 이런 식으로 구분하는 것은 모든 기독교 전통들 속에서 불합리한 것이며, 특히 아나뱁티즘에 관해서도 마찬가지이다. 아나뱁티스트 전통 속에서의 영성은 '제자도의 영성'이다. 이미 3장에서 언급하였듯이, 모든 16세기 아나뱁티스트 문서들 중에서 가장 많이 인용되고 깊은 인상을 주는 것이 이것이다: '삶 속에서 예수님을 따르지 않는다면, 예수님을 진정으로 모르는 것이다. … 예수님이 누구인지 먼저 알지 못하고서는, 어느 누구도 예수님을 따를 수 없다.' 즉, 진정한 영성과 제자도는 분리될 수 없다.

지난 해 동안, 아나뱁티스트 연구 모임에서 데이비드 옥스버거David Augsburger의 책인 『외길 영성』Dissident Discipleship, 생명의말씀사 역간, 124)을 함께 읽고 토론하였다. 이 책은 아나뱁티스트 전통에서의 제자도의 다양한 면모들을 8가지로 설명해 준다. 그 중 세 가지는, '한결같은 겸손'habitual humility, '참된 증거'authentic witness, 그리고 '비폭력적인 태도'resolute nonviolence이다. 그 책의 마지막 장에서 '혁명적 영성'subversive spirituality에 대해 다뤘으며, 제자도의 다양한 면모들이 영성에 대한 독특한 이해로부터 나옴을 보여주었다. 옥스버거는 이것을 '삼차원적 영성'tripolar spirituality이라고 부른다:

아나뱁티스트 전통 속에서의 영성은 배타적으로 내적 자아와의 주관적인 만남만을 강조하는 '일차원적'인 것이 아니다. 자기 자신과 하나님에 대해서만 알고자 하는 '이차원적'인 형태도 아니다. '삼차원적 영성'tripolar spirituality에는 세 번째 요소인 다른 사람들에 대한 관심이 추가된다. 개인 내면의 변화와 관련된 영성(내면의 여정), 거룩한 하나님과의 만남(하나님을 향한 여정), 그리고 이웃과의 고결하며 결속력을 주는 관계(사람들-친구와 적대자, 이웃과 박해자-과 함께 하는 여정)는 결코 나누어질 수 없다. 삼차원적 영성은 이 세 가지의 요소들을 상호 의존적인 것으로 본다.'125)

초기 아나뱁티스트들은 이 삼차원적 영성tripolar spirituality을 주장하기 위하여 '게라센하이트' Gelassenheit 집착을 내려놓음 또는 초연함라는 독일 용어를 사용하였다. 중세 신비주의자들은 세속 물질세계로부터 벗어나서 하나님을 찾고자 하는 영혼의 자유를 표현하기 위하여 이 용어를 사용하였으나, 아나뱁티스트들은 이 용어를 보다 전인적으로 이해하였으며 제자도의 많은 영역에 적용하였다. 게라센하이트는 '완전한 복종 또는 내려놓음yield-edness'으로 설명된다. 아나뱁티스트들에게 이 용어는 그리스도의 주인 되심에 대한 복종, 성경의 가르침에 대한 순종, 신앙 때문에 받는 고통까지도 기꺼이 받겠다는 헌신의 내적 표현, 자신의 소유물을 대범하게 나눠줄 수 있는 관대함, 하나님을 향한 깊은 신뢰, 공동체 징계의 수용, 결과에 초연한 신실한 증언, 그리고 자기 자신을 보호하기를 거부하는 것을 의미했다.

삼차원적 영성 또는 게라센하이트는, 기독교의 중요 예식인 침례와 성찬식에 대한 아나뱁티스트들만의 이해에 분명히 나타난다. 아나뱁티스트 전통에서 침례는, 그리스도에 대한 믿음의 공개적 선언 및 내적 확신에 대한 외적 표시일 뿐만 아니라, 침례 받는 사람을 위한 목회적 책임을 공동체가 맡도록 위임함과 동시에 제자로서 성장하는 과정동안 공동체 징계에 순종할 것을 서약하는 것이다. 그리고 공동체의 일원들이 성찬식 중 빵과 포도주를 함께 먹고 마실 때에, 각자의 마음을 살피고서 하나님을 향한 감사를 드릴 뿐만 아니라, 공동체 안에서의 서로서로에 대한 헌신의 서약-자신들의 소유를 나누고, 상대방의 유익을 위해 자신의 생명까지도 포기할 각오-을 새롭게 다짐한다.

게라센하이트는 '불완전한 아나뱁티스트' naked Anabaptist들의 영성이다. 이것은 그들의 연약함과 솔직함을 인정하는 것이며, 그리고 삶 속에서 사람들의 약점과 단점을 인식하는 가운데서도 꾸밈없이 관계를 맺어가는 것의 중요성을 보여준다. 또한 게라센하이트는 '불완전한 아나뱁티스트'들의 제자도이다. 이것은 비폭력, 진실을 말하고 정직히 행하는 것, 그리고 한 사람의 소유가 다른 사람의 필요를 위해서 유용하게 쓰이는 것을 의미한다. 그리고 사회 속에서 세상적 성취와 다른 사람들을 착취하는 것을 포기하는 것이기에, 사회적 입장에서 보면 이들의 신앙은 심각한 혁명적 성향을 지닌 것이다. 사회 권력, 부, 또는 지식인들로 인해 겁먹지 않으며 굴복하기를 거부한다.[126] 다른 기독교 전통들에 비해서 아나뱁티스트 공동체들이 세족식을 더 널리 행했었다는 것은 우연의 일치가 아니다. 세족식은 게라센하이트의 정신을 상징하는 것이며, 공동체의 일원들로 하여금 이 정신과 태도를 다시 회복하도록 촉구하는 의식이었다. 수세기를 걸쳐서 아나뱁티스트들과 다른 기독교 전통들에 속한 많은 그리스도인들이 열망하던 것이 바로 '내려놓음' yieldedness이다.[127]

오늘날의 아나뱁티즘

아나뱁티스트 전통은 흠이 있고 불완전하다. 비록 최고 절정기에 있을 때에도, 이 전통이 가진 불균형을 극복하기 위해서는 다른 기독교 전통들로부터 통찰력을 빌릴 필요가 있었다. 하지만, 오늘날의 많은 그리스도인들은 이 전통 속에서 고무적이며 활력을 주는 요소들을 발견한다. 어떤 이들은 서구 사회 속에서 포스트-크리스텐덤 시대에 일어날 기독교 전통으로 아나뱁티즘을 꼽기도 한다. 이 책을 저술하면서 갖는 소망은 아나뱁티스트 전통에 대해서 아직 친숙하지 않은 이들에게 이 전통에 대해 더 알아가고자 하는 열망을 일으켜 주는 것이다.

그 이유는 아나뱁티스트 네트워크가 세력을 확장하기 위해서도 아니고, 아나뱁티스트 전통의 영향력을 퍼뜨리기 위해서도 아니다. 아나뱁티즘 자체에 관심을 끌기 보다는, 우리들로 하여금 예수를 더욱 신실하게 따르도록 돕는 그 무언가가 이 전통 속에 있다는 사실을 보여주는 것이 이 책의 의도이다.

신실하게 증인된 삶을 살고, 세속적 규범들에 순응하기를 거부하며, 교회다워지는 새로운 방식을 개척하며, 폭력에 대한 일반적인 전제들을 거부하며, 그리고 때때로 끔찍한 고통을 이겨낸, 여러 세대의 아나뱁티스트들에게 경의를 표한다. 또한 우리는 아나뱁티스트 이전에 있었던 국가종교에 반대했던 운동들에도 감사한다. 그들이 남긴 신앙의 유산은 아나뱁티스트 전통 속에 녹아 있으며, 또한 그들의 용기와 결의는 우리들에게도 영감을 준다. 그리고 우리 중 어떤 이들은 자신들을 '아나뱁티스트 기질을 가진' Anabaptist-minded, '아나뱁티스트에 영향을 받은' Anabaptist-influenced, '아나뱁티스트 성향의' Anabaptist-orientated, '아나뱁티스트 관심 그룹' hyphenated Anabaptists 또는 단순히 '아나뱁티스트'라고 소개한다. (과거에 이 호칭으로 인해서 치렀던 그 만큼의 대가를 치루지 않은 채 오늘날의 그리스도인들이 이 호칭을 사용한다는 점을 기억하기 바란다.) 호칭이 어떠하든지 간에, 우리의 목적을 위한 수단으로서 아나뱁티스트 전통에 흥미를 가진다. 이 전통은 우리들에게 성경을 보는 특별히 유용한 시각을 제공해 준다. 이 전통은 우리들에게 진심 어린 제자도를 추구하도록 촉구하면서, 영감과 아울러 도전과 고민거리도 준다. 그리고 그 무엇보다도 우리들의 예배 대상이자 우리들이 따라야 할 모범인 예수에게로 되돌아가도록, 예수를 지속적으로 비춰준다

이 책을 이용한 소그룹 공부 가이드

여기에 수록된 짧은 스터디 교재는 이 책을 함께 읽는 소그룹의 사람들이 이용할 수 있도록 만들어졌다.

첫 번째 핵심 신념

예수님은 우리의 모범이며, 선생님이요, 친구요, 구세주요, 주님이시다. 그는 우리 삶의 근원이며, 우리 믿음과 삶의 방식, 그리고 교회에 대한 이해와 사회 참여에 대한 원동력의 중심점이시다. 우리는 예수님을 예배할 뿐 아니라, 그분을 따르는 삶을 살기로 결심한다.

1. '모범, 선생님, 친구, 구세주, 주님' : 이 표현들 중에서 어느 것이 당신이 만난 예수님을 묘사하는가? 그 표현에 대해 더욱 알아가기 위해서 어떻게 해야 하는가?
2. 당신의 삶과 당신의 교회에 있어서 예수님이 '기준의 중심점'이 되는 예를 들어 보라. 예수님이 중심점이 되지 못한 경우의 예도 가지고 있는가?
3. 많은 경우에 예수님이 예배의 대상은 되지만 삶 속에서 따라가는 대상이 되지 못한다는 지적에 동의하는가? 어떤 예가 있는가?
4. 한스 뎅크가 했던 말, '삶 속에서 예수님을 따르지 않는다면, 예수님을 진정으로 모르는 것이다'에 동의하는가? 이 말이 '행위로 받는 구원'을 강조하

는 것이라고 생각하는가?

5. 우리들이 '그리스도인'이라는 호칭을 떼어버리고 오히려 '예수님을 따르는 자'라고 불리는 것이 낫다고 한 제안에 대해서 어떻게 생각하는가?

두 번째 핵심 신념

예수님은 하나님 계시의 중심이다. 우리는 성경을 읽고 해석할 때에 '예수님 중심적인 접근법'을 사용할 것이다. 우리에게 있어서 믿음의 공동체는 성경을 읽고 함께 분별하는 데 있어서 가장 중요한 역할을 하며, 제자도에 대한 가르침을 적용하여 실천하는 현장이다.

1. '성경에 대한 예수 중심적인 접근법'이 성경의 어떤 부분들을 불가피하게 격하시킨다고 생각하는가?
2. 당신이 참여했었던 성경공부모임을 생각해 보라. 이 모임들에서 성경에 대한 무지함을 드러내는 것을 회피하지는 않았는가? 그리스도인들이 어떤 식으로 성경말씀을 적용하고 분별하도록 서로서로 도왔는가?
3. 한 사람의 독백적인 설교방식을 교회가 어떤 식으로 변화시킬 수 있을까? 왜 변화를 시도해야만 하는 걸까?
4. 성경 해석이 제자도의 영역으로까지 적용 실천되게 하기 위해서, 어떤 실제적인 방안을 가지고 있는가?
5. 앞에서 언급하였던 '말씀 속에 거하는 방식'을 한번 실천해 보라. 모임 안에서 정해진 성경 말씀이 적힌 종이를 모든 사람에게 나누어 주고서, 각자가 그 말씀을 읽을 시간을 준 후에 조용한 묵상의 시간을 가져라. 당신이 받은 메시지를 다른 이들에게 들려주고, 또 다른 이들이 묵상한 말씀을 경청하라. 그런 후에 당신의 파트너가 묵상한 말씀이 무엇이었는지를(당신이 묵상한 말씀이 아니라) 모임에 있는 모든 이들에게 들려주라.

세 번째 핵심 신념

서양 문화는 서서히 크리스텐덤의 영향으로부터 벗어나고 있다. 이 크리스텐덤이란 교회와 국가가 하나가 되어 사회를 다스렸으며, 이 사회 속에 있는 거의 모든 사람이 그리스도인이라고 가정되었던 시대를 말한다. 이 크리스텐덤이 사회의 가치와 제도에 얼마나 많은 긍정적인 영향을 끼쳤는지를 떠나서, 이것이 복음을 심각하게 변질시켰다는 사실은 부인할 수 없다. 즉 예수님을 복음의 중심에서 소외시켰으며, 교회들로 하여금 포스트-크리스텐덤을 위한 선교적 사명을 감당할 수 있도록 준비시켜주지 못했다. 우리가 이런 문제점을 인식했기에, 크리스텐덤의 가치들을 고스란히 따르고 있는 주류 기독교 전통들을 대신 할 수 있는, 즉 우리에게 새로운 생각과 행동 양식을 가르쳐 줄 수 있는 전통으로써 아나뱁티즘을 택하였다. 이 아나뱁티즘은 크리스텐덤을 따르기를 거부하며 대안적 사고방식과 행동양식을 추구하였던 사람들이 남겨 놓은 전통이다.

1. 당신이 속한 공동체가 포스트-크리스텐덤 시대에 속해 있다는 증거를 얼마나 많이 가지고 있는가?
2. 아나뱁티스트들이 크리스텐덤에 대해서 지나치게 걱정한다고 생각하는가? 그로 인해서 크리스텐덤이 전해준 엄청난 유익이 무엇인지를 보지도 못하고, 또 크리스텐덤 시대와 그 이후 시대라는 구분에 연연해한다고 생각하는가?
3. 아나뱁티스트 전통이 주는 '대안적 사고방식과 행동방식'이 무엇이라고 생각하는가? 그런 것들을 어떻게 배울 수 있을까?
4. 당신이 기독교의 또 다른 소외된 전통들에 대해서 알고 있다면, 그 전통들 속에 아나뱁티스트 관점들이 들어있는지 생각해 보라.

5. 서구 사회에 있는 교회의 상황을 묘사하기 위해 사용한 유배 시대exile라는 비유에 대해서 어떻게 생각하는가? 또 다른 좋은 비유를 알고 있다면 이야기해 보라.

네 번째 핵심 신념

교회가 세상적 지위, 부, 권력과 습관적으로 결탁하는 것은 예수를 따르는 자들에게는 부적절할 뿐 아니라 증인된 삶을 살아가지 못하게 한다. 우리는 예수를 믿는 제자들의 삶 그 자체가 가난하고 힘없으며 박해받는 이들에게 좋은 소식이 되기를 갈구한다. 나아가서 그러한 제자도의 삶이 우리의 믿음을 반대하는 자들의 마음이 열리게 할 수 있을 뿐만 아니라, 우리들에게 순교나 다른 고통도 줄 수 있다는 것을 인정한다.

1. 복음이 여전히 효력이 있으며 추종자들을 얻고 있다면, 그리스도인들이 사회 속에서 지위와 부와의 결탁이라는 유혹에 빠지지 않으려면 어떻게 해야 할까? 이런 유혹을 피하려고 애써 본적이 있는가?
2. '세상적 지위, 부, 권력과의 결탁' 이 어떤 식으로 예수의 제자 된 자들의 증인된 삶을 약화시키는가?
3. 당신과 다른 이들이 실천할 수 있는, 가난한 자들에게 기쁜 소식이 되는 삶의 방식에 대한 예를 들어 보라.
4. 주류 교회가 될 수 없는 소외된 교회들이 가진 기회들이란 어떤 것들인가?
5. 서구 그리스도인들은 디모데후서 3장 12절 말씀을 어떻게 적용하는가?

다섯 번째 핵심 신념

교회란 제자도, 선교, 친교, 상호 책임성, 다양한 목소리가 어우러진 예배를 위해 헌신된 공동체를 일컫는다. 우리가 주님의 살과 피에 동참하면서 음식도 함께 나누듯이, 하나님나라를 향한 희망도 함께 가진다. 젊은 세대와 노인 세대가 모두 존중받으며, 협의의 과정을 거치는 지도력을 추구하며, 성 구분이 아니라 은사에 근거한 역할분담을 하며, 믿음을 고백하는 자에게 침례를 베푸는, 그러한 교회들을 개발하고 양육하기를 원한다.

1. 서로 간에 권고를 한다는 것이 현대 문화 속에서 실천가능한가? 교회가 어떤 식으로 이것을 교회 안에 도입할 수 있을까?
2. 먹는 것과 환대하는 것이 당신의 기독교에 대한 경험에 어떤 역할을 했는가? 먹는 것과 환대하는 행동에 대해서, 당신이 제안하는 새로운 방식은 무엇인가?
3. 당신이 속한 공동체는 협의와 지도력 사이의 건전한 균형을 어떻게 유지하는가?
4. 당신의 경험에 비추어, 어떤 유형의 사람들이 모임에서 배제될 위험에 처할 수 있는가? 그들의 목소리가 청종되었다고 생각하는가?
5. 당신의 교회에서 성찬식주의 만찬 중에 빵과 포도주를 나눌 때에, 후브마이어의 "사랑에 대한 맹세"를 읽는다고 생각해 보라. 그것이 어떤 차이를 만들어 낼까?

여섯 번째 핵심 신념

영성과 경제는 상호 연관되어 있다. 개인주의와 소비지향적 문화, 경제적 불평등이 만연한 세상에서 살아가고 있지만, 우리는 단순한 삶, 관대하게 나누는 삶, 창조세계를 돌보며, 정의를 위해 일하는 삶을 추구한다.

1. 우리가 가진 자원을 사용함에 있어서, 자선 또는 정의에 의해 동기부여를 받는 것에 어떠한 차이가 있는가?

2. 사도행전 2:42~47와 4:32~37를 같이 읽으라. 아나뱁티스트들이 공동재정 공동체 형성에 대한 근거를 이 말씀에 두고 있는 것이 옳다고 생각하는가?
3. 어떤 식으로 영성과 경제가 서로 연관되어 있다고 생각하는가? 영성이 경제에 더 큰 영향을 준다고 생각하는가 아니면 그 반대 경우인가?
4. 당신의 삶에 있어서 개인주의와 소비주의의 영향으로부터 어떻게 벗어날 수 있었는가?
5. 현대 교회에서 실시하는 십일조의 문제점이 무엇이라고 생각하는가? 또한 무엇이 바람직한 실천 방법일까?

일곱 번째 핵심 신념

평화는 복음의 핵심이다. 이 세상이 비록 분열과 폭력이 난무하다 할지라도, 우리는 예수를 믿고 따르는 자로써 개인 간에, 교회들 간에, 사회들 간에, 그리고 국가들 간에 평화를 만들어 가는 비폭력적인 대안을 찾는 일에 전념한다.

1. 복음의 핵심이 평화라는 말에 동의하는가? 만약에 동의하지 않는다면, 복음에 있어서 평화가 어느 정도로 중요한지 이야기해 보라.
2. 정의로운 전쟁의 방식이 현대 사회에서 여전히 유용하다고 생각하는가? 만약에 그 방식을 채택한다면, 무엇이 달라지겠는가?
3. 비폭력을 옹호하는 사람이라면 그 방식이 어떻게 유효한지에 대해서도 증거를 갖고 있어야 한다고 생각하는가?
4. 당신이 참여하고 있거나 미래에 참여할, 평화를 촉진하는 삶의 방식에는 어떤 것들이 있는가?
5. '세계의 그리스도인들로 하여금 서로서로를 죽이지 않겠다고 동의하게 하라'는 말이 '평화를 위한 겸손한 제안'이다. 이것에 대한 당신의 의견은 어

떠한가?

그리고 마지막으로 하고 싶은 질문은 다음과 같다.

1. 아나뱁티스트 전통의 어떤 부분이 당신에게 영감과 도전을 주는가?
2. 그러한 부분들에 대한 당신의 반응은 어떤가?
3. 아나뱁티스트 전통의 여러 면들 가운데 당신에게 가장 흥미롭지 못한 부분은 무엇인가? 그리고 그 이유는?
4. 이 책을 읽고 난 다음에, 당신이 더 알고 싶은 부분은 무엇인가? 그 궁금증을 해결해 줄 방법이 있는가?

후 주

1) www.anabaptistnetwork.com을 보라.
2) 알렌 크라이더(Alan Kreider)와 스튜어트 머레이(Stuart Murray)가 공동 저술한 책 *Coming Home: Stories of Anabaptists in Britain and Ireland*(Waterloo: Pandora Press, 2000) 중에서 p.211-13을 참조하라.
3) 8장에서 더 많이 다룰 것이다.
4) www.menno.org.uk를 보라.
5) Stuart Murray, *Post-Christendom: church and mission in a strange new world*(Carlisle: Paternoster, 2004).
6) Duane Ruth-Heffelbower, *The Anabaptists are Back!*(Scottdale, PA: Herald Press, 1991).
7) 알렌 크라이더(Alan Kreider) 와 스튜어트 머레이(Stuart Murray) 가 공동저술한 책 *Coming Home: Stories of Anabaptists in Britain and Ireland*(Waterloo: Pandora Press, 2000) 을 참조하라.
8) www.postchristendom.com을 보라.
9) www.aaanz.mennonite.net을 보라.
10) www.churchcommunities.com을 보라.
11) www.cpt.org를 보라
12) www.urbanexpression.org.uk를 보라
13) www.cruciblecourse.org.uk를 보라
14) www.menno.org.uk/bridgebuilders를 보라
15) www.metanoiabooks.org.uk를 보라
16) www.workshop.org.uk를 보라
17) www.ekklesia.co.uk를 보라
18) www.speak.org.uk를 보라
19) 6장에서 보다 상세히 다룰 것이다.
20) 브라이언 맥클라렌, 『기독교를 생각한다』(청림출판, 2011)
21) Writing in the foreword to David Greiser & Michael King, *Anabaptist Preaching*(Telford: Cascadia, 2003), 9.

22) www.mennoweekly.org/2008/4/21 을 보라.
23) For example, Stanley Hauerwas, *The Peaceable Kingdom*(London: SCM, 2003); James McClendon, *Systematic Theology I: Ethics*(Nashville: Abingdon, 1986); John Howard Yoder, *The Politics of Jesus*(Grand Rapids: Eerdmans, 1993).
24) Doris Janzen Longacre, *More-with-Less Cookbook*(Scottdale: Herald Press, 2003).
25) further www.vorp.org를 보라
26) 이 부분에 대해서는 5장에서 더 깊이 다룰 것이다.
27) 이 문구는 스탠리 하우어워스에 의해서 널리 사용되어졌으며, 베드로전서 1장 1절에서 사용된 헬라어 용어이다. 『하나님의 나그네 된 백성』 복있는 사람 역간
28) 이 주제는 6장에서 좀더 다루어질 것이다.
29) '벌거벗은(naked)'이라는 단어가 '무방비의(unguarded)' 또는 '불완전한(vulnerable)'이라는 의미를 내포하고 있다는 사실에 감사한다. 앞으로 여러 장에 걸쳐서, 아나뱁티스트 전통에 결점이 있다는 것을 보이고 또 그것에 대해 애써 변호하지 않을 것이다.
30) 이 핵심 신념들은 이 웹사이트에서 볼 수 있으며, 각 신념에 대해 올려져 있는 참고 자료도 연구에 도움이 될 것이다. www.anabaptistnetwork.com/coreconvictions
31) 이 책에서 사용한 일곱 가지 핵심 신념은 2006년 1월에 만들어진 것이며, 2005년 7월에 있었던 회의에서 나눈 토론을 바탕으로 하였다.
32) Nigel Wright, 'Spirituality as Discipleship: The Anabaptist Tradition.' In Paul Fiddes(ed.), *Under the Rule of Christ: Dimensions of Baptist Spirituality*(Oxford: Regent's Park College, 2008), 89-90.
33) C. Arnold Snyder, *Following in the Footsteps of Christ*(London: Darton, Longman & Todd, 2004).
34) 마태복음 5:44.
35) 마태복음 6:34.
36) 더 자세한 것을 원하면 Stuart Murray의 책 *Post-Christendom:*

Church and Mission in a Strange New World(Carlisle: Paternoster, 2004), 4장을 보라.

37) Quoted in Gerhard Ebeling, *Luther*(London: Collins, 1972), 131.

38) John Howard Yoder, 『예수의 정치학』*The Politics of Jesus*(Grand Rapids: Eerdmans, 1993); 도널드 크레이빌(Donald Kraybill)의 책, 『예수가 바라본 하나님 나라』 *The Upside Down Kingdom*(Scottdale: Herald, 1990); Marcus Borg & Tom Wright, 『예수의 의미』*The Meaning of Jesus: Two Visions*(London: SPCK, 1999); Brian McLaren: 『예수님의 숨겨진 메시지』*The Secret Message of Jesus*(Nashville: Word, 2006); Walter Wink, 『사탄의 체제와 예수의 비폭력』*Engaging the Powers*(Minneapolis: Fortress, 1992); Shane Claiborne & Chris Haw, 『대통령 예수』*Jesus for President*(Grand Rapids: Zondervan, 2008); Steve Chalke & Alan Mann, *The Lost Message of Jesus*(Grand Rapids: Zondervan, 2003); Michael Frost & Alan Hirsch, 『세상을 바꾸는 작은 예수들』*ReJesus: A Wild Messiah for a Missional Church*(Peabody: Hendrickson, 2009).

39) Eddie Gibbs & Ryan Bolger, 『이머징 교회』*Emerging Churches*(Grand Rapids: Baker, 2005), 44.

40) John Drane, *After McDonaldization*(London: Darton, Longman & Todd, 2008), 49, 121.

41) Walter Klaassen, *Anabaptism in Outline*(Scottdale: Herald, 1981), 87. Chapter 7 will introduce Hans Denck.

42) In *Against the Terrible Errors of the Anabaptists*(1582).

43) 누가복음 19:1-10.

44) 누가복음 7:1-10.

45) 사도행전 11:26.

46) 보다 깊은 연구를 위하여, 스튜어트 머레이가 쓴 책, *Biblical Interpretation in the Anabaptist Tradition*을 참조 하라(Waterloo: Pandora, 2000).

47) Lloyd Pietersen, *Reading the Bible after Christendom*(Milton Keynes: Paternoster, forthcoming). 을 보라.

48) 1960년대에 브라질 등지에서 시작된 가톨릭 운동으로, 저서들과 '기초 교회 공동체(the base ecclesial communities)'라는 라틴 공동체 운동의 확산을 통해 전세계적으로 영향을 끼침.
49) Paul Peachey, 'Answer of Some who are called(Ana)baptists why they do not attend the Churches': A Swiss Brethren Tract, *Mennonite Quarterly Review*(1971), 5.
50) http://interactivepreaching.net.
51) 필립 젠킨스 Philip Jenkins, *The Lost History of Christianity* (Oxford: Lion, 2008).
52) 스웨덴에 있는 루터파 교회는 2000년에 폐지되었다. 웨일즈에 있는 교회들의 전철을 따라, 영국 성공회도 폐지될 위기에 처해 있다.
53) 이 일화는 필립 젠킨스 (Philip Jenkins)의 '*God's Continent*' (Oxford: Oxford University Press, 2007)의 37쪽에 수록되어 있다.
54) '서구 그리스도인 (western Christians)'이라는 표현을 종종 사용하는 것이 필요하다. 포스트-크리스텐덤이 대부분의 지구촌 교회들이 처한 상황이 아니다. 현재 지구촌 교회의 활발한 움직임은 유럽이나 북아메리카가 아니라, 오히려 크리스텐덤 시대를 겪어보지 않은 곳에서 일어난다. 유럽과 북아메리카와 같은 서구 지역에 아나뱁티스트들이 있을 수도 있지만, 이 장에서 강조하는 것은 포스트-크리스텐덤 시대에 있는 서구 그리스도인들에게 아나뱁티스트 전통이 특별히 이바지할 것이 있다는 사실이다.
55) 당신이 크리스텐덤 시대로의 변화가 불가피했었고 적절했었다고 생각할 수도 있지만, 크리스텐덤 시대는 끝이 났다. 이제는 다음 시대로 넘어갈 때이다.
56) Stuart Murray, *Post-Christendom*(Carlisle: Paternoster, 2004), 19.
57) Murray, *Post-Christendom*, 20.
58) 예레미야 29:1-9.
59) 필립 젠킨스(Philip Jenkins), 『신의 미래: 종교는 세계를 어떻게 바꾸는가?』*The Next Christendom*(Oxford: Oxford University Press, 2002).(도마의 길, 2009)

60) 누가복음 4:18-20.

61) 누가복음 1:52.

62) 베드로전서 1:1.

63) www.urbanexpression.org.uk/convictions/commitments.

64) 잠언 31:8. www.speak.org.uk.

65) www.freshexpressions.org.uk www.emergingchurch.info Stuart Murray, *Church after Christendom*(Milton Keynes: Paternoster, 2005); Michael Moynagh, *emergingchurch.intro*(Oxford: Monarch, 2004); 마이클 프로스트 & 앨런 허쉬(Michael Frost & Alan Hirsch), 『새로운 교회가 온다: 문화 속에 역동하는 21세기 선교적 교회를 위한 상상력』 *The Shaping of Things to Come*(Peabody: Hendrickson, 2004)(IVP, 2009) 와 다른 많은 자료들..

66) 이러한 제안들에 대한 여러 자료들은 이 웹사이트에서 찾을 수 있다 (www.simple church.co.uk) James Thwaites, *The Church beyond the Congregation*(Carlisle: Paternoster, 1999); Pete Ward, *Liquid Church*(Peabody: Hendrickson/Carlisle: Paternoster, 2002); 그리고 다음 웹사이트(www.newmonasticism.org) 도 참고하라.

67) 더 자세히 알기 원하면, (1) John Howard Yoder 가 쓴 *The Legacy of Michael Shattler*(Scottdale: Herald, 1973), p.87을 참조하라. 이 책에서 언급되는 볼프강 카피토(Wolfgang Capito) 는 스트라스부르크에서 사역했던 종교개혁가의 한 사람으로써 아나뱁티스트들과 친분과 교류가 있었지만, 종종 아나뱁티스트를 질타하기도 하였다. 그 중의 하나가, 그가 1527년 에 아나뱁티스트 지도자인 미카엘 자틀러(Michael Sattler)가 '새로운 수도원운동(new monasticism)' 을 시작하고 있다고 깊은 우려를 표하였다. (2) G.W. Bromiley가 저술한 *Zwingli and Bullinger*(London: SCM Press, 1953), 책에서 쯔빙글리의 침례에 대한 주장을 정리해 놓은 'Of Baptism' 부분 (p. 148) 을 참조하라. (3) 마틴 루터가 예수님의 산상수훈(the Sermon on the Mount) 에 대해 쓴 주석의 머리말을 참조하라.

68) www.peacechurch.org.uk를 보라.

69) See Russell Snyder-Penner, 'Hans Nadler's Oral Exposition of the Lord's Prayer', *Mennonite Quarterly Review 65*(October, 1991),

393-406.
70) 이 이야기는 스튜어트 머레이의 책 *Church after Christendom*의 p.9에 있다.
71) 폴 히버트(Paul Hiebert)의 저서들 *Missions and the Renewal of the Church*,(Pasadena: Fuller, 1983); 『선교현장의 문화 이해』 *Anthropological Reflections on Missiological Issues*(조이선교회 출판사 역간, 1997).
72) 고린도후서 11:2-3; 빌립보서 2:15; 요한계시록 19:7-8.
73) 마태복음 13:23-30, 36-43.
74) 에베소서 4:15.
75) Paul Peachey, 'Answer of Some who are called(Ana)baptists why they do not attend the Churches: A Swiss Brethren Tract.' *Mennonite Quarterly Review*(1971), 7.
76) See further C. Arnold Snyder & Linda Huebert Hecht(eds.), *Profiles of Anabaptist Women: sixteenth-century reforming pioneers*(Waterloo: Wilfrid Laurier University Press, 1996).
77) 최근에 들어서 침례(세례)의 이슈에 대해 의견들이 수렴되고 있으며, 다른 기독교 전통들의 대표자들은 침례(세례)에 대한 여러 의견을 바르게 평가하고 존중을 표하기 시작했다.
78) H. Wayne Pipkin & John Howard Yoder(eds.), *Balthasar Hubmaier: Theologian of Anabaptism*(Scottdale, PA: Herald Press, 1989), 393-408. 더 보려면 Eleanor Kreider, *Given for You: a fresh look at communion*(Leicester: IVP, 1998)를 보라.
79) 농민 반란에 몇몇 아나뱁티스트 지도자들이 깊이 관여되었었다. 제7장에서 농민 반란과 아나뱁티즘의 연관성에 대해서 더 상세히 다룬다.
80) 대표적인 성경 구절은 이사야 1장 11~17과 58장 1~14이다.
81) 마태복음 6장 21절.
82) 이 부분 뿐만 아니라, 크리스텐덤 속에서의 경제에 대해서 더 깊이 알고자 한다면, 스튜어트 머레이(Stuart Murray)의 책 *Beyond Tithing*(Carlisle: Paternoster, 2000)을 참고로 하라.
83) 초기 아나뱁티스트 역사 속에 있는 이 이야기의 상세한 부분은 제7장에

서 다루어진다.

84) 17세기 영국에서 빈민들이 공유지인 황무지를 개간하는 방식이 창설되어 여러 지역으로 확대되었으며 공동재정을 실천했던 농업공동체들(the Diggers)은 아나뱁티즘에 영향을 받지 않은 것으로 보인다.

85) 요한일서 3:17.

86) Kim Tan, *The Jubilee Gospel*(MiltonKeynes:Authentic,2008)을 보라.

87) www.ecocongregation.org를 보라.

88) 제임스 크레빌(James Krabill), 데이비드 쉥크(David Shenk) 그리고 린포드 스터츠만(Linford Stutzman)의 공동저서인 책 *Anabaptists Meeting Muslims*(Scottdale, PA: Herald Press, 2005)을 참조하기 바란다.

89) 알렌 크라이더(Alan Kreider), 엘리뇨 크라이더(Eleanor Kreider) 그리고 바울루스 위드자자(Paulus Widjaja)가 공동저술한 책 *A Culture of Peace: God's Vision for the Church*(Intercourse, PA: Good Books, 2005) 을 참조하라.

90) 사도행전 3:21.

91) 이 부분에 대한 소개는, 존 로스(John Roth)의 책 *Choosing against War* (Intercourse, PA: Good Books, 2002)이 적합하다.

92) 웹사이트www.cptuk.org.uk와 캐틀린 컨(Kathleen Kern)의 책 *In Harm's Way: A History of Christian Peacemaker Teams*(Eugene, OR: Cascade, 2008)을 참조하라.

93) 웹사이트 www.menno.org.uk/bridgebuilders를 참조하라.

94) 웹사이트 www.vorp.com와 하워드 제어(Howard Zehr)의 책인 『회복적 정의란 무엇인가?: 범죄와 정의에 대한 새로운 접근』*Changing Lenses: a new focus for crime and justice*(KAP 역간, 2010)을 참조하라.

95) 형사법 제도(criminal justice system) 속에 회복적 정의(Restorative justice) 프로그램들을 접목하고 있는 여러 나라들이 있다. 특히 청소년이 연루된 범죄의 경우에는 회복적 정의의 적용 범위가 폭넓다.

96) 월터 윙크(Walter Wink)의 책인 『사탄의 체제와 예수의 비폭력: 지배체제 속의 악령들에 대한 분별과 저항』*Engaging the Powers: discernment*

and resistance in a world of domination(한국기독교연구소, 2009)을 참조하라.

97) 여기에 대한 예들은 이미 4장에서 왈도파, 룰라드파, 체코형제단, 모라비안 형제단 그리고 초기 침례교에 대해 언급했다.

98) 탐 스콧(Tom Scott)과 로버트 스크라이브너(Robert Scribner)가 공저한 책 *The German Peasants' War*(New Jersey: Humanities Press, 1991)에는 이 운동에 대한 훌륭한 자료들이 있다. 이 운동과의 아나뱁티즘의 연관성은, 제임스 스테이어(James Stayer)가 저술한 책 *The German Peasants' War and Anabaptist Community of Goods*(Montreal/Kingston: McGill-Queen's University Press, 1991)을 살펴보라.

99) www.anabaptistnetwork.com/schleitheimconfession을 보라.

100) 이 시기에 대한 보다 상세한 내용은, 아놀드 스나이더(C Arnold Snyder)의 논문인, 'The Birth and Evolution of Swiss Anabaptism, 1520-1530' *Mennonite Quarterly Review* Vol. LXXX(October 2006), 501-645를 참조하라.

101) 마가레트 헬워트(Margaret Hellwart)와 다른 많은 아나뱁티스트 여성들에 대한 이야기들은, 아놀드 스나이더(C Arnold Snyder)와 린다 휴베르트 헥트(Linda Huebert Hecht)가 공저한 책 *Profiles of Anabaptist Women*(Waterloo: Wilfrid Laurier University Press, 1996)을 참조하라.

102) 독일 신비주의에 대한 고전적인 연구에 대해서는, 베르너 패쿨(Werner Packull)의 책 *Mysticism and the Early South German-Austrian Anabaptist Movement*(Scottdale, PA: Herald Press, 1977)을 참조하라.

103) 보다 상세한 내용은, 월터 클라센(Walter Klaassen)과 윌리엄 클라센(William Klassen)이 저술한 책, *Marpeck: A Life of Dissent and Conformity*(Scottdale, PA. Herald Press, 2008)을 참조하라.

104) 티일만 반 브래트(Thieleman Van Braght)가 지은 책 *Martyrs' Mirror*(Scottdale, PA: Herald Press, 1950)를 참조하라.

105) '영성주의자(Spiritualists)'들은 형식과 구조에 대한 논쟁에 무관심하였으며, 영적인 경험만을 가장 중시하였다.

106) 크라우스 데퍼만(Klaus Deppermann)의 책 *Melchior Hoffman*(Edinburgh: T & T Clark, 1987)을 참조하라.

107) 이 사건에 대한 상세한 내용은, 앤쏘니 아써(Anthony Arthur)의 책 *The Tailor King: The Rise and Fall of the Anabaptist Kingdom of Münster*(New York: St Martin's Press, 1999)을 참조하라.

108) 보다 상세한 자료는, 코넬리우스 크란(Cornelius Krahn)의 책 *Dutch Anabaptism*(The Hague: Martinus Nijhoff, 1968)을 참조하라.

109) 17세기 초반에, 영국에서 침례파들에 대한 박해가 있었을 때에, 침례파 피난민들에게 도움과 친절을 베풀어 준 이들이 바로 암스테르담에 있던 메노나이트들이었다.

110) *Chronicle of the Hutterian Brethren*(Rifton: Plough Publishing House, 1987). 후터라이트에 대한 추가적인 자료는, 존 호스테틀러(John Hostetler)의 책 *Hutterite Society*(Baltimore: The John Hopkins University Press, 1974)와 베르너 패쿨(Werner Packull)의 책 *Hutterite Beginnings*(Baltimore: The John Hopkins University Press, 1995)을 참조하라.

111) 헤럴드 벤더(Harold S. Bender)의 책 『재침례신앙의 비젼』*The Anabaptist Vision*(Scottdale, PA: Herald Press, 1944)(KAP)

112) 아놀드 스나이더(C. Arnold Snyder)의 책 *Anabaptist History and Theology*(Kitchener: Pandora Press, 1995)과 그의 또 다른 저서인 *Following in the Footsteps of Christ*(London: Darton, Longman & Todd, 2004)을 참조하라.

113) 이들 그룹들에 대한 개요는, 도널드 크레이빌(Donald Kraybill)의 책 *Who Are the Anabaptists? Amish, Brethren, Hutterites, and Mennonites*(Scottdale, PA: Herald, 2003)을 참조하라.

114) 아미시 공동체에 대한 자료는, 도널드 크레이빌(Donald Kraybill)이 쓴, *The Riddle of Amish Culture*(Baltimore: John Hopkins University Press, 1989)을 참조하라. 니켈 마인즈 사건에 대한 자료도, 도널드 크레이빌이 공저한 책, *Amish Grace: how forgiveness transcended tragedy*(San Francisco: Jossey-Bass, 2007)을 참조하라.

115) 브루더호프 운동(the Bruderhof movement)는 일차 및 이차 세계대전

사이에 독일에서 일어났으며, 역사적으로는 후터라이트 운동과 연관이 있다.(비록 현시대의 브라더호프 일원들은 이 연관성을 강조하지 않는다.) 보다 자세한 내용은 이 홈페이지(www.churchcommunities.com)를 참조하라.

116) Joseph Liechty, 'Mennonites and Conflict in Northern Ireland, 1970~1998', in Cynthia Sampson & John Paul Lederach(eds.), *From the Ground Up: Mennonite Contributions to International Peacebuilding*(Oxford: Oxford University Press, 2000)을 보라.

117) 그들과 동시대를 살았던 가톨릭, 개신교 사람들과 달리, 16세기 아나뱁티스트 저술가들은 항상 독자들로 하여금 조언을 주도록 초청하였으며, 독자들이 성경에 근거한 더 나은 영감을 가지고 있다면 그것을 수용하기를 주저하지 않았다.

118) 초기 아나뱁티스트 공동체들 중에서 더 유동적인 형태를 띠었던 공동체들은(예를 들어, 마르펙과 뎅크와 연관된 공동체들) 오랫동안 지속되지 못하였다.

119) 유력한 자료는, Stephen Dintaman가 저술한 논문인 'The Spiritual Poverty of the Anabaptist Vision', *The Conrad Grebel Review* 10(Spring 1992), 205-08이다.

120) www.mennoweekly.org/2008/4/21 를 보라.

121) 톰 사인(Tom Sine)의 책, *The New Conspirators*(Milton Keynes: Paternoster, 2008).

122) 톰 사인(Tom Sine)의 책, 'Joining the Anabaptist Conspirators', *The Mennonite*(June 2008).

123) 그레고리 보이드(Gregory Boyd)가 2009 년 1월에 미국 피츠버그(Pittsburgh)에서 있었던 메노나이트 모임에서 연설한 내용이다.

124) 데이비드 옥스버거(David Augsburger), 『외길 영성』*Dissident Discipleship*(생명의 말씀사 역간, 2007).

125) 옥스버거, 『외길 영성』*Dissident Discipleship*, 13쪽

126) 이런 태도가 권위자들을 화나게 만들었다는 것은, 순교자의 거울(Martyrs' Mirror)의 이야기들을 통해서도 알 수 있다. 무식자들이 대범하게 신학자들, 성직자들 그리고 종교 재판관들과 논쟁하였다.

127) 분명한 예는, 아시시의 성 프란체스코(Francis of Assisi)이며, 그의 제자도의 영성은 아나뱁티스트 전통과 상당한 공통점이 있다. 더군다나 그는 '벌거벗은 그리스도를 따르는 불완전한 자들(naked, following the naked Christ)'이라는 표현을 사용하였다.

부록: 아나뱁티즘에 대한 자료들

아나뱁티스트 네트워크는 1991년에 설립되었으며, 아나뱁티스트 전통에 관심을 두고 배우기 원하는 사람들 사이의 연결 구심점 역할을 한다. 저술, 연구 모임, 학회, 소식지 발행, 자료 보급, 신학 포럼, 그리고 웹사이트 운영을 통해서 네트워크 회원들과 다른 이들에게 도움을 준다. 아나뱁티스트 네트워크에 대한 더 상세한 정보가 필요하다면, 14 Shepherds Hill, London, N6 5AQ 로 편지를 주거나, admin@anabaptistnetwork.com으로 연락 주길 바란다.

아나뱁티스트 네트워크는 아나뱁티스트 가치를 추구하는 여러 기관 중의 하나이다. 다른 기관들에 대해서는 아래에 웹사이트 정보를 수록했다.

영국과 아일랜드에서 가장 먼저 시작된 아나뱁티스트 모임은 런던 메노나이트 센터이며, 그곳에 가면 방대한 분량의 아나뱁티스트 관련 서적들과 자료들이 있다.

서적

아나뱁티즘의 역사

Durnbaugh, Donald, *The Believers' Church*, Scottdale, PA: Herald Press, 1985.

Estep, William, *The Anabaptist Story*, Grand Rapids, MI: Eerdmans, 1996.

Goertz, Hans-Jürgen, *The Anabaptists*, London & New York: Routledge, 1996.

Klaassen, Walter, *Anabaptism in Outline*, Scottdale, PA: Herald Press, 1981.

Liechty, Daniel(ed.), *Early Anabaptist Spirituality: Selected Writings*, New York:

Paulist Press, 1994.

Murray, Stuart, *Biblical Interpretation in the Anabaptist Tradition*, Kitchener, Ontario: Pandora Press, 2000.

Pearse, Meic, *The Great Restoration: The Religious Radicals of the 16th and 17th Centuries*, Carlisle: Paternoster, 1998.

Snyder, C. Arnold, *Anabaptist History and Theology*, Kitchener, Ontario: Pandora Press, 1995.

Snyder, C. Arnold, *From Anabaptist Seed*. Kitchener, Ontario: Pandora Press, 1999.

Snyder, C. Arnold & Linda Huebert Hecht(eds.), *Profiles of Anabaptist Women*, Waterloo: Wilfrid Laurier University Press, 1996

Williams, George, *The Radical Reformation*. Kirksville, MO: Sixteenth Century Journal Publishers, 1992.

오늘날의 아나뱁티즘

Augsburger, David, *Dissident Discipleship*. Grand Rapids: Brazos, 2006.

Bartley, Jonathan, *Faith and Politics after Christendom*. Milton Keynes & Waynesboro, GA: Paternoster, 2006.

Kraybill, Donald, *The Upside-Down Kingdom*. Scottdale, PA: Herald Press, 1990.

Kraybill, Nelson, *On the Pilgrim's Way*. Scottdale, PA: Herald Press, 1999.

Kreider, Alan, Eleanor Kreider & Paulus Widjaja, *A Culture of Peace: God's Vision for the Church*. Intercourse, PA: Good Books, 2005.

Kreider, Alan & Eleanor Kreider, *Worship and Mission after Christendom*. Milton Keynes & Colorado Springs: Paternoster, 2009.

Kreider, Alan & Stuart Murray, *Coming Home: Stories of*

Anabaptists in Britain and Ireland. Kitchener, Ontario: Pandora Press, 2000.

Murray, Stuart, Church after Christendom. Milton Keynes & Waynesboro, GA: Paternoster, 2005.

_____, Post-Christendom: Church and Mission in a Strange New World. Carlisle & Waynesboro, GA: Paternoster, 2004.

Pimlott, Jo & Nigel Pimlott, Youth Work after Christendom. Milton Keynes & Colorado Springs: Paternoster, 2008.

Roth, John, Beliefs: Mennonite Faith and Practice. Scottdale, PA: Herald Press, 2004.

_____, Practices: Mennonite Work and Worship. Scottdale, PA: Herald Press, 2009.

_____, Stories: How Mennonite Came to Be. Scottdale, PA: Herald Press, 2006.

Snyder, C. Arnold, Following in the Footsteps of Christ. London: Darton, Longman & Todd, 2004 / Maryknoll: Orbis, 2004.

Weaver, J. Denny, Becoming Anabaptist. Scottdale, PA: Herald Press, 2005.

Yoder, John Howard, The Politics of Jesus. Grand Rapids, MI: Eerdmans, 1993.

경건 서적

Take Our Moments and Our Days. Scottdale, PA: Herald Press, 2007. 여러 명의 저자들이 공동저술한 아나뱁티스트 기도책이다. 두 권으로 이뤄져 있으며, 제1권은 예수 탄생 (Advent)에서 성령강림절 (Pentecost)까지 기간에 사용할 수 있는 아침 기도와 저녁 기도가 포함되어 있다. 제2권은, 나머지 교회 절기(ordinary time)동안에 4주 주기로 예수님의 가르침과 사역에 대해 묵상하도록 돕는다. 첫 번째 주에는 예수님이 가르쳐 주신 주기도문에 대해서 묵상하고, 두 번째 주에는 산상수훈에 대해서 묵상하며, 세 번째 주에는 예수님이 들려 주신 비유들에 대해 묵상하고, 그리고 마지막 주에는 예수님이 행하신 기적들에 대해 묵상한다.

Kropf, Marlene & Eddy Hall, *Praying with the Anabaptists: The Secret of Bearing Fruit*. Newton, KS: Faith and Life Press, 1994.

Snyder, C. Arnold & Galen Peters(eds.), *Reading the Anabaptist Bible*. Kitchener, Ontario: Pandora, 2002.

웹사이트

www.anabaptistnetwork.com
  아나뱁티스트 네트워크의 웹사이트임. 활동 및 아나뱁티즘에 대한 많은 자료를 볼 수 있음..

www.postchristendom.com
  출판사 Paternoster에서 2004년부터 출간했던 『크리스텐덤 이후』 *After Christendom*라는 책에 대한 소개를 볼 수 있음. 책들의 요약 및 연구 자료들을 얻을 수 있음.

www.urbanexpression.org.uk
  아나뱁티스트 가치를 따라서 도심 지역 선교를 하고 있는 'Urban Expression'의 웹사이트

www.menno.org.uk
  런던 메노나이트 센터의 웹사이트. 갈등 전환을 위해 사역하는 Bridge Builders 기관과 출판 사역을 하는 Metanoia가 함께 사역하고 있음..

www.ekklesia.co.uk
  기독교 정치 자문 기구인 Ekklesia의 웹사이트. 이 기관도 아나뱁티스트 가치에 영향을 받음.

www.workshop.org.uk
  기독교인들을 위한 훈련프로그램인 Workshop의 웹사이트이며. 이 프로그램을 통해서 많은 사람이 아나뱁티즘을 알게 되었음.

www.peacechurch.org.uk
  평화와 아나뱁티스트 전통을 추구하는 이머징 교회들을 위한 웹사이트.

www.cptuk.org.uk
분쟁 지역에서 평화를 촉진하는 사역을 펼치는 '그리스도인 평화운동가 그룹'(Christian Peacemaker Team)의 영국 지부 웹사이트.

www.gameo.org
아나뱁티스트 및 메노나이트에 대한 온라인 백과사전이며, 아나뱁티즘에 대한 방대한 자료를 찾을 수 있음.

www.aaanz.mennonite.net
호주와 뉴질랜드에 있는 아나뱁티스트 기관의 웹사이트.

http://anisa.org.za/
남아프리카에 있는 이머징 아나뱁티스트 네트워크의 웹사이트.

한국 아나뱁티즘 관련 사이트

• 단체

www.wkaf.net : 한국아나뱁티스트협회(Korea Anabaptist Fellowship)
www.kac.or.kr : 한국아나뱁티스트센터
www.narpi.net : 동북아평화센터
www.kapbooks.com : 한국 아나뱁티스트 출판사
www.daejanggan.org : 대장간 출판사

• 공동체/교회

www.gracepeace.org : 서울 은혜와 평화 교회. 메노나이트교회
www.jvchurch.onmam.com : 예수촌교회
www.dreammaeul.net : 대전 꿈이있는교회
http://club.cyworld.com/clubV1/Home.cy/50079604 : 대전 평화의 마을 교회
www.club.cyworld.com/churchforothers : LA 이음교회

우리 글로 소개된 아나뱁티즘 관련 책들 *표는 출판예정

『급진적기독교』 *Radical Christianity*, 베리 L. 칼렌, 배덕만 옮김, 대장간
『광장에 선 그리스도인』 *Christians in the Public Square*, 엘렌 오트 마샬, 대장간

편집실 옮김,

『십자가의 고난, 부활의 영광』 -사순절 묵상집, 남귀식 저, 대장간

『쥬빌리공동체 이야기』 With our Own Eyes, 돈 모슬리, 이성하 옮김, 대장간

『집짓는 사람들』 The Faith Beyond Border, 돈 모슬리, G12프로젝트 옮김, 대장간

『기독교 정치학』Politics under God, 존 레데콥, 배덕만 옮김, 대장간

『용기있는 믿음의 인물들』Christians Courageous :Story for Children from Church History, 마가렛 로우웬 라이머 엮음, 김복기 옮김, 대장간

『하나님의 통치와 예수 따름의 윤리』Kingdom Ethics-Following Jesus in Contemporary Context, 글렌 스타센 & 데이비스 거쉬, 신광은 박종금 옮김, 대장간

『하나님과 함께하는 평화의 발걸음』(그림동화)Walk in Peace, 잉그리드 헤스, 곽노경 옮김, 대장간

『열두 사람 이야기 』 12 Becomings, 코넬리우스딕, 김복기 옮김, 대장간

『죄의 어둡고 긴 그림자』 Adam's Long Shadow조셉 스톨, , 김복기 옮김, 대장간

『이것이 아나뱁티스트다-기독교 신앙의 본질을 말하다』The naked Anabaptist, 스튜어트 머레이, 강현아 옮김, 대장간

『당신이라면?』What Would You Do?, 존 H. 요더, 임형권 옮김, 대장간

『근원적 혁명-기독교 평화주의에 대한 에세이』The Original Revolution: Essays on Christian Pacifism, 존 H. 요더, 김기현 전남식 옮김, 대장간『그리스도로 충만함』The Fullness of Christ, 존 H. 요더, 김복기 옮김, 대장간 *

『교회, 그 몸의 정치학』The Body Politics, 존 H. 요더, 김복기 옮김, 대장간

『그럼에도 불구하고』Nevertheless: The Varieties and Shortcomings Religious Pacifism, 존 H. 요더, 대장간*

『어린 양의 전쟁』The War of the Lamb, 존 H. 요더, 서일원 옮김, 대장간

『국가에 대한 기독교의 증언』The Christian Witness to the State, 존 H. 요더, 김기현 옮김, 대장간

『그리스도의 충만함』The Fullness of Christ, 존 H. 요더, 김복기 옮김, 대장간

『그리스도와 권세』(가제)Christ and the Powers, 존 H. 요더 저, 대장간*

『비폭력』(가제)Nonviolence : A Brief History, 존 H. 요더 저, 대장간*

『평화의 왕이 오셨다』(가제)He Came Preaching Peace, 존 H. 요더 저, 대장간*

『자비의 종말』(가제)*The End of Sacrifice*, 존 H. 요더 저, 대장간*

『교회의 회심』(가제)*Images of the Church in Mission*, 존 드라이버 저, 전남식 옮김, 대장간 *

『전쟁 평화 무저항—』*War, Peace, and Nonresistance: A classic statement of a Mennonite peace position in faith and practice*, Guy F. Hershberger, 최봉기 옮김, 대장간

『아나뱁티스트 역사』 *An Introduction to Mennonite History*, 코넬리우스 딕, 김복기 옮김, 대장간

『아나뱁티스트 성서해석학』, 스튜어트 머레이, 대장간

『손에 잡히는 정의 프로젝트』(가제)*The Justice Project*, 브라이언 맥라랜, 엘리사 빠딜라외 편집, 김수진 옮김, 대장간*

『정의와 비폭력으로 여는 평화』*Christian Peacemaking & International Conflict:A Realist Pacifist Perspective*, 듀에인 K. 프리즌, 박종금 옮김, 대장간

『평화교육방법론』(가제)*How to Teach Peace to Children*, 앤 마이어 바일러 저, 김복기 옮김, 대장간*

『교리적 상상력과 신앙의 역동성』(가제)*Dogmatic Imagination: The Dynamics of Christian Belief*, 제임스 라이머 저, 김복기 옮김, 대장간 *

『아이들이 내게 오게하라!—아동 학대와 방치를 종식시키려는 신앙공동체 준비하기』(가제)*Let the Children Come: Preparing Faith Communities to End Child Abuse and Neglect*, Jeanette Harder 저, 배성민 옮김, 대장간 *

『어떻게 용서할 것인가?』(가제)*Unsettled Weather: How D I Forgive?*, 윌마 덕슨, 김복기 옮김, 대장간*

『동성애:성경적 해석과 도덕적 통찰력』(가제)*Homosexuality: Biblical Interpretation and Moral Discernment*, 윌라드 스와틀리 저, 김복기 옮김, 대장간*

『주님의 빛을 보내소서』(가제)*Send Forth Your Light*, 윌라드 스와틀리 저, 대장간*

『레드 레터 크리스천』*Red letter Christians: A Citizen Guide to Faith & Politics*, 토니 캄폴로, 배덕만 옮김, 대장간*

『회복적 정의란 무엇인가?』, 하워드 제어, 손진 옮김, KAP

『평화와 화해의 새로운 패러다임』, 히자키아스 아세파, 이재영 옮김, KAP

『평화를 만드는 조정자 훈련 매뉴얼』, 낸시 굿 사이더 외, 서정기, 이재영 옮김, KAP

『초기 그리스도인이 본 전쟁과 평화』, 존 드라이버, 이상규 옮김, KAP

『화해를 향한 여정』, 존 폴 레더락, 유선금 옮김, KAP

『평화 교회는 가능한가?』, 알렌 & 엘레노르 크라이더, 고영목, 김경중 옮김, KAP

『초대교회의 예배와 전도』, 알렌 크라이더, 허현 옮김, KAP

『후터라이트 사람들, 그 삶의 이야기』, 존 A. 호스테들러, 김복기 옮김, KAP

『후터라이트 공동체의 역사』, 존 호퍼, 김복기 옮김, KAP

『완전한 사랑의 공동체』, 안드레아스 에렌프라이즈, 전영표 옮김, KAP

『반석위에 세우리라』, 월프레드 화러, 김복기 옮김, KAP

『재세례신앙의 씨앗으로부터』, 아놀드 스나이더, 김복기 옮김, KAP

『예수의 정치학』, 존 하워드 요더, 권연경 신원하 옮김, IVP

『아미시 그레이스』, 도널드 크레이빌외, 김재일 옮김, 뉴스엔조이

『외길영성-아나뱁티스트의 3차원 영성 해부』, 데이비드 옥스버거, 조계광 옮김, 생명의말씀사

『예수가 바라본 하나님나라』, 도널드 크레이빌, 김기철 옮김, 복있는사람

『재침례교도의 역사』, 윌리암 에스텝, 정수영 옮김, 요단

『순례하는 교회』, 브로우드벤트 E. H., 편집부 옮김, 전도출판사

『성령주의와 아나뱁티스트』, 편집부, 남병두 홍지훈 옮김, 두란노아카데미

『근원적 종교개혁-16세기 성서적 아나뱁티스트들의 역사와 신앙과 삶』, 김승진, 침례신학대학교출판부

『순교자의 거울』, 티엘레만 반 브라이트, 김숙경외 옮김, 생명의 서신